1976

日吉アカデミア　一九七六

目次

アカデミアの教壇に立ったもの、アカデミアに学んだもの、みんなが真理探求ということを貴重なものに思ってきたことだけは、私たちの慰めです。真理探求といっても、私たちは時代から遊離した真理など考えはしませんでした。真理とは、昔ローマの賢者たちがいいましたように、時代の娘であること、現実の中にようやくその光を折々見せてくれるものであること、これを把えることは不断の稽古と試煉とによらねばならぬことは私たちみなが知っていたことでした。

（三枝博音「風評、大学をつぶす――鎌倉大学廃校始末記」、『三枝博音著作集』第七巻、中央公論社、一九七三年所収）

1　受験の朝

一九七五（昭和五十）年二月九日朝。

渋谷から東急東横線の電車に乗った。

世田谷区池尻に父方の祖父母や伯父の家があったので、六九年五月まで玉川通り（国道246号）を走っていた東急玉川線、通称玉電には同じ渋谷から何度も乗ったことがあった。

しかし東急の顔と言うべき東横線に乗るのは初めてだった。

当時はオールステンレスの車両が東急にしかなく、見た目からして乗り慣れた西武の車両とは違っていた。視覚だけではない。ドアが閉まる音。動き出してモーターが加速する音。聴覚でも西武との違いを感じ取った。西武よりも都会的であか抜けた線というのが、東横線に対する第一印象だった。

乗ったのは桜木町ゆきの最新型の普通電車で、急行には抜かれなかった。当時は東横線の乗り入れ区間に当たる横浜高速鉄道みなとみらい線の横浜―元町・中華街間が開通しておらず、東横線の終点は横浜から二駅先の桜木町だったのだ。

ふだんなら朝のラッシュ時に当たっていたが、この日は日曜日で悠々と座れた。渋谷にたどり着くまでに乗り継いできた、滝山五丁目からの西武バスも花小金井からの西武新宿線も高田馬場からの山手線も、平日ほど混んではいなかった。

初めて乗る電車というのは、それだけでもう心が浮き浮きとする。車内で最後のチェックをしようと思い、四谷大塚のテキストを鞄に入れてはいたものの、取り出して読む気にはなれなかった。

渋谷のターミナルを出てすぐ右にカーブしたかと思うと山手線の線路を跨ぐところまでは池袋を出る西武池袋線に似ていたが、そのあとの展開がまるで違っていた。代官山から中目黒にかけてトンネルに入ったり、田園調布から多摩川園前（現・多摩川）にかけて東急目蒲線（現・東急目黒線）と並走したりという具合に、西武よりもはるかに変化の多い車窓に見入っていると、これからどこに向かおうとしているのかも忘れてしまいそうになった。

遊園地を左手に望む多摩川園前を過ぎると急カーブとなり、多摩川の鉄橋を渡った。西武には大きな川を渡る区間がなかったから、思わず身を乗り出した。

川は汚かった。流れをせき止める調布取水堰がよく見えたが、洗剤のような泡が一面に浮かび、底は全く見えない。さぞかし生活排水が流れ込んでいるのだろう。前年の台風で多摩川が氾濫し、川沿いにあった一戸建ての家が次々と呑み込まれてゆく映像がテレビで流れたのを思い出した。あの現場はもう少し上流にあるはずだった。

川を越えれば東京都から神奈川県に入る。二十三区でなく都下の旧北多摩郡であっても、都民は都民だ。神奈川だろうが埼玉だろうが、県民よりは格上だと思っていた。しかし多摩川を越えた最初の駅である新丸子の近くに、父が戦争末期から昭和二十年代にかけて両親とともに住んでいた家があったことを知らなかった。

いまではタワーマンションが林立する武蔵小杉も、当時は京浜工業地帯に属する工場が建ち並ぶ雑然とした街だった。

ちょうど電車が停まったところから、ホームに立ち食いのスタンドがあるのを見つけた。てっきり駅そばのスタンドかと思ったが、よく見ると「おふくろの味」という暖簾の、ご飯と味噌汁が食べられる店だった。

なぜ武蔵小杉にこんな店があるのかはわからなかった。日曜日のせいか、客の出入りはなかった。

できれば終点の桜木町までずっと乗ってゆきたかった。鉄道開業から百年に当たる一九七二年十月、汐留と桜木町に隣接する東横浜の間に運転された、蒸気機関車が牽引する臨時列車に乗ったことがあったからだ。

けれども夢のような時間は、いつまでも続かなかった。

元住吉を過ぎ、壮大な車両基地が見えたかと思うと、左右の車窓に丘陵地が迫ってきた。右側の丘陵地は住宅で覆われ、左側の丘陵地には大学らしき校舎が建っていた。やがて電車は速度を緩め、下車すべき駅に着いた。

渋谷から二十四分かかった。自宅のある東京都東久留米市の滝山団地からだと、二時間近くを要した。

ホームに掲げられた駅名標には、「ひよし　日吉　ＨＩＹＯＳＨＩ」と記されていた。関西出身ならば、この駅名が比叡山の麓に位置する滋賀県大津市の日吉大社と関係があることはすぐにわかっただろう。けれども我が家は関西と縁がなかった。代わりに日吉ミミという、テレビの歌番組によく出ていた女性歌手の声が脳裏に響いた。

現在の駅ビル「日吉東急アベニュー」はまだなく、日吉を起点や終点とする横浜市営地下鉄グリーンラインも、東急目黒線も、東急新横浜線も通じていなかった。日吉は純然たる東横線の駅だった。

下りホームに降りた途端、顔に冷気を浴びた。どれほど寒かろうが半ズボンを穿く習慣は変わらなかったから、両足にも冷気が容赦なく当たった。厳しい現実を突きつけられたかのように感じた。

桜木町寄りの一番先まで歩き、階段を昇りきったところに自動改札があった。西武にはまだ自動改札がなかったので、切符を入れると機械に吸い込まれてゆくのが不思議だった。自分と同じような男子児童やその母親たちが列をなして改札を通り過ぎ、東口に向かって歩いてゆく。綱島街道にかかる歩道橋を渡ると、もう学校の構内に入っていた。

綱島街道をはさんで、日吉駅東口と学校が向かい合っていた。商店や銀行といった、駅前によく見かける建物はいっさい見えなかった。

両者の密接な位置関係は、東急の前身に当たる東京横浜電鉄がもっていた駅前の土地を、一九二八（昭和三）年に学校に無償で提供しようとしたことに基づいていた。同電鉄にとっては、学生が利用することで安定した収入を見込めるという読みがあったからだ。今日まで続く東急とこの学校の密接な関係は、昭和初期から始まったのである。だがそんなことは知るよしもなかった。

八日前の二月一日に受験した東京都荒川区の開成中学校とは、まるで勝手が違っていた。

開成は山手線や京浜東北線と営団地下鉄（現・東京メトロ）千代田線が乗り入れる東京都荒川区の西日暮里駅に近い、道灌山通りと呼ばれる商店や雑居ビルの立ち並ぶ通りに面して校門があり、「開成学園」と書かれた看板が掲げられていた。学校の敷地はフェンスで囲まれていて、「内」と「外」の境界が明確だった。

第一志望の開成に合格すれば、別の中学を受験する必要はなく、わざわざ日吉まで来ることもなかった。だが六日前、不合格だったことを知った。第二志望の中学校は、中学受験塾の四谷大塚によれば開成よりも合格のラインが高く、倍率も二十倍近かった。

開成ではたやすく発見できた校門らしきものが見えない。学校であることを示す看板もない。東口を背にして、車道が学校の敷地内に向かって真っすぐに伸び、その左右には幅の広い遊歩道があって、それぞれの遊歩道を挟むようにして葉を落としたイチョウの並木が合わせて四列、冬の青空に向かってそびえ立っている。綱島街道を行き交う車の喧騒がしだいに遠ざかってゆく。

遊歩道はゆるやかに上っていた。校舎らしき建物はなかなか見えてこなかった。やがて坂を上りきり、ケヤキ並木が続く別の車道を横切ると、突然視界が開けた。それまで見たことがない景色が広がっていた。

巨大な広場のような空間を中央にして、前方には「日吉記念館」と呼ばれる鉄筋コンクリートの講堂が、左右には大きな白亜の円柱が八本も並んだ同じ建物が、広場の三方を取り囲むように配置されていた。右側の建物が「第一校舎」、左側の建物が「第二校舎」だった。シンメトリカルな空間のたたずまいに強い印象を受けた。

慶應義塾との最初の出会いがここにあった。

　自分がいる場所が、慶應の日吉キャンパスであることはわかっていた。これから受験する中学から大学までのすべての校舎がここにあると思い込んでいた。しかし案内板のようなものがなく、大学の校舎と高校の校舎と中学の校舎の区別がつかなかった。

　驚いたのは、日吉記念館がキャンパスの一番奥にあるわけではなかったことだ。記念館の裏手は崖になっていて、地形が谷状に落ち込んでいた。

　ここは「日吉台」と呼ばれる多摩丘陵末端の台地に属していた。広場を中心とした人工的な空間は、冬枯れの丘陵が見渡せる自然の空間と隣り合っていた。アスファルトで舗装された道路も突然赤茶色のローム層が剝き出しになった山道と化し、丸太を階段にした道が谷戸《やと》へと下っていた。

　地面を埋め尽くすように立ち並んだ真っ白い霜柱の列。その美しさに目を奪われた。今朝は相当に冷え込んだのだろう。思わず踏みしめると、サクサクという音が響いた。運動靴の裏から冷たさが伝わってきた。

　住んでいた滝山団地六丁目二街区一〇号棟の四階から見えたのは、どこまでも続く平坦な台地の上に商店や戸建ての住宅地が広がり、所々に開発を免れた雑木林が残る武蔵野の風景だった。目立つ高い建物といえば、せいぜい西武新宿線の小平駅前のマンションや、久米川駅前の西友ぐらいしかなかった。

さらにその向こうには、富士山を中央に、箱根丹沢から奥多摩秩父までの嶺々が一直線上に並んでいた。とりわけ冬のこの時期は空気が澄み、夕陽に照らされた嶺々のシルエットが美しく浮かび上がった。

いま見ている風景は全然違う。渋谷から二十分あまり電車に乗り、日吉の駅から数分歩くだけで、まるでどこかのハイキングコースに迷い込んだかのような錯覚に陥っていることに気づいた。しかし丘陵の輪郭がはっきりしているせいか、景色に奥行きはなかった。富士山もそれ以外の嶺々も見えなかった。

ふと耳を澄ますと、時々電車の音が聞こえてきた。東横線とは明らかに異なる音だ。一瞬聞こえたかと思うとすぐに聞こえなくなる。音が聞こえる方向を見やると、正体がわかった。東海道新幹線がキャンパスのなかをトンネルで突っ切っていたのだ。

それを発見したときには興奮を覚えた。何という雄大なキャンパスだろうか！

フェンスらしきものは見えなかった。キャンパスがどこまで続いているのか、皆目見当がつかなかった。

校門がなく、「内」と「外」の境界もはっきりしないのに、ここには周囲から独立した一つの世界があると感じた。この世界への切符が手に入れば、中学から大学まで、エスカレーター式に上がってゆけるのだ。それはそれで悪くないかもしれないと思った。

試験会場は第一校舎だった。すでに多くの受験生が、会場の前に集まっていた。部外者でも校舎の目の前まで入れるからだろうか。どこかの塾の先生が塾の旗をもち、顔見知りの受験生と握手を交わしていた。

しかし目の前の建物が校舎だとはとても思えなかった。そもそも、この大きな白亜の円柱は何なのだろうか。まるでＮＨＫの番組「未来への遺産」で見たギリシャの神殿のようではないか。中学校であることを示す看板はないかと探してみたが、目についたのは左右の台座に刻まれた「１９３４」と「２５９４」という数字だけだった。

――２５９４か。

自分の受験番号を確かめる。２４８８だ。当たらずといえども遠からずだ。

それにしても、この２５９４という中途半端な数字は何を意味しているのだろうか。１９３４というもう一つの中途半端な数字とは関係があるのか。

何から何まで謎めいていると思った。

開成の受験番号は４９９だった。それに比べると五倍近くも大きな数字だ。受験生がこれだけいるとしたら、大変な人数だ。

いや、そんなはずはあるまい。四谷大塚の合格ラインが開成よりも高くなっているのは、慶應の試験日がほかの中学校よりも遅く、併願がしやすいからだろう。すでに第一志望の学校に受かっていれば、いまここにはいないはずだ。現に自分自身もそのつもりだったではないか。実際の受験生の数は、もっと少ないだろう。数字の大きさに惑わされてはならないと思いなおした。

試験開始の時刻が迫ってきた。受験生の行列にしたがい、右側の入口から校舎に入った。上履きに履き替える必要はなく、土足のまま階段を昇った。スチームが効いていて、冷えた体を温めてくれた。受験番号をもう一度確認しつつ、指定された教室に入った。

校舎の外観とは打って変わって、前方に黒板が、左側に窓があり、受験番号が貼られた一人用の机と椅子が整然と並ぶ、ごく普通の教室の風景がそこにあった。

開成を受験してみて驚いたのは、校内の汚さだった。教室の前と後ろにある出入口には、それぞれ「時津風部屋入口」「時津風部屋出口」と書かれた落書きがそのままになっていた。さらに便所の出入口には「けいこ場」と書かれていた。開成に入ることは相撲部屋に入ることを意味するのかと、妙に落胆したことを覚えている。

それに比べて、今日の教室の風景はどうだろう。土足で入っているのに、塵一つ落ちていない。黒板の右隣に見える緑色の壁も目に鮮やかだ。

慶應の制服を着た中学生だろうか。詰襟姿の監督官が前方に立ち、教室を見回しながらメモ帳に何かを書き込んでいる。仕草がいかにも板についていて、かっこいいと思った。その印象は、初めて乗った東急東横線に対する第一印象に通じるものがあった。

やはり空席がいくつかあった。すべての席が埋まっていた開成の教室のような重苦しい空気はなかった。

やがて初老の男性が入ってきて、教卓の席に座った。受験生の緊張を和らげようと、柔和な表情を浮かべながら「皆さん、どうかリラックスして日頃の勉強の成果をいかんなく発揮してください」と大きな声で言った。開成の受験日に緊張しすぎた反動もあり、この一言でずいぶんと楽になった。

最初の科目は算数だった。開成では本来の力を出せず、分数の約分すらし忘れるミスを犯したが、この日は周囲を平然と見回す余裕があった。

問題文と答案記入欄が印刷された縦長の紙の一番上に受験番号と氏名を記入する欄があり、その下に問題文があった。1番の問題文の右側には点線が引かれていて、「計算はこれより下で行え」と記されていた。

開成の算数の問題文にはなかった注意書きだった。「行え」という命令調の文面に軽い反発を覚えたが、受験番号と氏名を見えやすくするためであることはすぐにわかった。HBの鉛筆は快調に動き、計算のために費やした数字の山が築かれていった。

算数で勢いに乗り、国語、理科、社会も手ごたえがあった。算数とともに得意科目だった社会では明治時代の風刺絵が掲げられ、何をテーマとしているかを答えさせる問題があったが、自信をもって空欄に「自由民権運動」と「日露戦争」と記入した時点で、一次の合格は間違いあるまいと思った。

試験が終わって外に出てみると、朝の冷気はすっかり消え、暖かな日差しを感じた。霜柱は跡形もなく融け、地面はぬかるんでいた。第一校舎に面した広場には、受験生を待つ母親たちや塾の先生たちの姿があった。

第一校舎で目にした１９３４と２５９４という数字。実はこの二つの数字には、重大な意味があった。

１９３４は西暦の一九三四年、２５９４は皇紀の二五九四年を意味した。皇紀というのは初代の神武天皇が即位したとされる年を皇紀元年とする日本独自の暦で、西暦で言えば紀元前六六〇年が皇紀元年に当たったから、どちらも同じ年ということになる。元号で言えば、昭和九年に相当する。

福澤諭吉の生誕百年でもあったこの年、慶應義塾は三田にあった大学予科を日吉に移転させるべく、神奈川県橘樹《たちばな》郡日吉村、現在の横浜市港北区日吉の地に教養課程に当たる大学予科の校舎を完成させた。これが現在の第一校舎である。つまり二つの数字はともに、第一校舎が竣工した年を意味していたのだ。

西暦のほかにわざわざ皇紀を台座に刻んだところに、当時の慶應義塾と皇室の浅からぬ関係がうかがえる。二年前の一九三二年には慶應義塾創立七十五年記念式典が行われ、昭和天皇の名代として、天皇の一つ下の弟、秩父宮雍仁《やすひと》が台臨したほか、慶應出身の首相、犬養毅《つよし》ら三千人が参列した。

全く意識もしていなかったが、中学校の校舎とばかり思い込んでいた建物は、もともと大学予科の校舎として建てられたのである。

さらに太平洋戦争の勃発は、慶應義塾の運命を大きく変えた。戦況が悪化した一九四四（昭和十九）年三月、第一校舎の南側が海軍軍令部第三部（情報部）に貸与された。校舎の南半分が、軍人に占拠されたわけだ。さらに同年九月には、連合艦隊司令部が寄宿舎に入った。空襲が激しくなる四五年三月には、第一校舎もほぼすべてが海軍に使われるようになった（阿久澤武史ほか『日吉台地下壕　大学と戦争』、高文研、二〇二三年）。

四一年に文学部予科に入学したが落第し、徴兵検査を受けて陸軍の歩兵第一連隊に配属されたものの胸部疾患を患い、現役免除となって復学手続きをするべく四五年七月に日吉を久々に訪れた安岡章太郎は、「日吉の校舎は海軍の連合艦隊司令部とかになっており、校庭では白い作業衣をきた水兵たちが、大勢で体操だの手旗信号の練習だのをやっていた」と回想している（『僕の昭和史』Ⅰ、講談社、一九八四年）。

戦況の悪化とともに海軍は、日吉キャンパスの地下にトンネルを掘り、コンクリートの壁をもつ軍事施設の建設にとりかかった。それらは「軍令部第三部退避壕」「連合艦隊司令部地下壕」「航空本部等地下壕」「海軍省人事局地下壕」と呼ばれており、総延長は二・六キロに及んだ。「日吉は戦争末期の絶望的な状況の中で、来たるべき本土決戦を見据えながら、海軍の全作戦部隊を指揮する場になっていた」（前掲『日吉台地下壕』）。レイテ沖海戦や沖縄作戦の指令も、戦艦大和の出撃命令も、この連合艦隊司令部地下壕から発せられたという。

一九七五年二月九日に日吉キャンパスで見た多摩丘陵の谷戸の風景が強く印象に残ったのは、もちろんこうした歴史を知っていたからではなかった。しかしその地下には、当時ほとんど知られていなかった太平洋戦争末期の軍中枢の痕跡が封印されていた。

周囲から独立した世界がここにあるという直感は、あながち間違ってはいなかったのだ。現在、それらは「日吉台地下壕」と総称され、一部が公開されている。

敗戦後、日吉キャンパスは米軍に接収され、第一校舎は第八軍第一一兵団と騎兵第一師団の宿舎として使われた（同）。接収は四年間続き、四九年十月に返還されると、前年四月に新制の高等学校として開設された慶應義塾高校の校舎となった。昭和史が凝縮されたような校舎で一次試験を受けていたわけだ。


一次試験から数日後、予想通り合格通知が届いた。

だが入学試験はこれで終わったわけではなかった。音楽、図画、工作、体育の試験が残っていたからだ。

四科目どころか、算数と国語の二科目しか入試のない中学校も珍しくないのに、八科目も課す中学校があるというのが信じられなかった。

音楽はまだいいとして、図画、工作、体育はおよそ得意とはいえない。どういう試験が行われるのかもわからなかったから、対策は立てようがなかった。

二次試験の会場は、中学校の校舎だった。中学校の所在地は日吉キャンパスがある「日吉町」（現・日吉）ではなく「日吉本町」であり、日吉駅の西口の方角にあることを初めて知った。

一次試験の会場となった校舎は高校であって、中学校ではなかった。たとえ二次試験に合格しても、あと三年は日吉キャンパスに通えないのだ。

しかし町名の違いや東口と西口の違いはあれ、日吉は日吉だ。渋谷からステンレスの電車に乗って通えること自体に変わりはない。そう考えると、何としても二次試験に通らなければならないという思いが高まった。

二月十五日土曜日、小学校を休んで再び渋谷から東急東横線の電車に乗り、日吉で降りた。もう日吉ミミの歌声は脳裏に鳴り響かなかった。

西口に出ると、東口とはまるで異なる風景が広がっていた。

バス乗り場のあるロータリーから、放射状に三つの通りがまっすぐ伸びていた。向かって右側から順に「浜銀通り」「日吉中央通り」「普通部通り」と記されたアーチがかかっていた。おかげで迷わずに中学校を目指して歩くことができた。

しかしその通りは、車道と歩道が分離されておらず、お世辞にもきれいとは言えなかった。飲み屋と雀荘がやたらと目につき、路上では吐しゃ物がそのままになっていた。飲み屋の前では、その日の夕方に焼き鳥にでもするのか、店員が臓物を平然と洗っていた。ホースから出た水が、いくぶん上り勾配の通りをつたって流れ、アスファルトの路面を黒く濡らしていた。

商店街はすぐに途絶え、住宅地となった。ただひとつ、日吉堂という文具店が目についた。黒いマジックで、「コピーはゼロックス。ゼロックスは日吉堂。一枚30円」と肉筆で記された紙の広告が掲げられている。コピーやゼロックスという言葉になじみがなく、広告の文章自体がよく呑み込めなかった。

右手に横浜市立日吉台小学校の校門が見えてきた。明治時代からある小学校で、国民学校と称した戦争末期には海軍省が使っていたこともある。西口にも戦争と海軍の関係がうかがえる施設があったことになる。

道は小学校の先でY字路となり、二手に分かれていた。受験生の列にしたがって左手の道を少し進むと、また道が二手に分かれ、角地に当たるところに白地に黒の看板が立っていた。

――慶應義塾普通部

中学校の正式名称だ。もう一つ、「慶應義塾中等部」という中学校もあった。普通部が男子校だったのに対し、中等部は男女共学だった。

言葉の響きからして、「中等部」の方が中学校らしい名称だと思った。「普通部」がなぜ中学校を指すのかがわからなかった。それなのに中等部でなく普通部を受験したのは、四谷大塚の合格ラインが中等部よりも高く、難関校と併願する児童が多かったからだ。

普通部の起源は古く、一八九〇（明治二十三）年までさかのぼる。この年、慶應義塾では文学、理財、法律の三科からなる「大学部」を開設したのに伴い、従来の正科、別科を「普通部」と称した。

福澤諭吉は『学問のすゝめ』（岩波文庫、一九七八年）で、「専ら勤むべきは人間普通日用に近き実学なり」と述べている。この「普通」は文字どおり、「あまねく通じる」、つまり人間誰もが身につけるべき普遍的な事柄を意味した。普通部の「普通」も同じ意味だった。

一八九八年、普通部は中等教育の課程である五年制の学校となり、「普通学科」と改称された。翌年にはまた普通部に戻ったが、中学校を「普通部」と称したのはこのときからだった。戦後に新制中学校として中等部ができたときも、普通部は旧制中学校から新制中学校へと衣替えをしながら校名自体は変わらなかった。

全国に数ある中学校のうち、慶應義塾普通部は「中」という漢字が付かない唯一の中学校であることを、このときはまだ知らなかった。

東口のキャンパスに強い感銘を受けたのに比べると、西口の風景は印象に残らなかった。商店街としても、滝山団地のほうが大きく整然としていた。

角地に「慶應義塾普通部」の看板が立っている分かれ道の左手を進めば、その地下にも

「日吉台地下壕」の一部である「艦政本部地下壕」があった。艦船や兵器などの計画や発注などを行う本部だ。四五年八月から使われる予定だったが、敗戦のため使われることはなく、埋もれたままになっていた（前掲『日吉台地下壕』）。

日吉台小学校のほかにも、普通部の周辺には日吉キャンパスと同じく海軍の痕跡が残っていたわけだ。だがもちろん、そんなことは知るよしもなかった。

分かれ道の右手を進むと、すぐ左側に校門があった。道は行き止まりになっていて、右側には戸建ての住宅が軒を連ねていた。学校のすぐ近くにまで住宅地が迫る風景に、ますます東口とのギャップを感じた。

校門を入ったすぐ左手に、体育館の壁面が見えた。校門を通る生徒に見えるよう、二つのペンを交差させた慶應義塾の校章が壁面上部の中央に掲げられていた。

突き当たりに校舎が見えてきた。あのギリシャの神殿を思わせる校舎とは、似ても似つかなかった。複数の建物を継ぎ足したように見え、均整がとれていない。看板が立っていて「内」と「外」が仕切られ、関係者以外立ち入りができない点では開成と変わらなかった。

この日の記憶が二月九日ほど鮮やかでないのは、学校の光景があまり印象に残らなかったからだろう。いや、もう一つ理由がある。試験の出来だ。

大きなホールのような教室にいったん集められ、受験番号を記したシールを服に貼らされてから、音楽、図画、工作、体育の順に試験を受けた。一次試験とは異なり、音楽を除いてさんざんの出来だった。

図画の課題として描いた絵は我ながらお粗末きわまりないものであり、工作では見取り図を読み間違えて課題の立体に仕上げることができず、体育では懸垂はおろか逆上がりすらできなかった。

受験生三人と教員三人が相対する面接もあったが、落ちたことを確信していたため、途中で教員の質問が聞き取れなくなり、うまく答えられずに涙があふれ出た。面接官は「あなたの言いたいことはよくわかりましたよ」と慰めてくれたが、無様な姿をさらしたことでますます落ちたと思った。帰路の東横線では車窓を眺める気力もなく、もう二度とこの線に乗ることもあるまいと思った。


合格発表日の二月二十日は木曜日だった。普通部の校舎に合格者の受験番号が張り出された。

もちろん小学校の授業があったため、母が代わりに見に行った。絶対に落ちたと言っていたから、まずは補欠の番号から見たという。２４８８という番号がそこにないことを確認した時点でやはり不合格だったかと落胆し、念のため正規の合格者の番号が列挙された張り紙を見たら、そこにこの番号を見つけたらしい。

六時間目の授業が終わろうとしていたころ、母がわざわざ教室までやって来て合格を告げた。喜びのあまり、気づいたら教室を駆けずり回っていた。

さっそく放課後、図工室に行き、楠美清子先生に報告した。私が所属していた掲示委員会の先生である。代表児童委員会から「追求」を受け、図工室に逃げ込んだときにも助けてもらったからだ。

私の性格を見抜いていた先生は、開成よりも慶應のほうが合っていると断言された。この一言でどれほど励まされたかわからなかった。

二次試験の出来がさんざんだったのに、なぜ合格できたのか。帰宅してから父が言うには、一次試験の成績がよほどよかったので、その「貯金」が効いたのではないかとのことだった。

大学まで無試験で上がれる切符を手にしたことを両親が喜んでいたのかどうかはわからない。それまで払い続けなければならない学費の高さを考えれば、いっそ公立の中学校に進んでくれたほうがましだと考えていたかもしれない。しかし私は、ほっとした気分だった。どんな中学校であれ、通っていた東久留米市立第七小学校の東隣にある西中学校に進学するよりはましだったからだ。

第七小学校の卒業生の九割以上は西中学校に進学する。それは六年五組を中心学級とする「滝山コミューン」を構成する児童が、そのまま西中学校の生徒となることを意味する。第九小学校や第十小学校の卒業生も加わるとはいえ、あと三年間は彼らとともに学校生活を送らなければならないのだ。普通部の面接で落ちたと思い込み、感極まって涙があふれ出たのは、その悪夢が頭をかすめたからでもあった。

だがそれは杞憂に終わった。

四月に入学するのは、中学校という名称が付いていない不思議な中学校だ。たとえ通学に二時間近くかかろうが、ステンレスの電車に毎日乗ることができる上、三年後にはあの雄大なキャンパスに建つ白亜の校舎への入学が約束されていた。いまとは全く違う世界へと進学することに対する喜びが、時間が経つにつれじわじわと広がってゆくのを感じずにはいられなかった。

一九〇九（明治四十二）年三月生まれの大岡昇平は受験して青山学院中学部に入ったが、府立一中（現・都立日比谷高校）の受験に失敗し、「第二志望で入ったので、学校に期待を持っていなかった」（『少年』、講談社文芸文庫、一九九一年）。第二志望の中学校に入ったのは私も同じだった。しかしこの点に関しては明らかに違っていたのである。

2 入学

前節の最後に少し触れた「滝山コミューン」については、拙著『滝山コミューン一九七四』（講談社文庫、二〇一〇年）で詳しく記した。同書を読まれていない方々のため、その内容をざっと紹介しておく。

時は大学闘争が盛んだった一九六八（昭和四十三）年九月にまでさかのぼる。東京都北多摩郡久留米町大字下里、現在の東久留米市滝山に第七小学校、略称七小が開校した。主にこの年から入居が始まった日本住宅公団（現・UR都市機構）の滝山団地から通う児童のための小学校だった。

滝山団地は、団地が多かった西武沿線でも最大規模の団地で、七〇年に完成した時点での総戸数は分譲、賃貸合わせて三千二百戸近かった。分譲と賃貸の割合は二対一で、それまで建てられたどの団地よりも分譲の割合が高かった。ローンを組み、団地を持ち家として購入する世帯が多かったということだ。

我が家もそうで、六八年十二月に同じ西武沿線にあった賃貸の久米川団地から分譲の滝山団地に引っ越した。当時は幼稚園の年長組に属していたが、引っ越してからは幼稚園に通わず、六九年四月に七小に入学した。

開校時には百二十六人しかいなかった七小の児童数は、団地に住む児童が一挙に転入学したことで、八百四十八人にふくれ上がった。いかに我が家と同じく、四人家族で小学生が一人ないし二人という世帯が団地に多く住んでいたかがわかろう。

その後も七小の児童数は増え続けた。校舎の増築が間に合わず、校庭にプレハブ校舎が建てられた。児童数は七四年に千五百二十四人、三十八クラスに達し、都内の小学校でも最大規模となった。

七小の児童数がピークに達したこの年、小学六年生になった。六年のクラスは一組から五組まであり、私は二組に属した。四年からずっと持ち上がりだったため、二組のままクラスメートも変わらなかった。

五組の担任は片山勝だった。片山は七一年四月、山梨県の都留文科大学を卒業するや七小に着任し、三年六組の担任となった。翌年四月に四年五組の担任に転じると、七五年三月までの間、持ち上がりで五組の担任を務めた。つまり私が二組に属していた三年間、片山はずっと同学年の五組の担任だったわけだ。

片山は七小に新しい教育の風を吹き込んだ。それを一言で言えば、全国生活指導研究協議会、略して全生研が主唱した「学級集団づくり」である。「大衆社会状況の中で子どもたちの中に生まれてきている個人主義、自由主義意識を集団主義的なものへ変革する」という目標からは、旧ソ連の教育学者、アントン・S・マカレンコの影響が濃厚にうかがえる。

七小では一九七二年度から片山の指導を受けた五組が、中心学級として台頭していった。七四年度には、「代表児童委員会をみんなのものに」のスローガンのもと、ついに六年五組が代表児童委員会の役員や各種委員会の委員長をほぼ独占し、学校全体の主導権を握った。

見逃してはならないのは、ＰＴＡを通して多くの母親が七小と関わりをもち、片山による学級集団づくりを支持したことだ。滝山団地は当初から日本共産党が居住支部をつくり、自治会を結成させるなど、党勢の拡大に力を注いだ団地だった。そのような政治色が、七小にも反映していたのだ。国家権力からの自立と、児童を主権者とする民主的な学園の確立を目指したこの地域共同体を「滝山コミューン」と名付けたゆえんである。

クライマックスは、六年生のほぼ全員が参加する一九七四年七月の林間学校だった。長野県蓼科《たてしな》にあった市の施設で二泊三日、同じ生活を送るため、代表児童委員会の別動隊と言うべき実行・運営委員会がつくられ、まる一ヵ月にわたって放課後に各クラスの班長を集めての会議や、全クラスを集めての総会が繰り返し開かれた。会場には体育館や家庭科室、音楽室があてられ、五組以外のクラスも実行・運営委員会の役員になることで積極的に同化していった。体育館で開かれた総会などでは、「みんな」や「なかま」が歌詞に入った歌の合唱を通しての一体化が図られた。

個人が異を唱える空気はどこにもなかった。旅行の前日というのは大概うれしくてよく眠れないものだが、このときばかりは正反対だった。嵐のような三日間が早く過ぎ去ることをひたすら願っていた。

秋には、代表児童委員会から「追求」を受けた。全生研によれば、「追求」とは「集団の名誉を傷つけ、利益をふみにじるものとして、ある対象に爆発的に集団が怒りを感ずるとき」に「集団が自己の利益や名誉を守ろうとして対象に怒りをぶっつけ、相手の自己批判、自己変革を要求して対象に激しく迫ること」を意味する。

これはマカレンコの著作にもなく、全生研独自の教育手段だった。林間学校以来の一連の私の態度が、「集団の名誉を傷つけ、利益をふみにじるもの」として槍玉に上がり、自己批判をするよう言われたのだ。

このとき自己批判を拒否して図工室に逃げ込み、専科の先生だった楠美清子に助けてもらったことは、前節の最後で少し触れた通りである。

実際には全生研のマニュアル通りにいかない小学校が多かったのに、なぜ七小では「追求」がいともたやすく実践できたのか。背景には、滝山団地ならではの住宅環境があったように思われる。

滝山団地はもともと雑木林しかなかった一帯を造成した新開地にあり、すべての住民が地縁も血縁もない新住民だった。西武新宿線の花小金井駅からバスで十分あまりかかる、小金井街道から分岐した通りのどん詰まりに位置していて、外部の住民が往来することがなかった。団地内の通りや遊歩道はすべて直線状になるよう設計され、住棟も分譲、賃貸を問わず、五階建ての中層フラット棟で統一されていた。初めて滝山団地を訪れた人は、六丁目二街区と三街区の区別がつかないと言った。

平坦な台地のうえに同じような棟が整然と並ぶ、きわめて人工的に設計された光景。これこそが滝山団地の外観を形作っていた。ここまで同質的な団地は珍しく、世帯構成まで似ていたから、「みんな同じ」という考え方を児童が持つのも自然だった。

拙著『増補新版　レッドアローとスターハウス　もうひとつの戦後思想史』（新潮選書、二〇一九年）で触れたように、そもそも団地自体が旧ソ連からの影響を受けていた。後に旧ソ連の衛星国だったポーランドの首都ワルシャワを訪れたときには、外観が滝山団地とそっくりな団地があることに心底驚いたものだ。

もちろん旧ソ連や東欧の団地とは異なり、滝山団地は社会主義のイデオロギーに基づいて建設されたわけではない。しかし少なくとも、旧ソ連や東欧とよく似た住宅環境が、そうしたイデオロギーを受け入れやすくする下部構造としての役割を果たしたとまでは言えるだろう。

要するに滝山団地は、日本における疑似社会主義の実験場として、まことにふさわしかったのだ。たとえ七五年三月の卒業をもって六年五組が消滅したとしても、七小の児童の九割以上が進学する東隣の西中学校に進むことに対する恐怖は消えなかった。

一九七五年二月二十日の慶應義塾普通部合格を境として、その恐怖は消え去った。これ以降、四月の入学に向けての準備が少しずつ進められていった。

二月二十三日の日曜日、港区の慶應義塾大学三田キャンパスの近くにあった原洋服店で制服を購入した。ちなみに三田には大学のほか、中等部や女子高校もあり、「連合三田会」という組織に象徴されるように、三田という地名そのものが慶應義塾の代名詞として語られることもあった。しかし私は普通部、高校と六年間日吉に通ったものの、大学推薦を辞退したため、三田に通うことはなかった。私にとっての慶應義塾は、日吉以外になかった。

原洋服店では古くから慶應義塾の制服を取り扱ってきた。店員の説明を聞きながら、詰襟の上衣と黒の長ズボン、そして校章の入ったフライパンのような制帽をセットで買った。長ズボンは試着し、裾をそろえてもらった。

まだ長ズボンに穿き慣れていなかった。ずっと半ズボンで通してきたので、中学生になることは長ズボンを穿くことを意味するのかと思った。

制服が七小とは別の集団に所属することを意味するという自覚はなかった。それよりも、解放感や期待感のほうが大きかった。同時に制服姿を家族以外の誰かに見せたいという気持ちが湧き上がってきた。

ある平日の放課後。団地の遊歩道を歩いていると、たまたまクラスメートの中山みずきと島津知子が通りかかった。六年二組は学校全体のなかでは浮き上がっていて、体制に同化しない児童が比較的多かったが、彼女らもそうだった。

急に制服姿を披露したくなり、自宅に来ないかと誘った。特に仲がいいわけでもなかったので嫌がられるかと思ったが、意外にもついてきた。

ちょっと待ってくれと言って着替えると、二人ともよく似合うと褒めてくれた。女子に褒められたのがうれしく、誇らしげな気分になった。しかし普通部は男子校であり、中学生になるともうこういう経験はできなくなることをわかっていなかった。

このころの主な関心は、三月十日に迫った国鉄の全国ダイヤ改正にあった。その詳細は、二月中旬に発売された日本交通公社の『時刻表』三月号に公表された。青地の表紙には、富士山をバックに新幹線の0系車両がずらりと並ぶ東京第一運転所・三島支所（現・三島車両所）の写真が掲載されていた。

この表紙が示すように、改正の目玉は山陽新幹線の岡山―博多間開業に伴う、東海道・山陽新幹線の新ダイヤにあった。東京―博多間の所要時間は、最速の「ひかり」で六時間五十六分となった。国鉄は俳優の森繁久彌をテレビのコマーシャルに起用し、途中、名古屋、京都、新大阪、岡山、広島、小倉にしか停まらない最速の「ひかり」を「赤いひかり」、それよりも遅い「ひかり」を「青いひかり」と名付け、両者の停車駅の違いを宣伝した。「のぞみ」はまだなかった。

しかし新幹線というのは、非日常的な乗り物でしかなかった。二月九日の一次試験で新幹線を発見して興奮したのも、非日常的な乗り物がキャンパス内を突っ切っているという意外性が大きかった。それよりも衝撃的だったのは、新宿と長野県の松本を結んでいた普通423列車が消えるのがわかったことだ。

六年生になってから、毎週日曜日、中野駅の近くにあった四谷大塚のテストを受けるため、団地からバスで武蔵小金井駅に出て、武蔵小金井から中野までは中央線の快速電車に乗って通っていた。だが中野では降りず、わざと新宿まで乗り越し、10時51分から12時8分まで3番線ホームにずっと停まっていた423列車の車内で弁当を食べてから中野に戻る習慣を続けていた。

423列車は通常の電車とは異なり、電気機関車が引っ張る客車列車だった。手動で開く扉を押して入ると、たいてい客がまだ乗っていなかった。車内を淡く照らし出す白熱灯、煤で汚れた窓枠、木の温もりが感じられるボックス席……。日本一乗降客が多かった駅の構内に、そこだけ戦前のような空間が広がっていた。

できればこの列車に乗ってどこまでも行きたかった。しかし結局、一度も動く列車に乗らないまま、三月十日から電車に置き換えられてしまった。

一九七五年は、四年に一度の統一地方選挙の年に当たっていた。当時の東京都知事は革新系の美濃部亮吉で、六七年に初当選し、二期目を務めていた。三月十九日の都知事選告示を前に、石原慎太郎が衆議院議員を辞職し、自民党の推薦を得て立候補を表明した。

当初、三期目はないとして立候補に消極的だった美濃部は、石原が立候補するや態度を翻し、社会党、共産党、公明党の推薦を得て立候補に踏み切った。ほかに民社党の推薦を得た松下正寿らが立候補したものの、事実上石原と美濃部の一騎打ちになった。

共産党の支持者が多かった滝山団地には、美濃部亮吉が来なかった半面、石原慎太郎が選挙演説にやって来た。団地センターのバス停近くに選挙カーを停め、慎太郎のほか弟の石原裕次郎、声優・俳優の小池朝雄、俳優の渡哲也らが選挙カーの上に立ち並び、交代で応援演説をした。歩道橋は聴衆で埋め尽くされた。

滝山団地に保守系の大物政治家やタレントがこれほど大勢集結したのは初めてだったから、面白半分に見に行ったのだ。石原慎太郎は「美濃部さんご苦労様です」といったんは持ち上げながら、ユーモアを交えて老人が都知事の席に居座り続けることを批判した。

当時、美濃部は七十一歳、石原は四十二歳だった。確かに美濃部に比べると若く、かっこよく見えたが、後に自らが都知事になって老害を指摘されることになろうとは、本人も予測できなかったに違いない。

もちろん七小の代表児童委員会役員選挙の際の立ち会い演説会とは、演説のレベルがまるで違っていた。一九六八年の参議院選挙全国区で史上最高の三百一万票を獲得してトップ当選して以来、すでに七年にわたり政治家としてのキャリアを積んでいた。石原の政治信条についてはよくわからなかったが、これぞプロの政治家と思ったものだ。

四月十三日、投票が行われた。石原は都心部や下町では美濃部を上回ったものの、次点に終わった。多摩地域の市全体では、美濃部が石原を十二万票近く上回った。滝山団地のある東久留米市を含め、共産党が強い旧北多摩郡の地盤は揺るがなかった。団地センターに集まった住民の多さに強い印象を受けていたので、開票結果を知ったときにはいささか意外の感を抱いた。

七小の卒業式は三月二十四日だった。当然この儀式も、校長が卒業証書を児童に渡すだけの式ではなかった。児童自身が「卒業のことば」を交代で読み上げる時間が、延々と続いたのだ。そのための予行演習が、連日のように体育館で行われた。

誰がどの台詞を朗読するかは、あらかじめ代表児童委員会が決めていた。出番のない私のような児童にとっては、退屈な時間でしかなかった。

予行演習には教員も参加した。各クラスの担任や元担任ばかりか音楽、図工、家庭科の専科の先生も加わったが、楠美清子の姿はなかった。代わりに三年生と四年生のときに音楽を担当した目良拡子がいた。

音楽が好きになり、普通部の二次試験でも比較的答案が書けたのは、目良からの影響が大きかった。五年生からは音楽の担当が新任の佐久間雅子に代わったが、目良からは相変わらず年賀状が来た。

選ばれた児童が、大げさな素振りで歯の浮くような台詞を代わる代わる読み上げるのを、ただじっと聞くだけの時間に耐えがたさを覚えたころ、誰かの視線を感じてその方を見やると、大勢の教員が立ち並ぶなか、一人だけこちらを見つめている目良がいた。

目が合うと、彼女はほほ笑んだ。恥ずかしいので目をそらしたが、それでもこちらをじっと見ている。もう台詞は耳に入らなくなり、二人だけのアイコンタクトに救われる思いがした。

おかげで本番の卒業式そのものも、あまり苦にならなかった。一人ひとりが壇上に上がり、校長から卒業証書を受け取ったが、私が壇上に上がったとき、ひときわ大きな拍手をしている教員がいた。その方を見やると案の定、楠美清子と目良拡子がいた。

卒業式の翌日から、小学生として最後の旅に出た。

とにかく前年の林間学校の記憶を清算し、一人で気ままな旅行がしたかった。中学生になると大人と同じ運賃を支払わなければならないため、その前に子ども料金で出かけたい気持ちも高まっていた。

ではどこに行くべきか。『時刻表』三月号のページをめくりつつ、限られた小遣いの額で可能なコースを思案した。とりあえず国鉄と近鉄が乗り入れる三重県の津駅からバスで二十分あまりの、津市に隣接する安芸郡《あげ》河芸町《かわげ》（現・津市）にあった母より四歳年上の伯母の家まで、新幹線や近鉄を使わず、東海道本線、関西本線、紀勢本線の普通や快速を乗り継いで行くことにした。

東京駅を7時57分に出る東海道本線下り静岡ゆきの普通電車に乗った。三月十日のダイヤ改正で東京と西鹿児島（現・鹿児島中央）を結んでいた急行「桜島・高千穂」の旧型客車列車も消えたが、ロングシートの車両しかない国電とは異なり、東海道本線では普通電車でもボックス席が多くを占めていた。

二人用の座席が向かい合うボックス席は、乗客どうしで話がしやすかった。小学生の一人旅は珍しいと思われたのか、乗り合わせた女性グループから声をかけられ、崎陽軒の「シウマイ弁当」をおすそ分けしてもらった。浜松からは快速に乗り換え、14時55分、駅前に「大名古屋ビルヂング」がそびえ立つ名古屋で降りた。

三月十日のダイヤ改正後も、地方ではまだ長距離の客車列車が多く残っていた。名古屋を15時21分に出る921列車もその一つで、関西本線、紀勢本線、阪和線を経由し、紀伊半島を一周して天王寺まで行く列車だった。

昼間は二十分おきに出ている近鉄特急に乗れば、名古屋から津まで一時間もかからなかった。ところが921列車は、二時間あまりもかかった。それでも乗れなかった423列車の代わりに921列車に乗りたいという思いは、少しも変わらなかった。

名古屋を出るや車内にオルゴールが鳴り響き、車掌の放送が始まった。四日市16時15分、亀山16時51分、津17時33分、松阪18時13分、多気18時26分、紀伊長島20時8分、尾鷲《おわせ》20時43分、熊野市21時39分、新宮22時21分、紀伊勝浦23時8分、串本23時55分、白浜1時9分、紀伊田辺1時27分、御坊2時40分、和歌山3時50分……。主要駅の到着時刻を案内するだけでも時間がかかった。亀山で方向転換することや、新宮で寝台車を増結すること、串本から快速になることも告げられた。「終点、天王寺到着は明朝の5時になります」という最後の一言が荘重に響き、ようやく放送が終わった。

関西本線の名古屋—亀山間は、まだ電化も複線化もほぼされていなかった。名古屋の次の八田で、早くもしばらく停車した。その間に並行する近鉄の線路を、赤銅色をした宇治山田ゆきの急行電車が走り去っていった。

四日市が近づき、左手の車窓に石油コンビナートが見えてきたかと思うと、乗客が窓を閉めた。当時の四日市は、公害の町として知られていた。少しずつ客が降りてゆき、関西本線から紀勢本線に入るため方向転換する亀山で最後の客も降りてしまった。名古屋を出たとき、あれほど時間をかけて終点までの主要駅の到着時刻を案内した意味はどこにあったのかと思わずにはいられなかった。

亀山では機関車を付け替えるため、二十分あまり停車した。前日に卒業式が行われた七小の体育館とは似ても似つかない、車内の白熱灯が淡く照らし出す一人だけのしんと静まり返った空間がそこにあった。

東京から東海道本線で名古屋へ、名古屋から関西本線で亀山へ、そして亀山で方向転換して紀勢本線に入るというこの日のルートは、戦前に盛んだった伊勢神宮参拝のルートと重なっていた。

いまやすっかり寂れた駅は、かつては東京と山田（現・伊勢市）を結ぶ、参拝客を乗せた列車が必ず停まる重要な拠点だったのだ。それを父から教えられていたため、車内にひとり残された自分が歴史の彼方と向き合っているという厳粛な気分になった。

17時33分、津に着いた。改札口に伯母が迎えに来ていた。はっきりした目鼻立ちの伯母は、遠くからでもすぐにわかった。

敗戦直後から高校を卒業する一九五五（昭和三十）年までは、母も伯母とともに三重県内に住んでいた。卒業後に母は名古屋に開業したばかりの名鉄百貨店に就職して同県を離れたが、伯母は引き続き県内に住み、三重県警に勤めていた伯父と結婚した。伯父はノンキャリアながら、能力の高さと人柄の良さが評価されて異例の昇進を重ねた。後に昭和天皇の伊勢神宮参拝に関する県警の資料を入手できたのも、伯父のおかげだった。

伯母や伯父に会えたのはうれしかったが、本音を言えば921列車に一晩中乗り続け、終点の天王寺まで行ってみたかった。そこで翌日は同列車のルートを逆になぞり、天王寺から津まで急行列車に乗り、紀伊半島を日帰りで一周しようと考えた。小学三年生の頃から愛読していた江戸川乱歩原作の少年探偵シリーズ（ポプラ社）には、乱歩自身が三重県内に住んでいたこともあったせいか、紀勢本線沿いに当たる町や離島が舞台として出てくることが少なくなかった。その舞台を実際に眺めてみたいという気持ちもあった。

腹案を話すと、三歳年上で私立のミッション系女子中学校の三年生だった従姉がどういうわけか興味を示し、一緒に行くことになった。

津から天王寺へは、上本町《うえほんまち》（現・大阪上本町）ゆきの近鉄特急に乗って鶴橋まで行き、大阪環状線に乗り換えるのが最も早かった。国鉄鶴橋駅の長距離切符売り場は思いのほか混んでいた。それでも何とか二人分の乗車券と自由席急行券を買うことができた。

天王寺は鶴橋から三駅目で、昭和初期に築かれた高架線を走るため大阪市街がよく見えた。従姉は立ったまま窓の外を眺めながら、「大阪っていう街はいつ見てもゴミゴミしとるなあ」とつぶやいた。東京の皇居や明治神宮や新宿御苑に匹敵する緑地帯が見られないと言いたかったのだろうが、私には従姉の言葉に意表をつかれる思いがした。

天王寺に着くと階段を上がり、阪和線のホームに向かった。阪和線の前身は阪和電気鉄道という私鉄で、私鉄時代の面影が残る行き止まり式のホームに、新快速や区間快速といった関東の国鉄にはない種別の電車が停まっていた。名古屋ゆきの急行「紀州５号」は、一番北側の1番線から発車することになっていた。

まだ入線しないうちから、自由席車両のドアの前には行列ができていた。紀勢本線は和歌山県の海南から三重県の紀伊長島にかけて、ずっと海沿いを走ることを知っていた。海を眺めようとするなら、進行方向に向かって右側のボックス席をとらねばならなかった。「紀州5号」は電車ではなくディーゼルカーだった。ドアが開くや行列が崩れ、我先にと車内に入ろうとする客に後ろから押された。関西人というのは図々しいなと思った。それでも座りたいと思っていた右側のボックス席をどうにか二席分とることができた。

天王寺を10時30分に発車し、複線電化された阪和線をひたすら南下した。桜はまだ開花していなかったが、春の日差しが暖かく感じられる日だった。急行なので窓を開けられる。いっぱいに開けると、心地よい春風とともに、ディーゼルカーならではの軽油のにおいが漂ってきた。

和歌山を出ると紀勢本線に入り、非電化の単線となった。沿線の風景もぐっとローカル色が強まり、やがて期待通り海が見えてきた。高台から俯瞰する区間があるかと思えば、岸壁の波打ち際を走る区間もある。海の表情がどんどん変わってゆくので、眺めていて一向に飽きなかった。本州最南端の駅、串本を過ぎたあたりでは、大小の岩柱が海中にそそり立つ橋《はし》杭岩《くいいわ》が車窓から眺められた。

少年探偵シリーズの『大金塊』の舞台として記憶に残っていた紀伊長島を過ぎると、海から離れて山間部に入り、トンネルが多くなった。三瀬谷《みせだに》からは日本有数の降水量を誇る大台ヶ原に源を発し、伊勢湾に注ぐ宮川に沿う景色がしばらく続いた。海も山も川も堪能できる鉄道旅の醍醐味を思う存分味わった。

ボックス席の向かい側には、二人の男子大学生が座っていた。一人は愛知県の岡崎から、もう一人は蒲郡《がまごおり》から来たという。岡崎と蒲郡の名所旧跡を尋ねられたので、岡崎城と三ヶ根山《さんがねさん》と答えたら、とりわけ私の正面に座っていた蒲郡の大学生が喜んだ。三ヶ根山に登ったことがなくても、自宅にあった東海道本線のガイドブックを読んでいたから山の名称は知っていた。

さらに岡崎の大学生から、岡崎城で誰が生まれたかを尋ねられた。すぐに徳川家康が思い浮かんだが、生まれたのか城主だったのかがわからず黙っていると、「徳川家康だよ。岡崎で知らない人はいない」とちょっと不満そうな表情で言われた。やっぱりそうだったかと思ったが、すかさず従姉が「この子は東京に住んでいて、四月から慶應に入るんだよ」と口添えしてくれた。「慶應ってあの慶應大学の慶應?」と訊き返されたので「そうです」と答えると、二人の大学生の表情が一変した。どうやら慶應義塾というのは全国に名を知られた学校のようだというのが、このときに得た感触だった。

津には18時18分に着いた。八時間近くも急行に乗っていたことになる。それでもまだ乗っていたい気分が残っていた。鉄道には興味を示さなかった従姉も、思わぬ発見があったと言ってくれた。

　これだけでも十分鉄道旅を堪能したが、自宅への帰路を往路とは別のルートにすることで、さらに小学生最後の旅を楽しもうと思った。具体的には、名古屋から岐阜県の中津川まで中央西線の快速に乗り、中津川からは同線と篠ノ井線の普通電車に乗り換えて松本まで行くことにした。松本を訪れたことはなかったが、新宿駅に停まっていた423列車の終点でもあり、こだわりがあった。

　中津川で乗り換えるとき、ホームで駅弁を立ち売りしている業者の男性をつかまえ、すすめられた「栗おこわ弁当」を買った。グリーン車を転用した普通車のリクライニングシートに腰を下ろし、栗きんとん発祥の地といわれる中津川名物の駅弁をじっくり味わった。

　次の落合川という駅で、満々と水を湛えた木曽川が迫ってきた。木曽谷の車窓に見入っていると、乗り合わせた年上の女性からまた声をかけられた。「どこまで行くの」と尋ねられたので「松本までです」と答えると、「遠くまで行くのね。一人なのに感心ね」と褒められた。本当はもっと遠くまで行くと答えたかったが、怪しまれるといけないと思い、黙っていた。女性は木曽地方の中心駅、木曽福島で降りた。ほかの多くの客も降りてしまい、車内はがら空きになった。

　中央東線と西線の分岐点に当たる塩尻で電車は方向転換して篠ノ井線に入り、松本に向かった。松本が近づくとまた高校生らしき客が乗ってきてにぎやかになった。

松本から八王子までは、小遣いの残額をはたいて特急「あずさ」に乗ろうと思った。我が家の家族旅行は国鉄を利用する場合でも基本的に急行しか乗らず、特急を使わなかったから「あずさ」にも乗ったことがなかった。

旅のフィナーレを飾る列車として、「あずさ」はふさわしいように思えた。特急券を買うべきところ、わざと普通乗車券だけを買い、自由席の車両に乗り込んだ。松本は「あずさ」の始発駅だったため、車内は空いていた。指定券を買わなくてよかったと思った。

急行とは違って窓は開かず、カーテンが付いていた。日差しがないのに引っ張ったり元に戻したりした。まもなく車掌が検札に来たので、車内補充券を購入した。車掌は小学生が一人で乗っているのを見てびっくりしたような表情を浮かべたが、慣れた手つきでペンを走らせ、松本から八王子までの自由席特急券を発行した。揺れている車内で書いたとは思えないほど見事な筆跡であった。

「あずさ」はさすがに速かった。途中、辰野、上諏訪、茅野《ちの》、甲府にしか停まらず、八王子がどんどん近づいてゆく。一人旅が終われば、日常がまた戻ってくる。いよいよ小学校生活が終わってしまう寂しさと、目前に迫った新たな生活への期待と。相矛盾する感情が、心のなかでないまぜになっていた。

一九七五年四月八日火曜日、慶應義塾普通部の入学式が体育館で行われた。

母と一緒に再び日吉に向かった。もう「小」と入った半額の切符は買えなかった。ちょうど桜が満開だった。東急東横線の田園調布から多摩川園前にかけて線路端に植えられたソメイヨシノの並木がピンクに染まっていた。

継ぎ足したような校舎の玄関で、名簿をもらった。A組からE組までの五クラスで、どのクラスも四十九人の氏名が記されていた。中学校全体の生徒数は七小よりずっと少ないが、一クラス当たりの生徒数は七小のときより十人近くも多かった。もちろん全員男子で、各氏名の横に一番から四十九番まで出席番号が振ってあった。外国人らしき氏名は見当たらなかった。

自分の氏名をE組に見つけた。驚いたのは、二番だったことだ。「は」で始まる名字だから後半にあるとばかり思っていたのに、なぜ二番なのかがわからない。母が嬉しそうに「成績順かもよ」と言った。母には、こういう軽口をすぐたたくところがあった。

よく見ると、一番から十番までの名字が、すべてハ行で始まっていた。ほかのクラスの一番はみな「あ」や「え」で始まる名字だった。

ひょっとしてこれは、アイウエオ順ではなくアルファベット順、それもヘボン式ではなく訓令式ではないかと思った。一般にB、D、Gに相当するバ行、ダ行、ガ行で始まる名字は少ない。訓令式の場合、「ち」はCHIではなくTI、「ふ」はFUではなくHUとなり、どちらも「は」すなわちHAより後になる。そう考えると、自分の名字が前に来るのも納得できるではないか。

校舎は一年生が一階、二年生が二階、三年生が三階と、学年と階数が一致していた。E組の教室は一階の一番奥にあった。教室に入ると、もう互いにお喋りをしている生徒が少なからずいた。初対面どうしのはずなのに、親しくなるのが早すぎないかと怪しんだ。

教室を見回すと、七小に比べて明らかに身体の大きい生徒が多かった。身長が高い生徒もいれば、肥満体質の生徒もいる。早くも詰襟の制服を上手に着こなしている生徒までいた。二月九日に第一校舎で見かけた生徒と同様、洗練された印象を受けた。

担任のS先生が入ってきた。担当は保健体育で、生徒から本名ではなく「山猿」と呼ばれていると、悪びれもせず自己紹介したのでびっくりした。まるで夏目漱石の『坊っちゃん』に描かれた中学校のようではないか。

入学式が開かれる体育館に行くため、廊下に出て身長の低い順に廊下に並ぶことになった。六年二組では男子全体の中ほどだったのに、ほぼ先頭になってしまった。自分の身体に対して、七小では抱かなかったコンプレックスを自覚しないわけにはいかなかった。

体育館の入口には後に慶應義塾幼稚舎の講堂の入口で見るような福澤諭吉の肖像画は掲げられていなかったが、正面の演壇の背後には「三色旗」と呼ばれる慶應の校旗が掲げられていた。館内に入ると、すでに着席していた二、三年生が拍手で迎えた。

まず塾歌の斉唱があった。初めて聞く歌だった。作詞は富田正文、作曲は信時潔。文語調の歌詞で荘重な響きがした。さすがに新興の小学校とは格が違うと感じたものだ。

七小と同じく、日の丸の掲揚や君が代の斉唱はなかった。慶應義塾では三色旗が日の丸の、塾歌が君が代の代わりとなる役割を果たしていることに気づくまでには、もう少し時間がかかった。

続いて塾長、部長、主事の祝辞や挨拶があった。普通部で校長に当たるのが部長、教頭に当たるのが主事だった。部長が「この学校ではあなた方を子どもとしては扱わず、小さな紳士と見なします」と言った。

この「紳士」という言葉は、新鮮に聞こえた。少なくとも公立の中学校では決して耳にしない言葉であることだけははっきりしていた。

最後に普通部の歌の斉唱があった。塾歌とは別に中学校固有の歌があること、しかし中学校とは言わないので校歌とも言わないことを知った。

佐藤春夫が作詞し、堀内敬三が作曲したこの歌は、塾歌ほど心に響かなかった。これなら武藤佐智子が作詞し、湯山昭が作曲した七小の校歌のほうがすぐれていると感じた。

入学式は、七小の卒業式とは比較にならないほど短かった。式は淡々と進み、生徒が発言する機会はなかったので、ほっとした気分になった。

教室に戻ると、山猿先生が「もうおわかりのように、慶應では塾長にも部長にも主事にも『先生』をつけません。慶應で一番偉いのは福澤諭吉先生、二番目に偉いのは小泉信三先生です。この二人だけが本物の先生なのです」と言った。

福澤が一番偉いのはもちろんわかるが、小泉信三というのは初めて聞く名前だった。当時の私は、小泉が長く塾長を務めた高名な経済学者であることを知らなかった。ましてや東宮御教育常時参与を務め、皇太子明仁《あきひと》（現上皇）に帝王学を説いた小泉に象徴される慶應義塾と皇室との浅からぬ関係など、知るよしもなかった。

山猿先生が話した通り、普通部では先生を「〇〇さん」と呼んだり、本名でなくニックネームで呼んだりする習慣が定着していた。そのニックネームは、突然思いついたものではなく、これまで何代にもわたって生徒の間に語り継がれてきたものが多かった。

帰りに日吉駅で花小金井までの三ヵ月定期を買った。中野の四谷大塚に通っていたときには回数券だったので、これもまた中学生になった気分を高めてくれた。しかもこの定期券には磁気が内蔵されていて、自動改札を通ることのできる最新式のものだった。

翌日に始業式があり、一年から三年までの各クラス全員の氏名や住所、電話番号が記された名簿をもらった。

さっそく一年E組のページを見た。

渋谷区神山町、大田区田園調布、世田谷区等々力《とどろき》、目黒区平町《たいらまち》といった東急沿線の高級住宅地が目立った。もちろん神奈川県の横浜市や川崎市、鎌倉市、藤沢市、葉山町に住んでいた生徒もいたが、東京都下の旧北多摩郡に住んでいたのは私だけだった。西武を利用していた生徒も、私のほかには練馬区に当たる池袋線の石神井《しゃくじい》公園から通っていたOくんしかいなかった。

しかも住所の短さから、ほとんどの生徒が一戸建てに住んでいるのがわかった。せいぜいしゃれた名前のついた民間のマンションや、同潤会アパートを意味する住所が若干あるくらいだった。

それらのなかで、郵便番号が三桁でなく五桁（180－03）であるうえ、団地であることを示す6―2―10―○○○という長たらしい住所は突出していた。七小では団地に住む児童が圧倒的に多く、団地周辺の一戸建てに住む少数の児童を見下していたのが、全く逆になったのだ。

鉄筋コンクリートの団地は、一戸建てより災害に強く、鍵をかけるだけでセキュリティも万全なはずではなかったのか。前年の台風で一戸建ての家が多摩川に次々と流されたのは、まさにこのことを証明したはずではなかったのか。親からさんざん聞かされてきた「神話」はもはや通用しないことを思い知らされた。

二年生の名簿に石原良純という名前を見つけた。平日が大田区田園調布、休日が逗子市新宿とある。電話番号も二つ掲げられていた。帰宅して母に見せると、石原慎太郎の息子ではないかと言う。団地センターにタレントを大勢引き連れ、さっそうと現れたあの政治家の息子がいるのか。つくづくすごい中学校に入ったと思った。

中学生になり、団地の自宅で部屋が変わった。妹と一緒に寝ていた北側の六畳から、両親が寝ていた南側の四畳半の部屋に移った。もともと白かった壁がピンクに塗られていた。北側では聞こえなかった西武新宿線の電車が走る音が聞こえるようになった。

部屋には机と椅子、本棚、洋服ダンス、そして小型の白黒テレビとトランジスタラジオしかなかった。ベッドはなく、布団は押し入れに収納されていた。

壁には、家族旅行のたびに買った観光ペナントが横一列に並んでいた。ここに入学式で配付された、「ＫＥＩＯ」と記されたペナントが加わった。

本棚には教科書や辞書、ノートのほか、母が読んだ本が何冊か選ばれて置かれていた。思い出すままに挙げると、以下のような本があった。

吉川英明『父　吉川英治』（文化出版局、一九七四年）
江藤淳『夜の紅茶』（北洋社、一九七二年）
松本清張『点と線』（光文社、一九五八年）
小泉信三『海軍主計大尉小泉信吉』（文藝春秋、一九六六年）

小泉信三の本は、普通部の入学式のあとに母が買って本棚に並べたと記憶する。入学式で初めて耳にした人物が書いた本だと気づいたからだ。

江藤淳も慶應義塾大学文学部を卒業しているので慶應の関係者といえるが、当時は全く知らなかった。小泉といい江藤といい、たとえ慶應が絡んでいても知らない人物の本をいきなり読む気にはなれなかった。

さすがに吉川英治の名前は知っていた。一九七二（昭和四十七）年には吉川英治原作の大河ドラマ「新・平家物語」がＮＨＫで放映されていた。しかし小説を読んだことはなかった。英治の長男が書いた『父　吉川英治』は、最終章が「昭和三十七年」となっているように、一九六二年九月七日に英治が肺がんのため死去するところで終わっている。つまり自分が生まれてわずか九日後にこの世を去ったという事実に気づいた。

小学生時代に歴史を学んだときから、歴史上の人物が何年に死んだかに異様な関心をもち、教科書に出てくる大概の人物の没年を覚えるまでになっていたが、これほど自分の生年月日に近い日に没した人物はいなかった。吉川英治の魂は、死ぬ瞬間に生まれたばかりの別の人間に乗り移ったということはないのか。だとすれば自分は吉川英治の生まれ変わりかもしれない……などと、あらぬ妄想にふけった。

ただ『父　吉川英治』は最終章までの分量が多く、途中をかなりすっ飛ばした。怖いもの見たさで絶命の場面だけはじっくりと読んでみたが、期待に反して医師の診断書のような記述しかなかった。

最も食指が動いたのは、『点と線』だった。

母は松本清張が好きで、応接間の本棚には清張の本がいくつも並んでいたから名前になじみがあった。いざ読み出すと止まらなくなり、深夜まで読みふけった。これほど面白い本に出会ったことはなかった。時刻表をトリックに使うこんな小説があるのかと、蒙をひらかれる思いがした。


中学校生活が始まると、一日のスケジュールがガラリと変わった。

目覚ましが鳴り、午前六時前に起床すると、六時台に放送されていたNHKのラジオ第二の「基礎英語」を聴こうとした。実際にはうつらうつらしていて、気が付いたらもう終わっていた。英語力のアップには全く役立たなかった。

朝食を食べて制服に着替え、七時前に家を出た。最寄りの滝山五丁目のバス停から西武新宿線の花小金井駅ゆきの西武バスに乗ると、十分あまりで駅に着いた。

花小金井という奇妙な駅名は、旧西武鉄道が一九二七（昭和二）年に開業したとき、中央線の武蔵小金井駅に対抗して花見の名所だった小金井堤の下車駅であることをアピールしようとしたことに由来する。もともと桜のシーズンに花小金井止まりの臨時電車が発着できるよう、上りホームと下りホームの間にどん詰まり式の線路がもう一本敷かれていた。

普通部に通う頃にはこの線路が撤去され、線路が敷かれていたところはあらかたホームに変わり、上りホームと下りホームが一つになっていた。だがもともと二つのホームがあったせいか、ホームの幅が不自然なほど広かった。

花小金井駅は東久留米市の隣の小平市にありながら、西武池袋線の東久留米駅よりも滝山団地や久留米西団地に近く、両団地に住む通勤客が最も多く利用する駅だったため、朝のラッシュ時には大変な混雑となった。だから混雑する階段付近を避け、ホームを歩いてなるべく客のいない乗車位置に並んだ。先に行くほどホームが二つに分かれていた跡が残っていて、花見の臨時電車が走っていた時代がしのばれた。

当時の花小金井には急行が停まらなかったが、急行が停まる隣駅の小平より乗降客数が多く、通勤急行が停まった。毎朝乗ったのは、7時10分台に出る西武新宿ゆきの通勤急行だった。この時間帯に出る上り電車はすべて通勤急行で、高田馬場までの停車駅が田無、上石神井のタイプと田無、鷺ノ宮のタイプがあった。すでにいまと同じく十両編成で運転されていた。

ダイヤだけを見れば、通勤急行が花小金井に停まらなくなったいまの西武新宿線よりも充実していた。ただ十両編成といっても、床が木製の古い車両をかき集めたような編成で、冷房設備はないうえ、音がうるさく揺れも激しかった。

もちろん座れなかった。十両編成でも混雑率は二五〇%を超えていただろう。西武新宿線は並行する中央線とは異なり、カーブが多かった。とりわけ野方から沼袋にかけての急カーブにさしかかるたびに、いかにして押しつぶされないようにするかに悩まされたものだった。

高田馬場で降りて山手線に乗り換え、前から二両目の電車に乗った。新宿までの二区間がすし詰め状態で、新宿を過ぎると幾分空いた。渋谷で階段を降り、東急東横線に乗り換えた。いまと違って、行き止まり式のターミナルが山手貨物線（現・JR埼京線および湘南新宿ライン）の線路に隣接していた。

渋谷から乗ったのは、たいてい8時ちょうど発の普通桜木町ゆきだった。二月九日に初めて乗ったときと同様のオールステンレスの電車で、六両編成だったが必ず座れた。ここでようやくラッシュから解放され、一息つくことができた。

先頭車両の最後部、車両と車両のつなぎ目に接した四人掛けの席に座ると、貫通路の真上に当たる妻面《つまめん》に設置された広告に釘付けになった。中吊りのような紙の広告ではない。最初に見たときには画面の大きさからテレビと勘違いし、京阪電鉄のテレビカーのようだと思ったが、実はいくつもの店や会社の名前を表示した幕が内蔵されていた。

この幕が自動的に上から下へと動いて次々と画面が変わり、動く広告としての役割を果たしていたのだ。こんな奇抜な広告は見たことがなかった。

自由が丘の亀屋万年堂や飯尾眼鏡店といった、東急沿線にある店の広告が順番に出てきた。だがそれよりも目を引いたのは、『勝馬』の広告だった。沿線に競馬場があるわけでもないのに、競馬新聞の広告が大きく表示されるミスマッチに強烈な印象を受けた。

二月九日に初めて見た武蔵小杉駅下りホームの「おふくろの味」は、あのときとは打って変わり、いつ見ても客が結構入っていた。単身で上京し、駅周辺の工場に通う若手の労働者が、朝食としてご飯と味噌汁を食べるため利用しているのだろう。

武蔵小杉は、川崎競馬場に近い川崎や東京競馬場に近い府中本町を通る南武線との乗換駅だ。つまり競馬場に行くにはきわめて便利な駅だったから、彼らが『勝馬』を買っているのかもしれないなどと考えた。しかし四月の時点ではまだ、後に大きな関わりをもつことになる南武線に乗ったことがなかった。

日吉で降りて普通部通りを歩いてゆくと、初めて歩いたときと同様、前日の夜の遺物がそのままになっていることがあった。この通りはどうしてこんなに汚いのだろうと思う半面、飲み屋の焼き鳥を食べてみたい欲求にも駆られた。そもそも滝山団地の商店街には、飲み屋らしき店がなかったからだ。

校舎の入口で革靴から上履きに履き替え、一年E組の教室には八時四十分頃に着いた。朝礼や朝の会はなく、七小の代表児童委員会に相当する生徒会もなかった。これだけでも救われたような気分になった。

午前九時に授業が始まり、六時間目まで授業のある月曜日から金曜日までは午後二時五十分に終わった。四時間目までしかない土曜日は午後零時三十分に終わった。弁当を持参しない生徒のために購買部で各種のパンが売られていたが、食堂はなかった。

実際には弁当派が多数で、パンを注文する生徒はあまりいなかった。我が家でも母が早起きして弁当を作ってくれた。しかし鞄を開けるとおかずの煮つけの汁などが染み出して教科書やノートにべったりと付き、においまで付着していることがあった。

ホームルームは「教養」と呼ばれていた。最初の時間に出席番号順に自己紹介することになった。出席番号が二番だからすぐ回ってくるのはわかっていた。

一番のHくんは幼稚舎出身で、趣味は浮世絵の収集だと言った。写楽とか歌麿とか北斎とかいった画家の名前がすらすらと出てくる。これには驚かされた。小学生のときから浮世絵を集めていたということか。七小でも四谷大塚でもそんな同級生は見たことがなかった。

ただ当時は、幼稚舎というのがどういう学校なのかわからなかった。なぜ出身小学校でなく出身幼稚園を言うのだろうという疑問が起こった。けれどもそのわけを考える暇もなく、順番が回ってきた。

ありきたりの自己紹介ではダメだと思った。身体的なコンプレックスを跳ね返すためにも、ここで一発芸を披露しなければなるまいと思った。

東海道本線や東北本線など、主要幹線の駅名はすべて頭に入っていた。最も距離の長い東北本線の駅名を全部言いますと前置きし、暗唱し始めた。

――上野、尾久、赤羽、浦和、大宮……西平内《にしひらない》、浅虫（現・浅虫温泉）、野内《のない》、東青森、青森。

途中で詰まることなく最後まで言い切った。

自然に拍手が沸き起こった。その拍手には温かみが感じられた。これで何とか、このクラスに溶け込めそうだという安堵感が湧いてきた。

3 早慶戦

自己紹介が一通り終わって気づいたのは、幼稚舎出身者が約半数を占めていることだった。

最初に幼稚舎と聞いて幼稚園と勘違いしたことは前節で触れた。しかしさすがにこの学校名が続けざまにクラスメートの口から発せられるにつれ、慶應義塾では小学校を幼稚舎と呼んでいるのだとわかった。

当時の幼稚舎のクラスは、一年から六年までK組、E組、O組の三クラスしかなかった。現在はI組ができて四クラスになっているが、いずれにせよクラス名までKEIOにちなんでいると知ったときには、まるで宗教学校のようだと思った。

普通部では、福澤諭吉が六十年あまりの生涯を振り返った『福翁自伝』を読むよう勧められることはあっても、ミッション系の中学校で聖書を読む時間に当たるような、福澤の著書を読む時間は組まれていなかった。国語、数学、英語、社会、理科のほか音楽、美術、技術、保健体育といった一般の中学校と変わらない教科しかなかった。

同じクラスには現在ロッテホールディングスの社長となっている玉塚元一もいたが、この玉塚くんを含めて、育ちの違いが明らかな幼稚舎出身者にはなじめなかった。仲よくなったのは同じく受験して入った、東急沿線在住ではない生徒ばかりだった。

とりわけ東京都板橋区に住んでいたNくんと、川崎市多摩区に住んでいたFくんとは親しくなった。Nくんは麻布に、Fくんは鹿児島ラ・サールに合格しながら普通部を選んだという。それを聞くと、自分が第二志望だったとは言いづらくなった。

驚いたのは、中学校にもかかわらず成績の悪い生徒を留年させる制度があることだった。実際にどのクラスにも、学年が違うはずの生徒が混じっていた。留年するのは幼稚舎出身者と決まっていた。

一年E組にも、そうした生徒が一人いた。一歳年上というだけで、近寄りがたい雰囲気が漂っていた。だがそもそも、中学校というのは義務教育の期間中であって、三年で卒業させなくてよいのかという疑問がどうしてもぬぐえなかった。

先生は英会話の外国人女性を除いて全員男性で、四十代以上が多い印象を受けた。父親が普通部に通っていた生徒もいたから、定年を間近に控えた先生のなかには親子二代にわたって同じ科目を教えたという体験の持ち主までいた。

保健室と図書室に一人ずつ女性の看護師と司書がいる以外、校内で女性は見かけなかった。思春期におそろしくホモソーシャルな環境に置かれたことが、さまざまな負の影響を及ぼしているのは否定しようもない。

国語、数学、英語、社会、理科はそれぞれ二人の先生が担当した。もちろん各教科で文部省（現・文部科学省）検定済の教科書が配付されていた。けれども実際には、教科書に忠実な先生もいれば、教科書の代わりに独自の教材や自筆のプリントを用いたり、生徒自身が主体的に考える力を重視したりする先生もいた。

前者の代表は、国語の寺澤行忠先生と英語のO先生だった。

寺澤先生の授業は学校図書の教科書に忠実で、文章のポイントを綺麗な字で瞬く間に板書していった。授業に際しては背筋を伸ばして座るように言われ、姿勢が悪かった私はよく直々に矯正された。先生は二〇二四年、『西行　歌と旅と人生』（新潮選書）で毎日出版文化賞（人文・社会部門）を受賞されたが、当時から西行の研究者として知られ、一九七六年三月には普通部を退職し、経済学部助教授に昇任した。

O先生の授業もまた開隆堂出版の教科書「ニュープリンスイングリッシュコース」を使ったオーソドックスなものだったが、各章に記された文章をそのまま暗唱するよう求められた。章ごとに小テストがあり、返すときに満点の答案には「普通」と言われるのが不思議だった。この答案はどこにでも通用するという、普通部ならではのメッセージが込められていたのかもしれない。

実はO先生の顔には見覚えがあった。二次試験の面接の際、私が絶望のあまり涙を流したとき、「あなたの言いたいことはよくわかりましたよ」と声をかけてくださった先生だったのだ。

当然向こうもわかっていたはずで、眼差しからもそれがうかがえた。先生の恩に報いたいという気持ちもあったせいか、意地になって教科書の文章を暗唱し、小テストでも「普通」と呼ばれるよう努めた。

後者の代表は、理科ⅠのN先生と理科ⅡのM先生だった。

毎週水曜日の二時間分があてられ、四人一組となり、理科Ⅰは第一理科室で、理科Ⅱは第二理科室で実験を行い、次の水曜日までにレポートを提出するよう求められた。後に触れるようにほぼ連日放課後に部活動が入っていたから、平日はなかなか時間がとれず、結局日曜日に終日家にこもってレポートを書かざるを得なくなった。だから日曜日に遊んだという記憶がほとんどない。

レポートの書き方は、まずA4サイズの「理科実験報告書」に、「題目」「実験日」「実験場所」「天候」「気温」「湿度」「気圧」「共同実験者名」「提出日」を記入する。これを表紙とし、同じくA4サイズでマス目の入った二〇字×二〇行の横書きのレポート用紙をホッチキスで止めることになっていた。レポート用紙は校内の購買部で売られていた。

マス目を全部埋めるのではなく、左側の五字分は空けておくよう指示された。ここに「目的」「器具・器材」「方法」「観察・測定」「結果・まとめ」「考察・検討」といった項目を記入し、各項目にふさわしい文章やデータを書くことになっていた。最後に「感想」や「参考文献」を入れる場合もあった。

鉛筆ではなく万年筆を使えと言われたので、末永く使えたほうがいいと思い、モンブランの万年筆を買った。インクはブルーブラックを用いた。

レポートの分量は生徒によってまちまちだった。私は少なくとも十枚は書くようにしていた。たとえ期末試験の成績が悪くても、レポートの出来が良ければA評価になった。普通部ではAからEまで、五段階評価で成績が付けられたが、実験の比重が大きかった理科Ⅰではずっと A を維持することになる。

父が厚生省（現・厚生労働省）の付属機関である東京都武蔵村山市の国立予防衛生研究所村山分室（現・国立感染症研究所村山庁舎）でポリオウイルスの研究をしていて、小学生のときから父に連れられ研究所を何度か訪れていたせいか、実験室の雰囲気に慣れていたのも幸いしたように思う。

実験を重んじる普通部の授業は、幕末に蘭学者の緒方洪庵が開いた大坂の適塾で塾長となり、塩酸やアンモニアを製造するなどの実験に熱中した福澤自身の体験に根差していたのかもしれない。その実験がいかなるものだったかは、『福翁自伝』に詳しく記されている。

塩酸亜鉛があれば鉄にも錫が着くというので、同塾生と相談してその塩酸亜鉛を作ろうとしたところが、薬店《くすりや》に行っても塩酸のある気遣《きづかい》はない。自分でこしらえなければならぬ。塩酸をこしらえる法は書物で分る。その方法に依って何《ど》うやら斯《こ》うやら塩酸を拵えて、これに亜鉛を溶かして鉄に錫を試みて、鋳掛屋の夢にも知らぬことが立派に出来たというようなことが面白くて堪らぬ。（『新訂　福翁自伝』、岩波文庫、二〇〇八年）

自ら製造した塩酸に亜鉛を溶かし、鉄から錫メッキを作り出す実験が「面白くて堪らぬ」と言っているわけだ。ここに早くも、大学で理系の医学部に進学する生徒が最も優秀という、いまの慶應義塾に通じる価値観を見いだすことも不可能ではあるまい。

福澤のように実験が面白いと思ったことはなかったものの、毎週レポートを書く訓練を積んだことは、後に学者になるうえで無駄ではなかったと言える。一方、小学校時代には算数とともに得意科目だった社会は地理と歴史に分かれていたが、どちらの授業もあまり魅力を感じなかった。

特に歴史の授業は、原始時代から始まり、教科書にすら出ていないような細かい古代史の話が延々と続いた。歴史のダイナミズムを感じとることはほとんどできなかった。期末試験も丸暗記していないと答えられない設問が多く、理科Ｉとは対照的にＡ評価が得られることはなかった。こういう問題でも高得点を取り続けるクラスメートが不思議でならなかった。結局、中学三年生になっても江戸時代までしか進まず、最後の授業で急いで明治時代を概観しただけだった。歴史の授業に魅力がなかったのは高校でも同様で、世界史は近代に遠く及ばず、理系コースに進んだため日本史はなく、最も得意とする近現代史を慶應でまともに教わったことはなかった。

もちろん、日吉台地下壕について教えられることもなかった。普通部や高校のすぐ近くに、歴史教育には打ってつけの戦争遺産があったにもかかわらず、地の利を全く生かせなかったことになる。この点については、いまもって憾《うら》みが残っている。その後、大学教員となり、日本史の入試問題を毎年作らされることになったが、高校で日本史を教わらなかった人間が日本史の問題を作ってよいのか戸惑ったものだ。

クラブは文化部と運動部に分かれていて、多くの生徒がどちらにも入っていた。

毎朝の過酷な通学に堪えるためにも、体力をつける必要があるのは明らかだった。自宅にヨネックスのラケットがあったので、運動部はバドミントン部に入ることにした。練習は週に三回で、月、水、土の放課後、体育館の半分を使って二時間ほど行われた。もう半分はバスケットボール部が使っていて、運動神経抜群のFくんがいつも練習に励んでいるのが見えた。

先輩からラケットをもっといいものに買い替えるよう言われたが、高いので買わなかった。練習には真面目に励んだもののなかなか上達せず、Fくんとは対照的に運動神経の鈍さを思い知らされた。月曜日と水曜日は帰宅すると午後七時を回っており、何もできないまま翌朝を迎えることも珍しくなかった。

月曜日と水曜日より早く終わる土曜日の練習のあと、部員たちと日吉駅近くの「ケンタッキーフライドチキン」や「ミスタードーナツ」に入ることもあった。滝山団地にはファーストフード店がなかったので、どちらも知らなかった。だから初めて「ケンタッキー」と聞いたときに洗濯機と間違え、「ミスタードーナツ」もドーナツという男性の名前と勘違いし、田舎者と思われて大恥をかいたものだった。

文化部は地理研究会に入った。普通部には鉄道研究会がなかったので、一番近いと思われる部に入ったのだ。火曜日の放課後に社会科教室でやはり一、二時間程度、A先生が配付する国土地理院の地形図を見ながら、河岸段丘や扇状地といった地形の特徴について話し合うことが多かった。まさに地理を研究する会であって、鉄道は重視されなかった。こればかりは、鉄道研究会がある開成がうらやましかった。前普通部長で最古参の社会科教員だったA先生は、鉄道にばかりこだわる私の態度を好ましく思っていなかった。

文化部と運動部の違いもあろうが、バドミントン部とは先輩の気質が明らかに違うように感じた。一言で言えば、知的な大人の雰囲気があった。先輩のなかには、将来弁護士として活躍することになる優秀な人材が複数いた。

もし開成に合格していたら、おそらく当面は滝山団地から移ることはなかっただろうし、東急沿線との縁も生まれなかっただろう。だが二時間近くかけて日吉に通うようになった私の体力を心配した両親は、引っ越しを検討しはじめた。

前述のように父の職場は東京都武蔵村山市にあったが、臨床検査技師を養成する川崎市中原区の専門学校で週に何度か血液学を教えていた。これは一種のアルバイトであり、副業を禁止する国家公務員の倫理規定に抵触するため、こっそりやっていたようだ。

専門学校の最寄り駅は、南武線の武蔵小杉より二駅立川寄りの武蔵新城という駅で、ここで血液学の授業が入っている日には帰宅の時間が遅くなった。このため引っ越し先の候補地を、日吉と武蔵新城のいずれにも比較的近い川崎市多摩区の西三田団地、横浜市緑区（現・青葉区）のたまプラーザ団地と田園青葉台団地の三ヵ所にほぼ絞り込んだ。

いずれの団地も滝山団地と同じく、日本住宅公団が一九六〇年代に建設した団地だった。一戸建てや民間のマンションを買うという選択肢はなかった。

結局、東急田園都市線の青葉台駅に近く、当時住んでいた滝山団地の３ＤＫより十平米あまり広い田園青葉台団地の３ＬＫへの引っ越しが決まった。しかし引っ越しの時期は、普通部が夏休みに入る七月下旬とし、それまでに諸々の準備を済ませることになった。

最大の課題は資金だった。同じ公団の分譲であっても田園青葉台団地のほうが高かったため、住宅ローンを組まざるを得なかった。手元に残っている資料によれば、父は一九八二（昭和五十七）年六月、抵当権登記を抹消し、ローンを完済している。

四月末の連休を利用して、両親とともに入居予定の団地を見に行った。武蔵小金井から中央線と武蔵野線を乗り継ぎ、府中本町から南武線に乗った。父にとっては乗り慣れているこの線に初めて乗ったのだ。

首都圏の鉄道は、国鉄にせよ私鉄にせよ、東京から放射状に伸びる方向で発展してきた。都心と郊外を結ぶこれらの線は、郊外の開発が進むとともに利用者数が増え、ダイヤ改正のたびに本数が増えたり、四両や六両が八両や十両になったりした。中央線も西武新宿線も東急東横線も例外ではなかった。

ところが川崎と立川を結ぶ南武線は、都心を通らないせいか首都圏の国鉄では冷遇されていた。府中本町から川崎に行く電車は、日中は一時間に二、三本しかなく、すべて各駅停車で四両編成だった。途中の稲城長沼《いなぎながぬま》で二両増結して六両になった。

中央線や山手線などの国電を走っていたのは、101系や103系と呼ばれる車両だった。線ごとにカラフルな色分けがなされていて、すでに冷房車も走っていた。一方、南武線では101系も走っていたが、それよりはかつて中央線や山手線で走っていた茶色い電車の「お下がり」の方がはるかに多かった。この日乗ったのも、72系と呼ばれる旧型の車両だった。

武蔵溝ノ口で降り、アーケードの短い商店街を抜けて東急田園都市線の溝の口駅に向かった。乗換駅でありながら、二つの駅は駅名が異なり、やや離れていた。商店街には書店や「珍来軒」という立ち食いのラーメン屋が入っていた。立ち食いのそばは駅でも見かけるがラーメンは珍しいと思った。

溝の口駅から田園都市線に乗るのも初めてだった。南武線と立体交差する駅こそ構内が広かったが、昼間に青葉台方面に向かう電車は一時間に五本で各駅停車しかなく、四両しか連結していない。そもそも起点が山手線の駅ではなく、京浜東北線の大井町だったから、都心と直結していなかった。

現在の田園都市線は、渋谷と神奈川県大和市の中央林間を結び、東京メトロ半蔵門線や東武伊勢崎線、日光線との相互乗り入れを行うなど、東横線と並ぶ東急の二大幹線になっている。いや全電車が十両編成で、昼間に溝の口から青葉台方面に向かう電車は一時間に十五本あり、急行や準急が半数以上を占める田園都市線は、一日平均の輸送人員で東横線を上回っている。

しかし当時はまだ、六九年に廃止された玉電の地下区間に当たる渋谷—二子玉川園（現・二子玉川）間が開通しておらず、大井町と東京都町田市のすずかけ台の間を結んでいた。このうち旧大井町線に当たる大井町—溝の口間は戦前に開通したのに対し、この日に乗った溝の口から先の区間は、開通して十年も経っていなかった。多摩田園都市の開発は、まだ始まったばかりだったのだ。

このため東横線よりも格下で、朝のラッシュ時に運転される上りの快速を除いて、各駅停車しかなかった。戦前の車両から最新式の車両まで、東横線では見たことのない電車が何種類も走っていた。

溝の口を出るとすぐトンネルに入った。東横線に比べると多摩丘陵をまともに突っ切っている感じで、景色に高低差があった。そのせいか比較的短いトンネルが連続する区間が多かった。

西武沿線に住んでいると、トンネルが連続するのは池袋線の飯能以遠というイメージがあった。新宿線や池袋線に比べてはるかに貧弱なダイヤを見ただけでも都落ちした感じがしたのに、トンネルの多さはいっそうその感を高めてくれた。

たまプラーザという駅を通った。引っ越しの候補にあがっていた団地の下車駅だったが、団地は見えなかった。東急百貨店もまだなかった。それどころか左手の車窓に当たる駅の南側はまるで原野のようで、人家そのものが見当たらなかった。奇妙な駅名と、駅前の何もない風景と。落差の大きさがひときわ印象に残った。

この駅名は、東急の二代目総帥、五島昇が、多摩田園都市の中核にふさわしい広場をつくるという構想のもと、多摩を意味する「たま」とスペイン語で広場を意味する「プラーザ」を組み合わせて命名したのだが、なぜ「プラザ」でなく「プラーザ」なのかが不思議だった。ちなみに広場はいまだにつくられていない。

あざみ野駅はまだ開業しておらず、田園都市線で最も駅間距離が長かったたまプラーザ―江田間では、多摩丘陵の原風景が広がった。竹林に覆われた古そうな茅葺き屋根の民家が現れたかと思えば、谷戸の間を切り開いた美しい水田地帯が現れた。同じ東急でも、沿線の開発がほぼ終わっていた東横線の車窓からは決して見られない風景ばかりで、雑木林の残る滝山団地の周辺に比べても田舎じみていると思った。

しかし踏切が全くなく、道路とはすべて立体交差になっていて、東名高速道路と片側二車線の国道２４６号がずっと並行していた。踏切がなかなか開かず、街道が渋滞してバスが来ない西武沿線でおなじみの光景は、この沿線ではあり得ないことがわかった。

たとえ街並みそのものはまだできていなくても、自家用車の保有を前提とする多摩田園都市の骨格はすでにできていたということだ。

溝の口から十八分で青葉台に着いた。予想に反して花小金井よりも栄えていた。駅の高架下に関口書店という書店があり、バスターミナルに面して高層アパートが三棟建っていた。その一階と二階には、東急系のスーパーや食堂街、理髪店などが入っていた。銀行や郵便局もあり、溝の口以遠で最も大きな駅だと思った。

アパートにはさまれた階段を上がってゆくと、団地が現れた。西武沿線にも公団の団地は多かったが、これほど駅と団地が直結しているのは西武新宿線の新所沢駅前にある新所沢団地（現・プラザシティ新所沢けやき通り）しかなかった。新所沢団地とは異なり、丘の上にあったから、五分歩く間に百数十段の階段を昇り降りする必要があった。

前述のように滝山団地は分譲と賃貸の割合が二対一だったが、田園青葉台団地は全戸分譲で、間取りも３ＤＫ以上しかなかった。四階や五階の中層フラットタイプのほか、五階建てのポイントハウスが二棟あった。総戸数は四百三十六戸と、滝山団地の七分の一しかなく、大団地とは言えなかった。

東急が田園都市線の沿線に築こうとした多摩田園都市は、英国の田園都市（ガーデンシティ）をモデルとする一戸建て主体の住宅地だった。だが起伏の激しい多摩丘陵を削り取り、整地してひな壇のような形にするには時間がかかった。そこで当面は一定の人口を確保するため、主要駅の付近に田園都市の理念と矛盾しない比較的小規模の公団住宅を誘致したわけだ。たまプラーザ団地も田園青葉台団地も全戸分譲で、団地というよりはむしろマンションに近かった。

入居することになる世帯は、四階建てのフラット棟の四階にあった。滝山団地と同じ階だったので地面からの高さは変わらなかったが、ベランダからの眺めがまるで違っていた。すぐ目の前に同じような四階建ての棟があり、見晴らしがよくない。かろうじてベランダの端っこから丹沢や箱根の山々が見え、その背後に雪をかぶった富士山の頂上部分だけが顔を出していた。滝山よりも山が近く見えたが、あの宇宙的なスケール感のある夕景を日々目にすることはできそうになかった。

連休の谷間に当たる五月二日、春の遠足があった。

道幅が狭い普通部の周辺に大型バスが何台も停められるスペースはなかった。このためバスは、二月九日の受験の際に初めて足を踏み入れた日吉キャンパスから、午前八時半に発車すると伝えられた。

久々に日吉駅の東口に降り立つと、イチョウの木々が新緑に染まっていた。白亜の円柱が並ぶ第一校舎を背にして、「イースタン観光」と側面に記された観光バスが五台停まっていた。それらはまるで、神聖なキャンパスに侵入した異物のように見えた。

バスは綱島街道や国道16号などを経由し、三浦半島の先端にある城ヶ島に向かった。七小時代の遠足といえば奥多摩や奥武蔵が多かったから、この遠足は新鮮だった。その後、国道134号を相模湾沿いに北上し、長者ヶ崎と呼ばれる景勝地で休憩した。

しかしこの遠足で印象に残ったのは、初めて見た城ヶ島や相模湾の風景ではなく、途中で葉山町や逗子市、鎌倉市、藤沢市に住んでいた先生や生徒が、少しずつ降りていったことだ。鎌倉市内に住んでいた寺澤先生もその一人だった。せっかく家の近くを通っているのだから、帰ってよいと言うのである。

これには心底驚いた。遠足といえども学校行事の一環のはずではないか、こんな「早退」

が許されていいのかと思った。その反面、なんという自由な校風かとも思った。「みんな」が同じことをしなければならない七小との違いをありありと感じた。

帰路は第三京浜道路を経由したため日吉には戻らず、終点の玉川インターに近い田園調布駅西口で解散となった。ここで解散すること自体、生徒の住所が反映されていたように見えなくもない。

ただ当時は、名簿に大田区田園調布という住所が目立つという認識はあっても、目蒲線との乗換駅という程度の知識しかなかった。ここが東急沿線を、いや首都圏を代表する高級住宅地とまでは思っていなかった。

しかも東横線で毎日通る駅なのに、降りたことがなかった。駅前にロータリーがあり、そこから三方に向かって道路が放射状に伸びていること自体は日吉駅西口に似ていたが、それ以外はまるで違っていた。

まず目を引いたのは、駅舎だった。一九二三（大正十二）年に目黒蒲田電鉄（現・東急目黒線）の駅として開業した当時のままの建物は欧州のどこかにありそうな民家のようで、場違いな感じがした。

放射状の道路には、その日の朝に日吉キャンパスで見たのと同じようなイチョウ並木が続いていて、その両側は商店街ではなく邸宅街になっていた。普通部に通っている生徒の多くは、こういう閑静な一戸建てに住んでいたのだ。一つとして同じ形をした家がないこと自体、団地との違いを思い知らされた。

駅名に示されているように、田園調布は渋沢栄一らによって設立された「田園都市株式会社」が大正後期に売り出した分譲住宅地である。

東急の創業者で、田園都市株式会社を母体として目黒蒲田電鉄を設立した五島慶太は、鉄道を敷設して郊外に分譲住宅地を開発するというアイデアを、阪急の創業者である小林一三《いちぞう》から得たと回想している（『事業をいかす人』、有紀書房、一九五八年）。田園都市の理念は、当時はまだ開発途上だった多摩田園都市に引き継がれることになる。

もちろん田園調布に匹敵する高級住宅地は西武沿線になかった。戦後に西武の総帥となる堤康次郎が開発しようとした大泉と小平の学園都市は、肝心の大学が移転せず、挫折した。唯一成功した国立は中央線沿線にあり、西武沿線にはなかった。

西武沿線の一戸建て主体の計画的な住宅地として知られているのは、池袋線のひばりヶ丘から徒歩圏内にある東久留米市学園町だろうが、ひばりヶ丘というのは滝山同様、日本住宅公団が建設した団地の名称であった。学園町を開発したのはその名の通り自由学園という私立学校であって、西武ではなかった。

五月二日の遠足は、最後にバスを降りたところで、またしても西武と東急の違いを実感させられるとともに、同じ東急でも開発が終わった東横線と開発途上の田園都市線との違いもまた実感させられた。

一九七〇年代はストの時代だった。毎年のように春になると、春闘のニュースが新聞の紙面をにぎわし、私鉄や国鉄の労働組合がストや順法闘争に踏み切るかどうかが関心の的になった。

普通部では、東急、国鉄、営団地下鉄のいずれかが午前七時の段階でストに突入していれば、休校とする措置がとられていた。

五月七日と九日、東急と営団の労組が二十四時間のストを行った。八日からは国鉄労働組合（国労）と国鉄動力車労働組合（動労）が七十二時間のストを決行した。このため七日の水曜日から十日の土曜日まで連続して休校となった。なお西武鉄道には私鉄総連に加盟しない従業員組合はあっても、社員はみな家族だとする堤康次郎の遺訓に従って労働組合がなかったためストもなく、池袋線や新宿線は平常運転を続けた。

七日は休校になるものと信じ、本来家を出ているはずの午前七時になっても家にいてNHKのニュースを見ていた。七時になってもストが続いているとわかった瞬間、思わずテレビの前で快哉を叫んだ。

当時、ストが決行されると、決まって朝の池袋駅が中継で映ったものだった。この日もまた、西武の池袋駅の改札を出た通勤客が、動いていた山手線のホームへと向かう画面が映し出されるのを、まるで対岸の火事を見るかのように眺めていた。

ストによる休校は、ゴールデンウイークが一週間延びたような感じで、遠距離通学とバドミントン部の練習と理科のレポート執筆に疲れた身体を休ませるには都合がよかった。しかしこの時点ではまだ、十一月にもっと大規模な「スト権スト」による長期休校が控えていることを知るはずもなかった。

当時の滝山には市立図書館がなかったが、たまたま休校期間中に東久留米市の移動図書館「くるめ号」が団地センターの広場にやって来た。図書館がなく、書店もごく小さな「ブックス水野」しかなかった滝山では、移動図書館がやって来るだけでも大ニュースになった。私立武蔵中学校に通っていたためやはり休校になっていた七小出身の同級生のMくんを誘い、「くるめ号」を見に行くことにした。

平日の午前中だったせいか、本を借りに来たのは母親たちしかいなかった。中学生は二人しかいなかったから、好奇の目にさらされた。市立の西中学校の生徒でなかったことはすぐにわかっただろう。普通部では団地に住んでいることにコンプレックスをもったが、滝山ではエリート気分に浸っていたように思う。

しかし普通部は、中高一貫校で開成、麻布と並ぶ御三家の一つとされ、東大合格者を輩出していた武蔵のような進学校とは違っていた。その違いを強く感じさせられる最大の行事こそ、一九二七（昭和二）年から始まり、敗戦前後の四四年と四五年を除いて毎年開かれ、七五年に四十七回目を迎えることになる「労作展」にほかならなかった。

普通部のホームページでは、労作展をこう説明している。

労作展は、普通部における「労作教育」をもっとも体現している行事です。自ら選んだテーマに沿った研究活動を通して自主的な選択・決定をすることで、自分と向かい合い、自身の精神的・身体的な成長を促します。生徒自身が抱いた疑問、興味を原動力として、テーマの設定からそれを形にするまで、すべてを自らの力で行います。教員は、問われれば助言をすることはあっても、指示することはありません。

高校も大学も受験する必要がなく、ほぼ全員が慶應義塾大学に進学するからこそ、このような行事を中学校のメインイベントにすることができたのだ。

普通部は一般の中学校に比べて夏休みが長く、七月十九日から九月九日まであった。その代わりに、夏休みをフルに使って「自ら選んだテーマに沿った研究活動」に励み、その成果をまとめて作品にすることが課されたのである。労作展は九月下旬の土日に開かれた。

作品は名目上、国語、習字、社会、数学、理科、音楽、美術、技術、保健体育、英語のいずれかに分類された。しかしテーマがあまりに独創的で、どの科目に属するのか、必ずしも自明ではない作品も少なくなかった。

五月二十二日から二十四日まで、前年の労作展で優秀作に選ばれた作品を展示する「特別展示」があった。当初は七小の展覧会に毛が生えた程度だろうと高を括っていたが、この特別展示を見て仰天した。どこかの文芸誌に載ってもおかしくなさそうな長編小説とか、玉川上水に関する通説に異を唱えた歴史研究とか、コンピュータを使って円周率の神秘に迫った数学の研究とか、まるで大学生が書いたと称しても全く疑われそうにない作品ばかりが展示されていたからだ。

では自分に何ができるだろうかと考えたとき、答えは一つしかなかった。

——鉄道だ。

網羅的に日本の鉄道について論じるのではなく、どこか一つの線を徹底的に研究したいと思った。山手線や中央線のような超メジャーな線は、調べなければならないことが膨大にありそうな気がして、やりたくなかった。西武や東急のような、毎日利用している線をやろうとも思わなかった。首都圏にありながら都心とつながらず、格下に見られている線に関心があった。

そうすると、おのずから答えはしぼられてくる。初めて滝山から青葉台に行くときに乗った南武線がまさにそういう線だったのだ。もう一つ、立川で南武線に接続し、南武線と同じく多摩川沿いを走って奥多摩まで行く青梅線にも興味があった。青梅線でも南武線と同様、「お下がり」の車両が走っていた。

テーマは決まった。まずは両線の歴史をおさえた上で、現在の状況について調べる必要があるだろう。具体的には、どれほどの乗客が両線を利用しているかを探るため、各駅の乗者人員ないし乗降客数を調べる必要がある。さらには１０１系と旧型車両の両数の推移や、どの区間に何本の電車が運転されているかなどがわかれば、両線の現状がよりはっきりと見えてくるだろう。

ではどうやって調べるのか。

父に連れられてしばしば行った千代田区神田須田町の交通博物館（現在は閉館）に行けば、何かわかるかもしれない。中学生が入れる最も大きな公共図書館と言えば、日比谷公園内にある東京都立日比谷図書館（現・千代田区立日比谷図書文化館）だろう。ここにも何か資料があるかもしれない。沿線の市役所の広報課などを訪ねる必要も出てくるだろう。当時の私が思い浮かべることができたのは、せいぜいそんなところまでだった。もちろんインターネットもウィキペディアもない時代の話である。

普通部と滝山の間を往復するだけで精一杯だった当時の私には、すぐにこのテーマに取り掛かるだけの余裕を持ち合わせていなかった。青葉台に引っ越す七月下旬以降、夏休みをまるまる使い、この研究に全力を注ぐ覚悟ができつつあった。

五月三十一日土曜日。いつもなら四時間目の授業が終わったあとに昼食を済ませて体育館に向かい、バドミントン部の練習に出るはずが、この日ばかりは違っていた。授業が終わるや、先生と生徒が普通部の玄関に集まって日吉から東横線で渋谷まで行き、営団地下鉄銀座線に乗り換えて外苑前に向かったからだ。

目的地は神宮球場だった。東京六大学野球の最終戦を飾る早慶戦を見学することが、学校行事の一環に組み込まれていたのだ。早慶戦どころか、そもそも野球を観戦すること自体が初めてだった。

応援の仕方はあらかじめ普通部の体育館で大学の應援指導部から直接教わっていた。ここで初めて、得点したときと七回の攻撃のときに歌う「若き血」のほか、チャンスで歌う「ダッシュＫＥＩＯ」、早慶戦に勝ったときにしか歌わない「丘の上」など、さまざまな応援歌があることを知った。女子学生からなるチアリーダーまでやって来て、つかの間の華やかな空気に包まれた。

神宮球場に着くと、紙製のメガホンを二つと応援歌の歌集をもらい、三塁側の内野席に向かった。早慶戦では先攻後攻に関係なく、一塁側が早稲田、三塁側が慶應と決まっていた。二つのメガホンはそれぞれ、慶應の三色旗の色である赤と青に塗られていて、「早慶戦」ではなく「慶早戦」と記されていた。トンガリ帽子としても使えたので、どこに座っているかによって赤か青のどちらをかぶるかを指示する應援指導部に導かれ、スタンド全体を三色旗のように見せることもできた。

一塁側の内野席は、早稲田の応援団で埋めつくされていた。慶應とは異なり、大学生ばかりのように見えた。「花は桜木」「男は早稲田」と書かれた二つの幟がやけに目立った。なぜ「男」なのか、早稲田には女子学生がいないのかと訝しんだ。

午後一時半から試合が始まった。

慶應は先攻だった。一回表に続き、六回表にも一点を入れた。早稲田は無得点のままだった。走者が得点圏に出れば「ダッシュKEIO」の、点を取れば「若き血」の演奏が球場全体に鳴り、メガホンで拡張された歌声が幾重にも響いた。

すさまじい迫力だった。これ以上ない「敵」を目のあたりにして全員一丸となり、「早稲田を倒せ、早稲田を倒せ、早稲田を倒せ〜」と声を限りに歌い続ける。この陶酔感には記憶があった。

言うまでもない。拙著『滝山コミューン一九七四』で記した、一九七四年七月の林間学校を前にして七小の体育館で開かれた六年全体の集会で「わんぱくマーチ」を大合唱したときの、あの陶酔感だ。当時は集団の圧力に抵抗しつつ、自分もまた一体感を味わってしまっているという矛盾に気づき、何とも言えない居心地の悪さを感じたものだった。

しかし今回は明らかに違った。

ふだんの学校生活では全くまとまりを感じていなかったのが、早稲田というライバルを意識することで、逆に強烈なアイデンティティを自覚させられる。このとき初めて、自分もまた慶應義塾の一員なのだという帰属意識が湧き上がってきた。この内なる昂揚感は、集団に帰属しない個人を「追求」する「滝山コミューン」とは異質なものだったのだ。

七回表の攻撃の前に「若き血」を歌った。一方、早稲田は七回裏の攻撃の前に校歌を歌った。「都の西北早稲田の森に」に始まる校歌は、私でも知っていた。歌だけを比べれば、早稲田に分があるように感じた。そもそもなぜ慶應は塾歌を歌わないのか。入学式のときに初めて聴いた塾歌に強い印象を受けていたので、ここであの歌を聴けないのは残念に思った。

ただ早稲田の応援自体は、慶應に似ていた。「若き血」の代わりに「紺碧の空」を、「ダッシュＫＥＩＯ」の代わりに「コンバットマーチ」を歌っているように見えたからだ。赤と青のメガホンに相当するのは、早稲田のスクールカラーであるえんじ色に塗られた紙製の角帽だった。男子学生が多いせいか、早稲田の声援のほうが慶應よりも野太かった。

早稲田は土壇場の九回裏になって猛反撃し、四点を返した。「紺碧の空」の大合唱が球場全体に響き渡ったときには脅威を感じた。しかし慶應の守備陣が何とかしのぎ、七対五で慶應が勝った。

試合が終わるや、生徒どうしが横一線に並んで肩を組み、塾歌と三田キャンパスを意味する応援歌の「丘の上」を斉唱した。塾歌は何とか歌えたが「丘の上」は歌えなかった。幼稚舎出身の生徒はどちらも難なく歌っていた。

もし慶應が負けていたら、ここまでの昂揚感はなかっただろう。運よく勝ったことで、抵抗なく「塾生」としての一体感を味わうことができた。それはひとえに早稲田のおかげだった。

歴史学者の三谷博は、「一般的に、ナショナリズムはある集団が『忘れ得ぬ他者』を意識するとき生まれる。より緩く言えば、ナショナリズムが存在するとき、そこでは必ず『忘れ得ぬ他者』が意識されている」（『明治維新とナショナリズム　幕末の外交と政治変動』、山川出版社、一九九七年）と述べている。つまり慶應にとって早稲田とは「忘れ得ぬ他者」にほかならず、早稲田という「忘れ得ぬ他者」を意識することで、慶應を一つの共同体ととらえる「ナショナリズム」が生まれたのだ。

球場の外に出ると、紙製の角帽をかぶったままの早稲田の男子大学生が威嚇してきた。制服を着ていたから普通部の生徒だとわかり、慶應に負けた腹いせをぶつけてきたのだろう。しかしこの時点では、まさか自分が六年後にその大学に進学することになるとは思ってもいなかった。

4　南武線・青梅線

二日間の早慶戦が終わると、また日常が戻ってきた。神宮球場での熱狂が遠ざかると、もう生徒全員が集まる機会はなく、一人ひとりが考えて行動するのを重んじる独立自尊の校風を心地よく感じた。

ただ集団行動の機会がないわけではなかった。春の遠足に続いて、一年と二年の七月に林間学校、三年の十月に修学旅行、そして全員参加ではないにせよ毎年七月に水泳学校、十二月と三月にスキー学校という行事が控えていたからだ。一年生は定期試験の終了後、四泊五日で栃木県の奥日光に行くことになっていた。

林間学校と聞いて、ちょうど一年前の七月、二泊三日で長野県の蓼科に滞在した七小の林間学校の記憶が、否応なしによみがえってきた。代表児童委員会の別動隊と言うべき実行・運営委員会がつくられ、家庭科室や音楽室に六年の各クラスの班長を集めての会議や、体育館に六年の全児童を集めての総会がまる一ヵ月にわたって放課後に何度も開かれ、「コミューン」の一体化が図られた、あの記憶だ。

私が班長だった五班は、集団の規律を乱したとして、全員が集まる夕食の前に名指しまでされた。悪夢のような三日間をまた繰り返さなければならないのだとしたら、参加したい気持ちにはなれなかった。

だがそれは全くの杞憂に終わった。

普通部の林間学校では、生徒が主体的に関わることはいっさいなく、教員が立てたスケジュールにただ従って動くだけだったからだ。生徒が関わったのは、せいぜい相部屋となるホテルのどの部屋に誰と一緒になるかを決めることくらいしかなかった。

もちろん大体のスケジュールは決まっていたが、七小の林間学校のように全体を一元的に管理する主体はなかった。夏の奥日光は天気が変わりやすいのに、雨天の場合はどうするかも知らされていなかった。良く言えば鷹揚、悪く言えば出たとこ勝負という感じで、春の遠足と同様の緩さに安堵を覚えた。

七月十一日朝、一年生全員と担任の教員が東武の浅草駅に集まり、ノンストップの特急「けごん」に乗って東武日光に向かった。日光に行くのも東武の特急に乗るのも初めてだった。幼稚舎の出身者も、日光は別荘のある軽井沢ほどなじみはなかったようだ。

私鉄の座席指定特急に乗ったのは、三月に近鉄の特急に乗って以来だった。東武特急は

「デラックスロマンスカー」と呼ばれていたが、その名に恥じない豪華な車両で、池袋と西武秩父を結ぶ西武の特急「レッドアロー」よりも見栄えがよかった。それは観光地としての日光と秩父の格の違いを暗示していた。

東武日光駅に降り立つと、駅前に五台の東武バスが待っていた。これらに分乗してまずは輪王寺と東照宮を見学し、東京大学附属の日光植物園を散策した。要するにただの観光であり、ガイドの説明にしたがってぞろぞろ歩くだけだったが、観光自体がほぼなかった前年の林間学校との違いを実感した。

そのあともバスは日光観光のお決まりのコースをたどり、奥日光へと向かった。具体的にはいろは坂を上って中禅寺湖畔に出、戦場ヶ原を進んでいった。東武日光駅前ではまだ暑かったが、標高が上がるにつれ、窓からの風が涼しくなった。

山と湖と大湿原と。目まぐるしく景色が変わり、一向に飽きなかった。戦場ヶ原を過ぎると、周囲三キロほどの湯ノ湖が現れた。中禅寺湖よりは小さいものの、どことなく神秘的な雰囲気が漂っている。植物園からもう一時間近く乗っているが、まだホテルに着かなかった。日光の奥深さを思い知らされた。

湯ノ湖畔にある奥日光湯元温泉の南間《なんま》ホテルに着いたときには、もう夕方になっていた。当時は知らなかったが、実はこのホテルこそ、疎開していた皇太子明仁が一九四五（昭和二十）年八月十五日の玉音放送を聴いたホテルにほかならなかった。もともと皇太子は市街地に近い日光田母沢《たもざわ》御用邸に疎開していたが、空襲が激しくなるにつれ田母沢も危ないとして奥日光湯元にまで退避したのだ。慶應と皇室とのつながりは、こんなところにもあったと言えるだろう。

南間ホテルは二〇〇三(平成十五)年に廃業した。皇太子が疎開していた同ホテルの別館だけが同じ栃木県の益子町に移築され、「ましこ悠和館」という旅館に転用されている。皇太子が玉音放送を聴いた部屋も、「御座所」として保存されている。

奥日光湯元温泉の泉質は硫黄泉で、その一部は湯ノ湖に流れ込んでいた。ホテルの大浴場には強い硫黄のにおいが立ち込め、気持ちが悪くなるほどだった。

夕食にはスイス料理が出た。聞けばフォンデュ鍋だという。もちろん食べたことがなかった。ふだん学校で弁当を食べているときには感じなかったが、こういう料理を平然と食べているクラスメートに、家柄の違いがまざまざと表れていた。

翌日からハイキングに出かける予定が、ほぼ連日雨にたたられて中止となった。結局一日しか動けず、あとはひたすらホテルに缶詰めを強いられた。七小の林間学校で体験したきもだめしやレクリエーションなどの行事はいっさいなかったから、それぞれの部屋で終日思い思いの時間を過ごすほかはなかった。

私の部屋でも、ひたすら映りの悪い備え付けのテレビを見ている生徒、トランプに興じる生徒、本を読む生徒など、バラバラだった。他の部屋ではスリッパをつなげて円形の土俵をつくり、相撲に興じていた生徒たちもいたらしい。私は何をする気力も湧かず、ひたすら退屈な時間が流れていった。

雨天になったときのスケジュールを考えていないからこういうことになるのだ。一体、何のためにわざわざ奥日光までやって来たのか。あまりにも緩すぎないかと思った。しかし憤慨する生徒はいなかった。これが早慶戦で一丸となって「早稲田を倒せ」と叫んでいたのと同じ生徒だとは、とても思えなかった。

夕食が終わり、消灯の時刻になると、同じ部屋に居合わせたIくんが非常食を取り出した。コンビーフの缶詰やらクジラの缶詰やらなとりの珍味やら、ふだん食べたことのないものが次々に出てくる。そのセンスの良さに感心した。慣れないスイス料理よりも、こちらの方が美味いと感じたものだった。

最終日になってようやく天候が回復した。クラスで二人一組となり、湯ノ湖でボートを漕ぐことになった。私はHくんと組んだが、そのときになって誰とも組まず、湖岸のベンチで一人寂しそうな顔をして座っているNくんの姿を見つけた。

Nくんとは部屋が違ったのでわからなかったが、いつも教室でからかっていたOくんの部屋に呼び出され、具体的なことは不明ながら手痛い仕返しにあったようだ。Nくんのショックは大きく、真剣に転校を考えたという。これらの話は、後に保護者会でNくんのお母さんと同席した母から聞かされた。

七小のように集団の規律に従わない班が公然と見せしめにあうことはなかった代わりに、ホテルの密室で一種の「いじめ」が行われていたことになる。それを見抜けなかった先生も問題だが、一クラスが四十九人で二人一組にすれば必ず一人は余ることをわかっていながら、その一人が誰かわかる形でNくんが湖岸に取り残されていたのも、後から思えば不可思議だった。

この出来事があってからもNくんとは親交を保ち続けたものの、彼は労作展などの学校行事に対してやる気を失っていた。他方で勉学には努め、クラスでもトップに近い成績を維持した。麻布に進学しなかったことを悔やんでいるようにも見えた。

七月十八日に終業式があり、通知表が配られた。成績は国語I、国語II、地理、数学I、理科I、英語がA評価で、あとはB評価だった。基本的に定期試験やレポートの結果によっていたが、試験のない保健体育のように、評価の基準がよくわからない科目もあった。

林間学校の余韻も冷めやらぬうちに、七月二十五日から二十九日まで水泳学校が開かれた。こんどは千葉県館山市の西岬《にしざき》地区にあった国民宿舎の鳩山荘に滞在しつつ、各自のレベルに応じて館山湾で水泳の練習を行った。全学年の生徒が自主的に参加できたが、一年生が最も多く、三年生が最も少なかった。

鳩山荘はその名の通り、昭和初期に後の首相、鳩山一郎が別荘を建てた場所にあった。戦争末期の空襲で小石川区（現・文京区）音羽の本邸が被災したのを機に、鳩山はこの別荘を解体して跡地を館山市に寄贈し、一九六〇（昭和三十五）年に千葉県で初めての国民宿舎が建てられた。その国民宿舎も二〇〇〇年に民営化され、現在は高級旅館「鳩山荘松庵」となっている。

もっとも、鳩山が愛用していた別荘は軽井沢にあり、館山の別荘はほとんど使っていなかった。戦後の鳩山は軽井沢のほか、温泉の出る熱海や伊豆韮山、箱根芦ノ湖畔や箱根宮ノ下にしばしば長期滞在していて館山を訪れることはなかったから、宿舎名に反して鳩山との関わりは薄かった（原武史『戦後政治と温泉　箱根、伊豆に出現した濃密な政治空間』、中央公論新社、二〇二四年）。

鳩山荘は木造二階建てのロッジ風の施設で、築十五年ながら古さを感じさせた。よくも悪しくも国民宿舎で、南間ホテルほどの豪華さはなく、温泉も湧いていなかった。ただ宿舎からの眺めはよかった。すぐ目の前に館山湾が広がり、富浦町にある対岸の大房岬がはっきりととらえられた。その左手には船が往来する東京湾を隔てて、三浦半島の久里浜にある横須賀火力発電所がうっすら眺められた。

実はこの景色には既視感があった。厚生省保養施設の「なぎさ荘」（現在は廃止）が、鳩山荘のすぐ隣にあったからだ。父が同省の研究所に勤めていた関係で、小学校時代の夏休みにここを二回ほど訪れ、家族で海水浴をした。初めて訪れたときにはカニやヤドカリ、フナムシなどの生物が至る所にいたが、二回目にはほぼいなくなっていた。年々、湾の水質が悪くなっている印象を受けた。

しかし外房の太平洋とは違い、波は穏やかで遠浅だった。大学生の指導のもと、最終日に一キロないし三キロの遠泳に挑戦する生徒も少なくなかったが、私はどちらにも参加せず、泳げない生徒ばかりが集まった班に属しながら初歩的な練習を繰り返していた。幼稚舎では水泳教育が重視されていたせいか、この班に属したのは普通部を受験して入った生徒しかいなかった。

水泳学校に行っている間に、我が家の引っ越しが行われた。ついに滝山からの脱出を果たし、青葉台に移住したのである。正確には館山から帰ってきた七月二十九日が、田園青葉台団地に住み始めた最初の日に当たっていた。初めて足を踏み入れると、ベランダに面した六畳の部屋が自分の部屋になっていて、机や本棚などがきれいに配置されていた。

しかし一戸建てに移ったわけではなかったので、番地の長さは変わらなかった。いや、横浜市緑区青葉台1―11―4―16―○○○という住所は、「―」が一つ増えた分、滝山よりかえって長くなった。

これで七小時代の同級生と会う機会も、西武の電車やバスに乗る機会も当面失われた。田園青葉台団地には知り合いが一人もおらず、隣や下の階にどういう世帯が住んでいるのかもわからなかった。

すでに夏休みに入っていたので、早起きする必要はなかった。いや、日吉に近くなった分、夏休みが明けてももう六時前に起きる必要はなくなったのだ。労作展のテーマに決めた南武線と青梅線の研究に、一刻も早く着手しなければならなかった。

まずはできるところから始める必要があった。八月一日から四日にかけて、自宅にある本を参考にしながら、ノートに各駅の名所や史跡などを書き出してみた。南武線の久地《くじ》から稲城長沼にかけては「多摩川梨」と呼ばれる梨畑が広がっていること、青梅線の日向和田《ひなたわだ》から石神前にかけては旧吉野村にあることから「吉野梅郷」と呼ばれる梅林が広がっていること、『父 吉川英治』を読んで意識した吉川英治が戦中から戦後にかけて住んでいた旧宅(現・青梅市吉川英治記念館)が旧吉野村にあることなどがわかったが、これだけでは鉄道そのものに迫っていることにならなかった。

日本交通公社の『時刻表』には、最後に「東京近郊区間」「大阪近郊区間」として、東京や大阪の国電区間のダイヤが各線別に掲載されていた。南武線も青梅線も、ここにすべての駅が載っていた。駅名の左側にキロ数が記されているので、駅と駅の間の距離がわかる。南武線も青梅線も二キロ未満の区間が多く、二キロを超える区間は数えるほどしかなかった。

また国電区間は幹線やローカル線とは異なり、全列車の時刻が記されているわけではなかった。青梅線は初電と終電を除いて始発駅の発車時刻が行先別に掲載されているだけだったし、南武線も初電と終電を除いて区間ごとの運転間隔しか掲載されていなかったため、正確なダイヤを知ることはできなかった。

自宅にある資料だけでは、調査に限界があるのは明らかだった。どこかに行かねばなるまい。八月五日午前、千代田区神田須田町にあった交通博物館を訪れたのは、小学校時代に父とともに何度も訪れ、鉄道模型が走る巨大なジオラマに目を奪われたこの博物館に行けば、何かわかるだろうと考えたからだ。

案の定、館内には交通知識相談室があった。南武線と青梅線について調べていると告げると、職員が一通りのことを教えてはくれたものの、すでに知っていることばかりで少しも役に立たなかった。どうやら子どもと見なされたのか、誠意が感じられなかった。

交通博物館でダメならどこに行くべきかと思ったとき、青梅に鉄道公園があることに気づいた。訪れたことはなかったが、青梅にあるからには青梅線のことがわかるかもしれない。そんな期待を抱きつつ、交通博物館に近い御茶ノ水から中央線に乗り、立川で青梅線の奥多摩ゆき電車に乗り換えた。

テーマに決めておきながら、青梅線に乗るのは久し振りだった。茶色い車両といい多摩川に沿って走る経路といい南武線に似ていたが、立川の次の西立川で駅の北側に米軍の立川基地が眺められるところは違っていた。また全線複線の南武線とは異なり、青梅の一駅手前の東青梅から単線になったのには驚いた。平坦な武蔵野台地がついに尽き、車窓の両側に山々が迫ってきたところで青梅に着いた。

鉄道公園は青梅駅から急坂を上ったところにあった。予想に反してＳＬを保存展示しているだけで、資料は何も置かれていなかった。いざ調べようとして、いきなり壁にぶち当たったように感じた。

唯一の収穫は、交通博物館のなかに図書室があることを、職員から教えてもらったことだった。うかつにも交通知識相談室のほかに、図書室があったことに気づいていなかった。

しかし翌六日にもう一度博物館を訪れてみると、図書室は日曜や祝日にしか開いていないことがわかった。この日は水曜日で、またしても空振りに終わった。このまま帰るわけにもいかず、前から一度訪れてみたいと思っていた都立日比谷図書館に行くことにした。

中学生なので国立国会図書館はもちろん、高校生以上しか利用できない都立中央図書館（現在は年齢制限なし）にも入れなかった。日比谷図書館は、当時の私が入ることのできる東京の図書館のなかでも、最大規模と言ってよかった。

三角形状のその図書館は、日比谷公園の南端にあった。二階の総合カウンターの前に小さな引き出しが五十音順に並ぶカード目録が置かれていた。ここで「南武線」「青梅線」のタイトルがつく本はないかと探してみたが、一冊もなかった。

あきらめきれずに三階にあった「交通・運輸」コーナーに行き、書棚に並んでいる本を片っ端から見てゆくことにした。そのとき、同じタイトルで並んでいる十数冊の本の背表紙が目に入った。

――日本国有鉄道百年史

一九七二（昭和四十七）年に「日本国有鉄道」すなわち国鉄がその前身から数えて百年になるのを記念して、国鉄自身が編纂し、六九年から七四年まで五年を費やして刊行した資料だった。つまり刊行されて間もない重要資料を、たまたま目にしたのである。

南武線も青梅線も国鉄である以上、どこかの巻に何らかの記述があるに違いない。直感的にそう思った。幸いにも「索引・便覧」という巻がある。五十音順の索引を見てゆくと、「お」に「青梅鉄道」「青梅電気鉄道」「奥多摩電気鉄道」という項目が、「な」に「南武鉄道」という項目があった。

南武線、青梅線そのものではなかったが、鉄道名からして関係があることは明らかだった。暗闇のなかに一条の光が射してきたように感じた。

索引で示された巻と頁を手掛かりに調べてみると、第一一巻所収の「第5編　戦中戦後時代　第9章　民営鉄道　第2節　東日本の民営鉄道」に、以下の項目が並んでいるのを見つけた。

第8　南武鉄道

会社の設立　　建設および開業　　営業状態　　五日市鉄道の買収

第9　青梅電気鉄道
全線電化計画の実施　　福生・河岸間および二俣尾・御嶽間の建設と開業　　営業状態
第10　奥多摩電気鉄道
会社の設立　　建設　　合併計画および国有鉄道への買収

南武線も青梅線も、前身は私鉄だったのだ。どちらも国鉄にしては駅間距離が短いのは、もともと私鉄だったせいだとわかった。

南武線の前身は南武鉄道で、一九二七（昭和二）年にまず川崎―登戸間が開業し、二九（昭和四）年に立川まで全通した。翌三〇年には支線の尻手《しって》―浜川崎間も開業している。一方、青梅線の前身は青梅鉄道で、一八九四（明治二十七）年にまず立川―青梅間が開業し、一九二〇（大正九）年に二俣尾《ふたまたお》まで延伸した。南武鉄道は開業当初から全線電化され、青梅鉄道も二三（大正十二）年に全線電化された。青梅鉄道は二九年に青梅電気鉄道と改称するとともに、武蔵御嶽神社が鎮座する御岳山の下車駅である御嶽まで延伸した。

多摩川の上流には石灰石の採掘場があった。青梅電気鉄道と南武鉄道を経由し、この石灰石を奥多摩から京浜工業地帯まで運ぶことを目的として、御嶽と氷川（現・奥多摩）を結ぶ鉄道が計画された。青梅電気鉄道が協力し、別会社の奥多摩電気鉄道が建設したが、同鉄道の電車が一度も走らないまま、戦時中に当たる一九四四年の開業と同時に買収された。

実は南武鉄道、青梅電気鉄道、奥多摩電気鉄道には合併計画があった。もしこれが実現していたら一つの私鉄が誕生し、川崎発氷川ゆきの電車が走っていたはずだったが、南武鉄道と青梅電気鉄道も四四年に買収され、南武鉄道は南武線に、青梅電気鉄道と奥多摩電気鉄道は青梅線に名称変更した。

どれもこれも、初めて知る事実ばかりであった。日比谷図書館には、すでにコピーサービスのコーナーがあった。一枚三十円だったが、筆写の手間がはぶけるのはありがたく、三枚分コピーしてもらった。

しかし判明したのは、戦争末期までの私鉄時代の歴史だけで、肝心の国鉄時代の詳しい記述がなかった。『日本国有鉄道百年史』と銘打っているのにもかかわらず、看板に偽りありではないかと思った。

八月十日、日曜日になったので再び交通博物館の図書室を訪れた。国鉄時代の南武線と青梅線の歴史や現状が書かれた資料を探すのが目的だった。しかしどうしても見当たらなかった。職員も相変わらず不親切で、頼りにならなかった。

このとき職員が本来やるべきは、図書室が所蔵している鉄道雑誌のバックナンバーのなかから、南武線や青梅線に関する記事をピックアップするなどして情報を提供することだった。なぜそれをやらなかったのか不思議だが、やはり子どもと思われ、そこまで協力する必要はないと判断されたのだろう。

交通博物館は当てにならないことがはっきりした。ではどこに行くべきか。沿線の市役所や町役場に行けば、何かわかるかもしれない。

八月十一日、武蔵溝ノ口から南武線の上り電車に乗って終点の川崎で降り、川崎市役所を訪れた。百万都市にふさわしい庁舎の威容に圧倒されたが、広報課の男性職員は交通博物館の職員よりも親切だった。

南武線の各駅の乗車人員を知りたいと告げると、統計資料室へ行けと言う。ここに『私たちの川崎　資料編』という冊子が置かれていた。そのなかに、総務局総務部統計課が作成した「国鉄各駅の乗車人員」が載っていて、川崎市内に位置する川崎から稲田堤までの各駅の一九七〇年から七四年までの乗車人員の推移が、一覧表で示されているではないか。

交通博物館の図書室では手がかりすら得られなかったのに、いきなりすごい資料が出てきたと思った。このページをコピーしてもらいたいと言ったが、川崎市役所にはまだコピー機が導入されていなかったようで、青焼きにしてもらった。

これを見ると、南武線のほか東海道線、横須賀線、京浜東北線が乗り入れていた川崎区の川崎が十六万四千人あまりで、断トツに多かった。次いで小田急小田原線との乗換駅である多摩区の登戸が四万九千人あまり、東急田園都市線との乗換駅である高津区の武蔵溝ノ口が四万七千人あまり、東急東横線との乗換駅である中原区の武蔵小杉が三万六千人あまりの順に続いた。この四年間で登戸は一万人以上、武蔵溝ノ口は七千人以上増えているのに、武蔵小杉は三千人あまりしか増えていなかった。それらの増え幅は、私鉄各線の沿線開発の度合いに比例しているように見えた。

大きな手ごたえを感じ、意気揚々と川崎市役所を出た。次は川崎市多摩区に接する稲城市の同市役所だ。川崎からまた南武線の下り電車に乗り、同市の中心駅、稲城長沼で降りた。カンカン照りのなか、汗を流しながら地図を頼りに歩いてゆくと、しだいに周囲が梨畑だらけになった。ここが自宅で調べた多摩川梨の産地かと思った。なおも歩くと、川崎市役所とは比べものにならないほど貧弱な木造瓦屋根の庁舎が現れた。稲城は市制施行してからまだ四年しか経っておらず、町役場時代の庁舎をそのまま使っていた。

広報課で川崎市役所と全く同じ用件を伝えたところ、『稲城テクテク見てある記』という冊子しかないという。稲城市内の名所や旧跡を案内した冊子で、市内の駅の乗車人員については記されていなかった。柳の下にいつもどじょうがいるわけではないという現実を思い知らされた。このあとに訪れた府中市役所や立川市役所でも、稲城市役所と同様の結果に終わった。

こうなったら大きな駅で直接尋ねるしかない。思い切って立川駅北口の改札口付近にあった駅長室に入り、居合わせた助役に「すみません。南武線と青梅線について調べているのですが、どこに行ったらよいでしょうか」と単刀直入に尋ねてみた。

珍しい客に興味を示したのか、助役が相談に乗ってくれた。東京駅丸の内北口にある鉄道管理局に行けば、必ず資料があると言う。これは有力な情報だった。私はすかさず、鉄道管理局とは何かと質問した。

「全国の国鉄を地方ブロックごとに管理するために置かれた機関のことだよ。旧鉄道省庁舎に当たる国鉄本社ビル旧館に、東京西、東京南、東京北の三つの鉄道管理局がある。南武線の川崎―向河原間は東京南鉄道管理局が管轄し、武蔵小杉―立川間と青梅線の全区間は東京西鉄道管理局が管轄している。つまり両線のほとんどは東京西のエリアなんだ。南武線と青梅線の車両をよく見てごらん。車体の端に、南武線なら「西ナハ」、青梅線なら「西トタ」と記されているはずだよ。「西ナハ」は東京西鉄道管理局中原電車区（現・JR東日本鎌倉車両センター中原支所）所属、「西トタ」は東京西鉄道管理局豊田電車区（現・JR東日本豊田車両センター）所属を意味するんだ」

たまたま手が空いていたのか、助役はまるで先生が生徒に何かを教えるように、やさしく解説してくれた。勇気を出して駅長室に飛び込んだかいがあったと思った。国鉄本社ビル旧館の東京西鉄道管理局に行かなければならないことが、これではっきりした。

当時の立川駅は、1番線と2番線が青梅線と同線の拝島から分岐して武蔵五日市まで行く五日市線、3番線が青梅線や五日市線から乗り入れる中央線上り、4番線が中央線上り、5番線が青梅線や五日市線に乗り入れる電車を含む中央線の下り、6番線と7番線が南武線のホームだった。5番線と6番線の間には側線がいくつもあり、米軍立川基地や横田基地に燃料を運ぶ貨物列車が停まっていた。当時はまだ立川基地が全面返還されておらず、立川駅構内にも英語の表記が目立っていた。

各ホームは地下道で結ばれていた。北口から一番遠い7番線に停まっていた南武線の川崎ゆきの電車に乗るとき、茶色い車体の端に注目すると「西ナハ」という白い文字が目に入った。「西」は東京西鉄道管理局の略称、「ナハ」は電車区のある武蔵中原の略号だったのだ。国鉄の電車に乗るとき車体の端を見てどの電車区に所属しているかを確認する習慣が、このときから身についてしまった。


八月十四日午前、東京駅丸の内北口に降り立った。もともと三階建のドーム型屋根だった駅舎は、空襲による火災で屋根が焼失し、二階建の三角屋根になったままだった。

握りしめた手提げ鞄には、取材用の黒いバインダーノートと筆箱が入っていた。横断歩道を隔てて、すぐ目の前に国鉄本社ビルの新館と旧館が並び立っていた。

お盆の時期とはいえ、人通りは多かった。ちょうど一年前の八月、大道寺将司、大道寺あや子ら東アジア反日武装戦線「狼」によって爆破された丸の内の三菱重工ビルも、この近くにあるはずだと思った。

東京西鉄道管理局がある旧館の入口には守衛がいて、一人ずつ職員証をチェックしている。これは想定外だった。立川駅助役の口調から、てっきり市役所と同じように、誰でも簡単に入れるものと思い込んでいたからだ。

敷居の高さに二の足を踏んでしまい、本社ビルの前をうろうろしたところ、新館一階に「国鉄ＰＲコーナー」を発見した。その名からして、質問に答えてくれそうな予感がした。自動ドアが開くと、その名の通り国鉄をＰＲするための特別展が開かれ、パネルがいくつも展示されていた。そして受付には、制服を着た若い女性の職員が二人座っていた。

南武線と青梅線について調べていると告げると、『数字でみた国鉄　１９７４』という小冊子を渡された。

前年の十月に国鉄の広報部が発行した冊子だった。無料で配布しているという。

しかし、そこに記されていたのは国鉄全般のデータであって、南武線と青梅線に特化したものではなかった。乗車人員の多い駅が一位から三十位まで挙げられていて、川崎が十三位に入っていたが、それ以外の南武線と青梅線の駅は入っていなかった。

三十一位以下の駅の乗車人員を知りたいと職員に質問したところ、ここではわからないと言われた。そもそも南武線と青梅線がどこを走っているかもわかっていないようだった。

これでは全く話にならない。やはり何としても旧館に入り、東京西鉄道管理局に直接尋ねに行くしかないと思った。そこでもう一度旧館の玄関に戻り、しばらく守衛の動きを観察していた。もちろん今日のようにカードをかざすと開く専用ゲートがあるわけではないので、守衛といえども職員に声をかけたりして、チェックが手薄になる瞬間があった。その瞬間を逃さず、守衛の目を盗んで中に入るしかないと考えた。

案の定、ある職員が見せた職員証がよく見えなかったらしく、守衛が声をかけて呼び止め、本物かどうか確認しようとして視線をそらした。いまだと思い、素早く玄関から中に入った。幸いにも守衛には気づかれずに済んだ。まんまと成功したのだ。

いざ入ってしまうと、なぜか全く怪しまれなかった。誰一人として、私を呼び止める職員はいなかった。館内は管理局の課ごとに細かく部屋が分かれていたが、廊下からよく見えるよう、東京西鉄道管理局の各課にはオレンジ色の、東京南鉄道管理局の各課には薄緑色の課名を記した横書きのプレートが、それぞれ出入口の近くにかかっていた。

市役所の広報課や、ついさっき訪れた国鉄ＰＲコーナーのように窓口があるわけではなかった。そもそも外部からの客を想定していない以上、当然だった。しかしここまで来たからには、引き下がるわけにはいかない。思い切って突入するしかないと覚悟を決めた。

ではどの課に入るべきか。迷いに迷った末、名称から言ってここだろうという課を見つけた。

――東京西鉄道管理局 営業部旅客課
旅客課は貨物課と隣り合っていた。旅客全般を扱う課であることは明らかだった。各駅の乗車人員を尋ねるのはここしかないと思った。

出入口の扉を開けると、意外に部屋は広かった。窓側との間にスチール製の机が何列も並び、それらの両側に職員が座る席が配置されていた。それぞれの机の上には黒電話が置かれ、書棚には旅客課に関係する書類や、新聞記事を切り抜いたバインダーや、国鉄が監修する交通公社の『時刻表』や、組合関係の書類などが雑然と並んでいた。壁には年季の入った「ディスカバー・ジャパン」のポスターや、列車が走る写真の下に八月の日付が記された国鉄のカレンダーなどが張られていた。

書類を読んでいる職員もいれば、書類に何かを書き込んでいる職員もいた、誰かと電話している職員もいれば、顔を突き合わせて何かを話し合っている職員もいた。全員男性だった。あちこちからタバコの煙がもうもうと立ち上っていた。空調の効きが悪いせいか扇風機が回り、よどんだ空気をかき回していた。

父が勤めていた研究所には行ったことがあったが、基本的に一人ずつ部屋が独立していた。一つの部屋にこれほど多くの職員がいて、言葉が飛び交っている職場というのを見たことがなかった。

手の空いていそうな一人の職員に、思い切って声をかけた。不審者と思われぬよう、身分を名乗った。自分は慶應普通部に通っている中学一年生で、南武線と青梅線について調べている、これまで交通博物館や都立の図書館などを回ったが、満足のゆく成果を得られなかった、先程訪れた国鉄ＰＲコーナーでもそうだった、だからご迷惑とは思いつつここまで来た、お仕事中のところ申し訳ないが、ぜひ教えていただきたいことがあると正直に言った。

その職員は、珍客が突然現れたことに戸惑いの表情を浮かべながらも、私の真剣な表情に好感をもったのか、穏やかな口調で尋ねた。

「よく入口で引っかからなかったね。何を知りたいのかい？」

「一番知りたいのは、南武線、青梅線各駅の乗車人員です。幸い、南武線の川崎から稲田堤までは川崎市役所でわかりましたが、それ以外の駅がわかりません」

「南武線の武蔵小杉から立川までと、青梅線の乗車人員はわかるよ。ただ南武線の分倍河原《ぶばいがわら》と、青梅線の無人駅はわからない」

「青梅線に無人駅があるのですか」

「そうだよ。確か四年前から、宮ノ平《みやのひら》、日向和田《ひなたわだ》、石神前、軍畑《いくさばた》、沢井、川井、白丸が無人駅になった」

「全部青梅と奥多摩の間の駅ですね」

「あの辺は人口が少なく、乗車人員も少ない。たぶん五百人に満たない駅もあるんじゃないかな」

「わかる範囲でよいので教えてください。念のため、川崎から稲田堤までの各駅についてもお願いします」

「川崎から向河原までは南の管轄だが、電話して訊いてあげよう。いつまで突っ立っているんだ。今日は隣が空いているから座りなさい」

恐縮しながら隣の席に座るとともに、鞄からノートと筆箱を取り出した。

職員は膨大な書類のなかから関係するものを探し当て、まず東京西鉄道管理局管内で判明している南武線と青梅線の各駅の乗車人員を読み上げていった。私はそれを必死になってノートに書きとっていった。次に職員は東京南鉄道管理局の旅客課に電話し、南武線の川崎から向河原までの各駅の乗車人員を教えてもらい、その数値をまた読み上げていった。

あっという間に大体の乗車人員が判明した。

これまでわからなかった南武線と青梅線の現状が、ようやくおぼろげながら見えてきたように感じた。川崎、立川が一位、二位を占め、登戸、武蔵溝ノ口、武蔵小杉がそれに続いた。国鉄のデータは、川崎市総務局総務部統計課のデータと微妙にくい違っていた。

青梅線の駅で乗車人員が一番多いのは、八高線、五日市線、西武拝島線との乗換駅である拝島だったが、それでも約一万四千人しかなく、南武・青梅線全体の十一位にとどまっていた。青梅市の中心駅の青梅も七千五百人あまりと意外に少なく、終点の奥多摩に至っては二千二百人ほどしかない。予想以上に南武線と青梅線では利用者の数に開きがあることが見えてきた。

「青梅線のほうが中央線から乗り入れる東京発青梅ゆきの快速があるし、この快速に乗れば東京や新宿から昭島《あきしま》や福生《ふっさ》や青梅まで一本で行けて便利に見えたのですが、利用者数は乗り入れのない南武線のほうがずっと多いんですね。びっくりしました」

「確かに沿線の開発は都心から放射状に延びる国鉄や私鉄の沿線から始まったけど、最近は南武線のように都心とつながらない線にも波及してきているからね。それが数字に表れているんじゃないかな」

なるほどと思った。たまたま親切な職員に当たったおかげで、一気に視界が開けた。この職員の顔をよく覚えておこうと思った。

ほかの職員が好奇の視線をこちらに向けているのを、意識しないわけにはいかなかった。まだ訊きたいことがあったが、あまり長居していると迷惑がかかりそうだ。再訪の機会があるかもしれないから、このあたりで引き下がろうと考えた。

「ありがとうございました。またわからないことがありましたらよろしくお願いします」

御礼を言って外に出た。玄関を出るときには、ちょうど交代時間に当たっていたせいか守衛がいなかった。これなら再訪もできそうだ。とにかくここを突破してしまえば、あとはどうにでもなるのだ。入るときに感じた敷居の高さは、もう感じなかった。

国鉄本社への突撃取材に手ごたえを感じた翌日。つまり八月十五日。四百字詰めのコクヨの原稿用紙を横書きにして、とりあえず「まえがき」を書き始めた。九月十五日には完成しておかねばならないことを踏まえると、そろそろ始める必要があったからだ。

東京の奥庭、奥多摩湖に端を発し、東京湾に流れ込む多摩川は、古くから東京都民の憩いの場として親しまれてきた川である。この多摩川に上流から下流まで沿って走る鉄道が、「南武線」と「青梅線」なのだ。最近首都圏の交通の整備が進む中で、直接都心とは関係のない両線は、今でもなおあのこげ茶色をしたボロい電車が走っていて、東京ながら「田舎」を感じさせるが、最近は沿線にも住宅化の波が押し寄せ、朝夕はラッシュ・アワーなみの混雑となる日もめずらしくなくなった。ぼくは、多摩川と共に走る両線の姿に魅力を感じ、それに関することを調べてみようと思った。

原文通りである。「朝夕はラッシュ・アワーなみの混雑となる」は日本語としておかしいが、言わんとしていることはわからないでもない。「最近は沿線にも住宅化の波が押し寄せ」というくだりに、前日に聞いた職員の言葉が反映していた。

いま考えていることを文章にしてみると、全体の見通しが立ったように思った。しかしまだ青梅線の終点、奥多摩まで乗り通したことがなかった。国鉄本社でわからなかった青梅線の無人駅の乗車人員を探るには、それらの無人駅が点在する青梅や奥多摩の市役所や町役場の広報課を訪れる必要があった。

授業の予習や復習をしている時間的余裕は全くなかった。いや正確に言えば、勉学よりも南武線と青梅線の研究のほうにのめり込んでいた。果たしてあと一ヵ月で完成させることができるのか。対象はあまりにも大きく、道のりは険しかった。

八月十六日午前、再び立川から奥多摩ゆきの青梅線の電車に乗った。青梅から先に行くのは、小学一年生のときに家族で御岳山に登って以来だった。

青梅を過ぎると本数が激減し、人家もにわかに減って、首都圏の国電というよりはむしろローカル線のような風景になる。実際に訪れてみると、青梅から無人駅が増える理由もわかるような気がした。家で調べた通り、日向和田から石神前にかけての車窓からは吉野梅郷が眺められた。梅が咲く時期に乗ったらさぞかし綺麗だろう。青梅という地名も、この梅郷にちなんでいるのかもしれないと思ったが、旧吉野村に住んでいた吉川英治の旧宅がどこにあるのかはわからなかった。

多摩川をさかのぼるにつれ、しだいに谷が狭くなり、トンネルも増えた。東青梅から先が単線なので、交換設備のある駅で上り列車と行き違いがあった。ＥＤ16という戦前製の電気機関車に牽引されて石灰石を運ぶ貨物列車が通り過ぎる。『日本国有鉄道百年史』にあった奥多摩電気鉄道の記述を思い出した。

立川から一時間あまりで、終点の奥多摩に着いた。一つしかないホームに、山小屋風の駅舎が接していた。線路はここで終わりではなく、石灰石の積み込み設備のある奥多摩工業氷川工場まで延びていた。

駅名標の横には、「標高三四三メートル」という表示があった。立川から二五〇メートル以上も上ってきたことになる。この日は土曜日だったが、休日には新宿からこの駅まで、臨時の特別快速が運転されていた。駅前には奥多摩湖を経て山梨県の丹波《たば》まで行く西東京バスが停まっていて、同じ電車から降りたハイキング客たちが次々と乗り込んでいた。

駅の近くの多摩川と日原川《にっぱらがわ》が合流する地点に、スサノヲ（素戔嗚尊）とクシナダヒメ（奇稲田姫命）をまつる奥氷川神社があった。駅の所在地の奥多摩町氷川という地名は、この奥氷川神社に由来していた。前述のように一九七一年までは、駅名も奥多摩ではなく氷川であった。

氷川神社はほぼ埼玉県と東京都にしかない神社で、大宮の氷川神社を中心に荒川の本流や支流の流域に広く分布するが、奥氷川神社はそこから離れた飛び地のようなところにあった。荒川沿いでなく多摩川沿いにある氷川神社は珍しかった。後に大学院に入り、氷川神社と出雲の関係を探るためこの神社を再訪したとき、中学一年生のときの記憶が鮮やかによみがえった。

しかし当時は、神社にそこまでの関心はなかった。奥氷川神社から日原川を少しさかのぼったところに、奥多摩町役場があった。役場というよりは小学校のような建物で、入口も狭かった。広報課で奥多摩町内にある二つの無人駅、川井と白丸の乗車人員について尋ねたところ、『奥多摩町勢要覧（町制施行20周年記念）』という資料を渡された。期待しながら頁をめくったが、肝心のデータは載っていなかった。ここに出ていない以上、わからないという回答しか得られなかった。

次に訪れるべきは青梅市役所だった。奥多摩駅に停まっていた立川ゆきの電車に飛び乗り、車内で青梅市の地図を見ると、市役所は青梅よりも東青梅の方が近かった。同駅から歩いてゆくと、奥多摩町役場よりずっと立派な、鉄筋コンクリート三階建ての庁舎が現れた。まだ週休二日制が定着しておらず、土曜日の昼になっても多くの職員が働いていた。

広報課の女性に、青梅市内の無人駅の乗車人員について尋ねたところ、少し待たされてから女性が一冊の資料を持ってきた。『青梅　市制施行20周年記念市勢要覧』。タイトルからして、奥多摩町役場で見た資料とよく似ていた。どうせ中身も同じだろうと思いつつ頁をめくってゆくと、「市民生活の利便をはかって」というタイトルの文章があり、なんと青梅市が独自に調べた市内の各駅の乗車人員が載っているではないか。柳の下にもう一匹どじょうがいたのである。

東京西鉄道管理局の旅客課で判明した乗車人員で最も少なかった駅は奥多摩町にある鳩ノ巣で、八百人だったが、青梅市内の無人駅は予想通りそれより少なかった。石神前のように、二百九十五人しかない駅もあった。ただ最新のデータではなく、無人駅になる前の一九七〇年度の一日平均だった。それから五年が経っているから、実際にはもっと少ないことは容易に想像できた。

もう一つ、乗車人員がわからない駅があった。南武線の分倍河原だ。新宿と京王八王子を結ぶ京王帝都電鉄（現・京王電鉄）京王線との乗換駅で、駅名は鎌倉時代末期の古戦場に由来していた。

東青梅から立川に移動し、再び立川駅の駅長室に入った。前回と同じ助役がいたので、なぜ南武線のこの駅だけがわからないのかを尋ねてみた。

助役は半ば呆れながら、皮肉交じりに「熱心だねえ～」と言いつつ答えてくれた。

「あの駅は京王の駅員がいるだけで、国鉄の駅としては無人駅なんだよ。だから京王の本社に行かないと乗車人員はわからない。ブバイで降りてごらん。改札口が一つしかないことがわかるはずだよ」

助役の言葉が本当かどうか確かめようとして立川から南武線に乗り、四駅目の分倍河原で降りてみた。確かに国鉄の切符を持ったまま、京王線のホームに行けた。改札にいるのは京王の制服を着た職員で、自動券売機で買った武蔵溝ノ口までの切符にも京王のマークが入っていた。ちなみに現在でも、分倍河原駅にはＪＲ東日本の職員が一人も配置されていない。

空振りもあったとはいえ、これでかなり手がかりがつかめたように思った。八月十七日から、自宅で「まえがき」に続く本論を書き始めた。まず『日本国有鉄道百年史』によりつつ、開業から買収されるまでの南武線と青梅線の歴史を書いていった。

しかし直ちに壁にぶち当たった。戦後の歴史がわからないことに、改めて気づいたのだ。南武線が全線複線化されたのはいつか、中央・総武線で走っている車両と同じ黄色の１０

1系が南武線に投入されたのはいつか、中央線で走っている橙色の101系が青梅線に乗り入れるようになったのはいつか、両線で101系と旧型車両の両数はどのように推移したのか……。疑問が次々と湧き上がってきた。手持ちの資料だけでは到底足りなかった。

これらの事実が判明すれば、首都圏における国電の格差もはっきりする。中央線や山手線に比べて、南武線と青梅線がどの程度後れているのかを、より具体的につかめることになるのだ。

現状を知るデータとして、各駅の乗車人員だけでは不十分であることも明らかだった。南武線も青梅線も、すべての電車が起点から終点まで走っているわけではない。南武線は登戸ゆき、青梅線は青梅ゆきが多い。それぞれの区間ごとの運転本数が細かくわかれば、国鉄がどの区間を重視し、輸送力を増強しようとしているのかが判明するだろう。

ぐずぐずしている暇はなかった。八月二十七日水曜日、意を決してもう一度東京駅丸の内北口に降り立ち、国鉄本社旧館の入口の前に立った。もう前回のように躊躇することはなかった。しばらく様子をうかがい、守衛が目をそらす間に進入し、東京西鉄道管理局の旅客課を目指した。例の男性職員を見つけ、すかさず声をかけた。

「おお、また来たのか。こんどは何を知りたいのかね」

迷惑がられると思っていたので、こう言われたのは意外だった。国鉄のことをこれほど知りたがっている中学生がいることが嬉しかったのだろうか。

「はい。お尋ねしたいことをノートに箇条書きで書いておきました。これを見てください」

・これまで南武線と青梅線の複線化は、何年にどこまで進んだのでしょうか。
・現在、東青梅―奥多摩間が単線になっている青梅線は全線複線化されるのでしょうか。
・現在、稲城長沼―立川間が四両運転になっている南武線は、全区間を六両で運転する予定はあるでしょうか。あるとしたらいつですか。
・南武線と青梅線の１０１系と旧型車両の両数は、どのように推移したでしょうか。
・現在、南武線と青梅線の区間ごとの運転本数は、どうなっているでしょうか。

ノートを見た職員は、「いやいや参ったね。こんなことまで調べてどうするつもりだい。ここは旅客課だから答えられない質問ばかりだよ。総務部文書課と運転部電車課に行きなさい。いまから中学生が質問に行くからよろしくと電話で伝えておくから」と言った。

旅客課の職員の根回しが効いたのか、文書課の男性職員も親切だった。『日本国有鉄道百年史』だけではわからなかった戦後の南武線と青梅線の歴史について、親切に教えてくれた。

南武線の複線化は少しずつ進んだが、最後まで残っていた稲城長沼―谷保《やほ》間が複線化されたのは一九六六年九月で、それからまだ十年も経っていなかった。都心から延びる国電に比べると、明らかに冷遇されていたわけだ。青梅線の複線化も同様で、六二年五月に立川から東青梅まで複線化されたが、全線複線化の見通しは立っていないことが判明した。

「なぜ東青梅から先は複線化されないのですか」

「山間部だからだよ。この区間はトンネルや鉄橋が多く、工事に多額の費用がかかる。複線化できるとすれば、せいぜい東青梅の次の青梅までだ。青梅から先は本数が減るので、単線で十分なんだ」

ちなみに現在でも、JR青梅線は東青梅までしか複線化されていない。沿線の過疎化は進み、青梅―奥多摩間の駅の乗車人員は一部を除いてさらに減り、青梅と奥多摩を除いてすべて無人駅になってしまった。

次に訪れた電車課では、根回しが効かなかったのか職員が不機嫌そうだった。「どうやって入ったんだ。許可とってないだろう」などとさんざん文句を言われたが、なぜか追い払われることもなく、こちらの質問にはていねいに答えてくれた。

南武線の運転本数は、川崎―武蔵中原間が一番多く、一八七本あるのに、稲城長沼―立川間では六六本に激減する。下りの行先別では登戸ゆきが最も多く、七〇本あるのに対し、立川ゆきは六六本とそれより少ない。川崎―登戸間には途中、武蔵小杉と武蔵溝ノ口にしか停まらない快速も走っている。南武線は川崎と立川を結んではいるものの、多摩川沿いに細長く延びた川崎市の川崎区、幸区、中原区、高津区、多摩区を串刺しにして結ぶ役割の方が強いことがわかった。

　青梅線の運転本数は五日市線の電車も走る立川―拝島間が一番多く、一二七本あるのに、青梅―奥多摩間では三六本と三分の一以下になる。下りの行先別では青梅ゆきが最も多く、東京からの直通を含めて六三本あるのに対し、奥多摩ゆきは三六本と半分強しかない。つまり南武線以上に終点まで行く電車の割合が低い。都心への通勤区間といえるのは、せいぜい青梅までというのがわかった。

　もし南武線と青梅線のダイヤグラムを入手できれば、より詳しい情報を得られるはずだった。しかしそんなことは考えもしなかった。そもそも「ダイヤをください」などと言える雰囲気ではなかった。不躾な質問に答えてくれるだけで十分ありがたかった。

　南武線と青梅線に走っている１０１系と旧型車両の本数についても尋ねてみた。南武線の旧型車両の両数は一九七〇年に二〇六両とピークに達したが、その後は減り続け、七五年には一四八両となる一方、中央線と総武線に走っていた１０１系が七二年から投入され、七五年には四八両まで増えた。青梅線でも旧型車両の両数は七二年に九六両とピークに達したが、同じくこの年に東京から中央線を経由して青梅まで直通する１０１系の運転が始まり、七五年には七四両まで減った。その分、１０１系が増えたのだ。どちらの線もまだ旧型車両が主力ながら、少しずつ車両の近代化が進んでいるのがわかった。南武線の全線六両運転は、七六年十月に実現する予定だという。

仏頂面で質問に答えてくれた電車課の職員に御礼を言い、国鉄本社をあとにした。日程的に見て、これ以上の再訪は難しいだろう。しかしもう一ヵ所、行くべきところがあるような気がした。電車のことを尋ねるなら、車両の運用を把握しているはずの電車区も訪れるべきではないか。立川駅の助役に教えてもらった「西ナハ」、つまり中原電車区がそれだ。

東京駅から東海道線に乗って川崎に行き、川崎で南武線に乗り換えて、北口に富士通の川崎工場（現・Fujitsu Technology Park）がある武蔵中原で降りた。南口を出て、次の武蔵新城に向かって線路端の道を歩き、本線から幾重にも分かれた側線に101系や旧型車両が停まっている中原電車区を訪れた。

もちろん守衛はいなかった。すぐに入って身分を名乗り、取材を申し込んだ。中学生から取材を受けるのは珍しかったようだが、職員の対応はここでもていねいだった。たったいま東京西鉄道管理局に行ってきたところだと話すと、「それはすごいね〜」と妙に感心された。まさか褒められるとは思わなかった。

まずは電車課で教えてもらったデータに間違いがないかどうかを確認してもらった。今後の見通しについても尋ねたところ、中央線や総武線で使われなくなった101系がますます増え、旧型車両が減ってゆくだろうと言う。

「その場合、中原電車区はこのままなのですか」

「武蔵小杉から武蔵新城―武蔵溝ノ口間にある第三京浜との立体交差地点まで高架化する工

事が間もなく始まり、八〇年九月に完成する予定です。それとともに中原電車区は二階建てにして拡張します」

この話には驚いた。首都圏の国電で後れをとっていた南武線が高架になるとは、とても想像できなかった。なお実際に武蔵小杉─第三京浜間が高架化されたのは、予定より十年も遅く、一九九〇(平成二)年になってからだった。


八月二十八日から、連日家にこもって再び原稿を書いた。各駅の設備や各駅の近くにある名所旧跡、沿線の都市の特徴などについても触れ、沿線で撮った写真や主要駅の構内図なども入れてゆくうちに、原稿はどんどん膨らんでいった。

九月十日、二学期の始業式があった。初めて青葉台から日吉まで通学した。青葉台から溝の口まで東急田園都市線、武蔵溝ノ口から武蔵小杉まで南武線、武蔵小杉から日吉まで東急東横線というルートで、通学にかかる時間は四十五分と、滝山のときより一時間以上も短くなった。おかげで学校が始まってからも、部活動のない日は帰宅してから原稿に集中することができた。

九月十四日日曜日の午後零時三十分。ついに脱稿した。四百字詰めで百四十枚を超えていた。父に手伝ってもらい、原稿用紙に穴を開け、糸を通して製本した。表紙には「南武・青梅線及び沿線の都市」と書いた。その分厚さが格闘の足跡を物語っていた。

しかし、明らかに時間切れであった。とりあえず脱稿したとはいえ、日暮れて道遠しの感は否めなかった。南武線と青梅線の全体像を明らかにしたとは到底言えなかった。その思いは、最後に付した「編集後記」の文章にもにじみ出ていた。

普通部に入って最初の労作展だったので、思ったようにうまくいかず、表現のしかたが悪かったり、字が乱暴な所もありましたが、なんとか全部出来てホッとしています。ぼくは、この「南武・青梅線及び沿線の都市」を調査して、ほんとうによかったと思いました。いろいろな場所へ取材をして、ややこしい質問にも一つ一つていねいに教えて下さるので、物を知ることだけでなく、人の心も知ることができて大変勉強になりました。暑い中を歩いたかいがあったと今さらのように感じます。

これもまた原文通りである。いま読み返してみると、「物を知ることだけでなく、人の心も知ることができて大変勉強になりました」という一文に精神的な成長の跡がうかがえる。それをもたらしてくれたのが、すでに累積赤字がふくらみ、解体への道を歩み始めていた国鉄だったのだ。

いまならインターネットを通して簡単に知ることができる事実や情報も、当時は少数の関係者にしか共有されていなかった。それらを踏まえつつ真理を探究するには、直接関係者に会い、資料を開示してもらうしかなかった。

学校の勉強で得られる真理などごく一部にすぎないこと、真理というのはただ机に向かって勉強するだけで簡単に得られるわけではなく、試行錯誤を重ねなければそこに到達できないものが多いことを、私は普通部に入った一九七五年の夏に身をもって体験したのである。しかしその体験は、翌一九七六年に味わうことになる体験に比べれば、未熟なものでしかなかった。

5 「なぞの転校生」

一九七五年九月二十五日、生徒から提出された労作展の作品がすべてそろった。もちろん私が提出した『南武・青梅線及び沿線の都市』もそこに入っていた。

一年E組の科目別内訳は、国語が五作品、習字が三作品、社会が十二作品、数学が三作品、理科が九作品、音楽が一作品、美術が四作品、技術が九作品、英語が三作品、計四十九作品だった。

私の作品は地理と歴史にまたがることから、社会に分類された。作品を出さなかった生徒はいなかった。

九月二十七日土曜日と二十八日日曜日の二日間、労作展が開かれた。普通部最大の伝統行事であり、生徒自身ばかりか、生徒の家族や受験を控えた小学生なども多数来場した。校舎の入口には、慶應のシンボルカラーである三色旗と同じ色に塗られた「第47回　１９７５

労作展」のプレートが掲げられた。

一年E組の教室に入ると、ふだんとは全く異なる光景が広がっていた。教室の後ろの扉から入って前の扉に出られるようコの字形の順路がつくられ、その両側に机が配置され、机のうえに生徒の作品が陳列されていた。習字や美術の作品は壁に掲げられていた。

自分の作品はどこにあるか探そうとしたとき、先に来ていたクラスメートのNくんやFくんから、口々に「入賞おめでとう」と声をかけられた。

二十六日に審査が行われ、優秀な作品には「賞」と記された短冊が貼られた。その短冊が貼られていたのだ。

巻末に地理のT先生のコメントが書かれた小テスト用の紙がはさまれていた。

大変な努力をしましたね。感心しました。これだけの労作をすると一生何かが残るでしょう。


時間切れで課題も多く残ったと思っていたので、このコメントはいささか意外だった。T先生は名字の「竹田」にちなんで「チクデン」と呼ばれていた。「チクデン」先生の授業自体はあまり面白いとは思っていなかったが、評価してもらえたのは素直にうれしかった。

教室の窓際にいくつか椅子が配置されていた。私はそこに座りながら、しばらく自分の作品を手にとって読む人がいるかどうか、様子をうかがっていた。

原稿用紙百四十枚あまりの分厚い束を白い厚紙で覆い、糸を通して製本した作品は目立ったせいか、多くの親や生徒が手にとっていた。時間をかけてじっくりと読む三年生らしき生徒もいた。

その一人が、地理研究会の先輩で、後に弁護士となるMさんだった。先生も気づかなかった間違いをわざわざ指摘してくださり、驚きもし感激もしたものだ。

Nくんの作品も社会に分類されていた。タイトルは『ソビエト社会主義共和国連邦』。要はほぼそっくり事典の項目を丸写ししただけの、明らかに手間のかかっていない作品だった。正直、こんなものが作品といえるのかと思ったが、ここには彼の普通部に対する冷めた姿勢が表明されているようにも思った。

一年E組の作品を一通り眺めてみてわかったのは、Nくんのように成績のよい生徒の作品が、必ずしも入賞しているわけではなかったことだ。逆にふだんはあまり目立たない生徒が並外れた才能を発揮し、いくつかの科目で入賞しているのが目を引いた。Hくんの『山本有三の生涯とその作品』（国語）、Kくんの『不能問題〔角の三等分について〕』（数学）、Sくんの『条幅』（習字）などがそうだった。

通常は同じ年齢の男子中学生しかいない教室に、慶應中等部の女子生徒、生徒の母親や姉妹などの女性が多く交じっている光景が新鮮に思えた。中にはカクテル帽をかぶり、ダイヤのネックレスを付けるなど、女優と見まがうばかりの母親もいた。

一年のほかの教室も回ってみた。社会に分類された作品を集中的に見たが、全般的に低調な印象を受けた。そのなかで、面識はなかったものの、C組の野口聡という同級生の『日本の城の石垣』が異彩を放っていた。城全般ではなく、石垣だけに絞ったきわめて専門的な論稿だった。幼稚舎出身のとんでもない城の専門家が他のクラスにいるという噂を耳にしていたが、あの噂は本当だったのだと思い知らされた。

二年と三年の教室も一通り回った。当然、学年が上がるにつれ作品のレベルも上がったが、二年C組の石原良純の作品「油絵『風景』」では、湘南のどこかを思わせる漁港に停泊する小型船と、そこで作業する船員たちが大きなキャンバスに描かれていた。

三年D組の千住明は、自らバイオリンで演奏したクライスラーの曲をテープに録音した作品を出していた。当時はこの氏名に何のなじみもなかったが、作品には後に開花することになる才能の片鱗がはっきりうかがえた。彼もまた幼稚舎の出身だった。

九月二十七日と九月二十八日。わずか二日間だけとはいえ、普通部の教室に「先生」はいなかった。その代わりに、たとえ作品のレベルはさまざまであっても、生徒自身を主体とした狭い学科にとらわれない学芸の共同体、すなわち「アカデミア」が、日吉の地に出現したかのように思われた。

一九四六（昭和二十一）年に鎌倉に誕生した「鎌倉アカデミア」で学校長となった三枝博音

は、「鎌倉大学（正規には鎌倉アカデミア）では、学生は自分が持って生れた素質を学生同士揉み合って性格を陶冶する、教授講師はその間にあってまた揉みもし揉まれる役にも廻る、（中略）こうしたゆき方が鎌大の民主主義でした」（「風評、大学をつぶす——鎌倉大学廃校始末記」、『三枝博音著作集』第七巻、中央公論社、一九七三年所収）と回想している。「アカデミア」の主役は「自分が持って生れた素質」を揉み合う学生であり、教授や講師は脇役にすぎないとしたわけだ。

「日吉アカデミア」もまた、たとえ二日間だけではあっても、生徒を主役としていた。そこでは「滝山コミューン」のように、「みんな」の名のもとに「個」を圧殺するのではなく、逆にそれぞれ違う「個」が素質を発揮し、かつ互いの素質を認め合う光景があちこちで繰り広げられたように見えた。

福澤諭吉は『学問のすゝめ』（岩波文庫、一九七八年）のなかで、「人の性は群居を好み決して独歩孤立するを得ず。夫婦親子にては未《いま》だこの性情を満足せしむるに足らず、必ずしも広く他人に交わり、その交わり愈〻広ければ一身の幸福愈〻大なるを覚ゆるものにて、即ちこれ人間交際の起る由縁《ゆえん》なり。（中略）凡《およ》そ世に学問といい工業といい政治といい法律というも、皆人間交際のためにするものにて、人間の交際あらざれば何《いず》れも不用のものたるべし」と述べている。引用文中の「必ずしも」は「必ず」と同義だ。

学問は「独歩孤立」するためにあるのではなく、「人間交際」のためにある。「人間交際」

はソサエティの訳語である。福澤のこの指摘は、「日吉アカデミア」を生み出した労作展にも当てはまるように思われる。

労作展が終わっても、すぐにもとの日々が戻ってきたわけではなかった。九月三十日から十月二日までの三日間、引き続き「特別展示」が開かれたからだ。入賞した作品のなかからさらに優秀作が集められて展示されたが、ここにも私の作品が選ばれた。それぱかりか毎年発行されている慶應義塾普通部編『普通部会誌』に、社会科の作品を代表して原稿を書くよう依頼された。

十月一日、各学科に分かれて直接先生から全作品の講評があり、「チクデン」先生から「近年まれに見る力作」という褒め言葉をいただいた。その言葉を聞いた、ふだん付き合いのなかった幼稚舎出身のラガーマン、Iくんから「すごいなあ」と声をかけられた。労作展がまさに「人間交際」の幅を広げたのである。

滝山から青葉台に引っ越したことで、通学が楽になったことは前にも触れた。

午前八時前、田園青葉台団地の四階から青葉台駅まで、まずは百数十段の階段を一気に駆け降りる。そうするとわずか三分で改札口に達し、通勤客や通学客であふれる上りのホームに立つことができた。

当時の東急田園都市線は、まだ平日上りの通勤時間帯にしか快速がなかった。快速の大井町ゆきは三本に一本の割合で、青葉台から乗るとたまプラーザ、鷺沼、溝の口、二子玉川園と停まり、二子玉川園から先は各駅停車になった。

いまから思えば牧歌的な時代だった。青葉台の駅名標の横には「名所案内」として駅付近の社寺が記され、ホームは四両編成の電車が停まれる長さしかなかった。十両編成や八両編成の電車が停まれる花小金井や日吉とは比べるべくもなかった。

しかし車内の混み具合は西武新宿線にひけをとらなかった。青葉台からは座れないどころか、つり革にすらつかまれないほどだった。たまプラーザや鷺沼では、押し屋のアルバイトまで出動していた。四両編成では輸送力に限界があることは明らかだった。

溝の口で降り、武蔵溝ノ口から南武線の川崎ゆきの電車に乗った。通勤時間帯には快速がなく、普通の川崎ゆきが三分おきに出ていたが、それでも田園都市線に劣らぬ混雑だった。富士通の川崎工場があった二駅目の武蔵中原で多少空き、東横線に乗り換える武蔵小杉でかなり空いた。

東横線の武蔵小杉駅の下りホームにあった「おふくろの味」は、相変わらず工場労働者らしき客でにぎわっていた。一方、上りホームには「田園そば」という暖簾を掲げた立ち食いそばのスタンドがあった。学校帰りにどうしても腹が減ったときには、ここで天ぷらそばを食べた。「田園そば」は東急の系列会社が運営し、東急の主要駅に店を構えるチェーン店だったが、中学生の味覚には十分おいしく感じられた。

通学で南武線を利用するようになったことで、労作展に提出した作品の何が足らなかったのかも改めて見えてきた。例えばラッシュ時と終日の混雑率の推移だ。あるいは百円の収入を得るためにかかる費用を示す収支係数（営業係数）の推移だ。それらは国鉄が毎年発表していて、東京西鉄道管理局に行けば年ごとのデータがわかったはずなのに、全く考えが及ばなかったではないか。

これだけ混んでいるところを見ると、南武線も黒字線のように思えたが、そうではなかった。当時の国鉄は、新幹線、山手線、高崎線以外はすべて赤字線だったからだ。「国の金を失うと書いて国鉄」と揶揄される状況に陥っていたのだ。

それでも最低運賃は三十円で、東急の四十円よりは安かった。国鉄が最低運賃を倍の六十円へと一挙に引き上げたのは、翌七六年十一月だった。大幅な値上げが客離れを引き起こし、また値上げするという悪循環が、これ以降繰り返されていった。

月曜日、水曜日、土曜日はバドミントン部の練習があったが、滝山に住んでいたときとは異なり、練習が終わっても午後六時までには家に帰れた。帰宅するとたいがいＮＨＫ総合テレビが点いていて、大相撲の場所中は大関や横綱の取組に間に合った。輪島と北の湖が二大横綱として君臨し、貴ノ花が大関として不動の人気を保っていた時代の話である。

午後六時になると六時五分まで「こどもニュース」があり、それが終わると六時二十九分三十秒まで少年ドラマシリーズを放映していた。小学生のときから少年ドラマシリーズが好きでよく見ていたが、普通部に入ると毎回見られなくなった。青葉台に引っ越したことでまた見られるようになったのがうれしかった。

バドミントン部の練習のない木曜日や金曜日の帰りには、田園都市線の車内で同じ制服を着た上級生らしき二人の生徒と乗り合わせることがあった。

その一人はたまプラーザで降り、もう一人は私と同じく青葉台で降りた。一体誰だろうと思い、名簿を見たところ、横浜市緑区(現・青葉区)美しが丘に住む二年の阿川知之と、同区桜台に住む三年の千住明ではないかと見当がついた。美しが丘はたまプラーザ駅からの、桜台は青葉台駅からの徒歩圏にあった。

阿川知之という名前からして、阿川弘之の息子ではないかと母が言った。労作展で強く印象に残った千住明が青葉台に隣接する桜台に住んでいると知ったときにも、意外な感じがしたものだった。

二〇〇三(平成十五)年に私と対談したとき、阿川弘之は「元々『港北区元石川』という地域が今では『青葉区美しが丘』で駅名が『たまプラーザ』。恥ずかしくて名刺にも書けないと、はじめは怒ってたんです」と話した(「鉄道は国家なり」、『阿川弘之全集』第十七巻、新潮社、二〇〇六年所収)。日本語に厳格な阿川らしい発言として印象に残っている。

美しが丘も桜台もいまでは高級住宅地としてのブランドが確立しているが、七〇年代はそうではなかった。一見、西武新宿線よりも田舎じみた東急田園都市線の沿線に、名だたる作家や、芸術家の卵が住んでいる。これは一体、どういうことなのか。団地に住んでいるだけではわからない周辺の様子を確かめようと、帰宅後に自転車で出かけたことがあった。坂の多い丘陵地帯は自転車には不向きだったが、桜台や桜台と同じく青葉台に隣接するつつじが丘、松風台など、町名からして東急が開発したことがわかる住宅地に、西武沿線では見たことがないような豪邸がいくつもあった。その一方で、まだ宅地開発されていない自然豊かな丘陵や田圃もあちこちに残っていた。

「普通部の歌」を作詞した佐藤春夫は、大正中期に発表された小説「田園の憂鬱」のなかで、このあたりの風景をこう述べている。

広い武蔵野が既にその南端になって尽きるところ、それが漸くに山国の地勢に入ろうとする変化――言わば山国からの微かな余情を湛えたエピロオグであり、やがて大きな野原への波打つプロロオグでもあるこれ等の小さな丘は、目のとどくかぎり、此処にも其処にも起伏して、それが形造るつまらぬ風景の間を縫うて、一筋の平坦な街道が東から西へ、また別の街道が北から南へ通じているあたりに、その道に沿うて一つの草深い農村があり、幾つかの卑下《へりくだ》った草屋根があった。それはTとYとHとの大きな都市をすぐ六七里の隣りにして、譬えば三つの劇しい旋風《つむじかぜ》の境目に出来た真空のように、世紀からは置きっ放しにされ、世界からは忘れられ、文明からは押流されて、しょんぼりと置かれているのであった。（『田園の憂鬱』、新潮文庫、一九五一年）

Tは東京、Yは横浜、Hは八王子を指す。「一筋の平坦な街道」は大山街道（現・国道246号）、「また別の街道」は日野往還（現・神奈川県道12号横浜上麻生線）を意味する。「田園の憂鬱」は、まだ青葉台や桜台といった地名もなかった時代の鉄町《くろがねちょう》を舞台としていたが、一九七〇年代の鉄町にはまだこのような風景が広がっていた。フラットな武蔵野台地とは異なる多摩丘陵の地形は、安易な開発を許さなかった。だからこそ、いざ開発が始まれば地形をまるごと変え、完全に整地してきれいなひな壇にし、そこにショートケーキのような住宅を建てることで風景が一変していったのだ。

実際にゆっくりと時間をかけて、東急は丘陵地を開発し、整地した住宅地に「〇〇台」「〇〇が丘」「〇〇〇野」といった地名を付けていった。大正期に目黒蒲田電鉄が開発した田園調布にはまだ村名の「調布」が付いていたが、たまプラーザや青葉台などはそうではなかった。「元石川」「谷本《やもと》」「成合《なりあい》」といった古くからの漢字の地名の多くを変え、土地の歴史をわからなくしてしまうのが、東急が開発した多摩田園都市の特徴といえた。

もちろん西武にも池袋線の「ひばりヶ丘」のように、「田無町」から団地にちなんだ「〇ヶ丘」へと改称した駅名もあったが、それよりはもともとの地名に由来する駅名の方が多かった。東久留米市の滝山という地名も、現在の八王子市内にあった滝山城に通じる「滝山道」のルートに当たることに由来していた。

しかも多摩田園都市に建てられたのは主に駐車場を備えた一戸建ての住宅地であり、団地ではなかった。西武沿線では大きな顔をしていた団地住民が、東急沿線ではマイノリティであることを自覚せざるを得なくなった。それは団地に住む生徒がほとんどいない普通部での居心地の悪さに通じるものがあった。

労作展や「特別展示」が終わっても、十月は学校行事が続いた。十日の「体育の日」（現・スポーツの日）に校庭で体育祭が開かれ、二十八日には秋の遠足があった。

体育祭では、七小の運動会のような入場門や退場門は設けられなかった。生徒が整列して行進したり、応援歌を歌ったりすることもなかった。クラス全員が参加させられる競技もなかった。どういう競技に参加したいかは生徒自身が選ぶことができた。その競技の順番が回ってきたらおもむろに出向けばよかった。

同学年のクラス別で競技ごとに順位や記録を競い合うという建前にはなっていたものの、早慶戦とは対照的に、およそ統制や規律が感じられなかった。体育祭を見た母は、「ダラダラと出てきて、ダラダラと退くのが面白かった」と話した。

体育祭に増して、普通部らしさが図らずもあらわれたのが、秋の遠足だった。

春の遠足の目的地が城ヶ島だったことは、先に述べた。秋の遠足は箱根に行くはずだったが、雨天だったため「船の科学館」（現在は閉館）に変更された。

船の科学館は、「お台場」と呼ばれる東京港の埋め立て地にあった。現在の臨海副都心はまだできておらず、更地が広がるだけの埋め立て地に大型客船を思わせる建物が威容を誇っていた。

春と同様、日吉キャンパスからバス五台に分乗し、一路船の科学館に向かった。しかし埋め立て地に入ると、バスの前後には「新夢の島」（現・江東区若洲）の処分場に向かうとおぼしきゴミ収集車しか走っていなかった。どうも様子がおかしいと思いながら目的地に着くと、船の科学館は休みだったのだ。

休みだとわかっても、憤慨する生徒はいなかった。この遠足を企画したのは歴史のK先生だったが、生徒たちは「全くしょうがねえなあ」などと言いながら、バスのなかで悠然と弁当や菓子類を食べたりしている。このころにはさすがに私も緩さに慣れてきて、かえってハプニングを楽しむ余裕ができていた。

K先生は急いで空いていそうな施設を探し、電話で交渉したのだろう。結局、千代田区の北の丸公園にある「科学技術館」に行くことになった。しかし着いたときにはもう午後二時を回っていた。バスが駐車するまでに時間がかかり、十分見学できなかった。

帰宅して母に話したら笑いころげていた。母は外見にこだわらない格好からして保護者会の中では浮き上がっていたように思うが、慶應のこういうところが気に入ったようだった。

滝山での生活が西武に支配されていたように、青葉台での生活は東急に支配されていた。鉄道、不動産、スーパー。すべてそうだった。

駅の南側には、三角形の斬新なデザインが目を引く「東急青葉台サービスセンター」があった。ここでは東急の分譲地を購入した客のために、住宅建築に伴う相談、引っ越し業者の斡旋、水道やガスの申し込み手続きなどの各種サービスが提供され、家具やインテリア商品まで展示されていた。丘陵地の開発が進めば進むほど、「東急化」もますます進んだ。

しかしバスは違った。もちろん青葉台駅のロータリーに一番乗り入れていたのは東急バスであり、駅前と郊外の住宅地の間を結んでいたが、横浜市営バスや神奈川中央交通バスの乗り場もあったからだ。

市営バスは青葉台駅と中山駅を、神奈中バスは青葉台駅と原町田（現・町田）駅を結んでいた。中山も原町田も、東神奈川と八王子を結ぶ国鉄横浜線の駅だった。青葉台の二駅先が横浜線との乗換駅である長津田で、横浜線に近い分、たまプラーザなどと比べて東急の「純度」が落ちるのである。

人口の急増に伴い、横浜市港北区から緑区が分区して成立したのは、一九六九（昭和四十四）年十月のことだった。七五年当時の緑区は現在の緑区のほか、青葉区と都筑区の一部を合わせた広い区域を占めており、中山駅に近い寺山町に区役所があった。行政の中心は田園都市線の沿線にはなく、古くから開けた横浜線の沿線にあったのだ。

　原町田は東、南、西の三方を神奈川県に囲まれた東京都町田市の中心駅で、小田急小田原線との乗換駅だったが、小田急の駅名は新原町田と言い、原町田駅とは六百メートルほど離れていた。新原町田は七六年四月に、原町田は八〇年四月に町田と改称され、乗り換えが便利になるよう原町田駅が小田急寄りに移設された。しかし駅の所在地は、町田市原町田のまま変わっていない。

　横浜線は南武線同様、東海道線と中央線を南北につなぐ線で、都心と直接つながっていないため、格下の線と見なされていた。そもそも乗ったことがなかったから、試しに乗ってみようと思い、部活動のない木曜日、学校の帰りに日吉から東横線の下り電車に乗って菊名まで行き、いったん改札の外に出て切符を買い直し、横浜線に乗り換えてみた。

　乗ったのは、山手線と同じ黄緑色に塗られた１０３系と呼ばれる電車だった。南武線に中央線や総武線の「お下がり」が走っていたように、横浜線には山手線の「お下がり」が充てられていたのだ。

　ただ違いもあった。運転台の下に「横浜線」と記された大きなステッカーが、車両の両側に四ヵ所あったドアの上にも同じく「横浜線」と記された小さなステッカーがそれぞれ貼られている。なぜこれほど横浜線であることを強調しなければならないのか。当時はまだ、その理由がよくわからなかった。

車体の端には、「南ヒナ」と記されていた。「南」が東京南鉄道管理局を意味することはすぐにわかったが、「ヒナ」はどこだろうと思った。横浜線の起点である東神奈川の略号かもしれなかった。

菊名の次が新横浜だった。東海道新幹線との乗換駅とは思えないほど駅前が寂しく、目立つ建物といえば「新横浜ホテル」という名のホテル（一九九七年閉業）しかなかった。横浜アリーナも新横浜ラーメン博物館も日産スタジアム（横浜国際総合競技場）もまだなかった。野ざらしになったままの土地が広がっていることに驚かされた。

当時はまだ「のぞみ」がなく、「ひかり」は東京―名古屋間がノンストップで新横浜には停まらず、一時間に三本走る「こだま」しか停まらなかった。だから名古屋や関西に行く場合には、横浜市民ですらいったん東京に出て、「ひかり」に乗る客が少なくなかったのだ。

新横浜の次の小机《こづくえ》からは単線になった。南武線の川崎―立川間とほぼ同じ距離に当たる小机―八王子間の約三十五キロが、まだ単線だった。本数は南武線よりも少なく、駅で行き違いの電車や貨物列車を待ち合わせるため、しばしば長く停車した。

そのうえ南武線に比べると、駅と駅の間の距離が長かった。多摩川沿いを走る南武線よりもっと間近に同じ一級河川の鶴見川沿いを走る区間もあり、小机の次の鴨居付近には日本電気や松下通信工業（現・パナソニック モバイルコミュニケーションズ）の工場も見られたが、谷戸が点在する多摩丘陵の原風景が南武線の沿線よりも色濃く残っていた。

鴨居の次が中山だった。青葉台駅から出る横浜市営バスの終点で、駅前にサンコー（現・マルエツ）やユニーといった、東急沿線ではあまり見かけないスーパーが建っていた。降りてみると、たまプラーザや青葉台とは異なり、いかにも古そうな商店が軒を連ねていて、その先には緑区役所があった。緑区の中心がここにあるとはとても思えなかった。南口に当たる駅前のバスロータリーも狭く、北口はなかった。中山を終点とする横浜市営地下鉄グリーンラインはまだ通じていなかった。

中山と長津田の間は、四・四キロもあった。線路の状態が悪いのか車体が激しく揺れ、つり革が網棚を支える金属製の手すりにぶつかる音が車内に響いた。現在の十日市場駅があるあたりは、昔ながらの民家と雑木林と舗装されていない道があるだけだった。

長津田駅南口の近くには「御幸通り」があった。御幸は天皇の行幸を意味するが、一九二一（大正十）年十一月十九日、体調が悪化した大正天皇の名代として皇太子裕仁《ひろひと》、後の昭和天皇が陸軍特別大演習を統監した際に野外で休憩した「御野立所」の跡が、この通り沿いに残っていることから命名されたのだろう。同日には横浜から横浜線を経由して長津田まで御召列車も運転された（原武史監修、日本鉄道旅行地図編集部編『昭和天皇御召列車全記録』、新潮社、二〇一六年）。

このこと自体、田園都市線よりも横浜線の方がはるかに古く敷設されたことを示していた。東急は多摩田園都市から土地の記憶を取り除き、きれいに区画された新しい街をつくろうとしたが、横浜線に接続する長津田駅の周辺だけはそうはいかなかった。すべての道路と立体交差するはずだった田園都市線は、横浜線と線路が並行する長津田付近で一ヵ所だけ踏切が残ってしまった（現在は廃止）。

初めて菊名から長津田まで乗っただけで、たちまち横浜線に興味をもった。南武線と青梅線という二兎を追ったことが、一兎も得ずという結果に終わったという反省があった。来年の労作展では横浜線だけにしぼって研究したいという気持ちが湧いてきた。

長津田の次の駅に当たる原町田がどういうところなのかも気になった。そのために後日、菊名から長津田を乗り越し、原町田まで乗ってみた。

長津田―原町田間も四・六キロあった。神奈川県からいつの間にか東京都に入っていた。成瀬駅はまだなく、左右の車窓に未開発の丘陵地帯が広がった。

しだいに右手の視界が開け、町田の市街地が近づくと丘陵の南斜面に建てられた東京都住宅供給公社（ＪＫＫ東京）の団地が見えてきた。総戸数八百三十二戸の高ヶ坂《こがさか》団地だった。町田市内には団地が多く、一九七〇年には町田市民の二人に一人が団地住民とされたこともあった。

小田急小田原線の登戸から相模大野にかけても、西武沿線と同じく団地が多かった。百合ヶ丘のように、日本住宅公団の団地の名称にちなんで開業した駅まであった。小田原線の開通は一九二七（昭和二）年と、田園都市線の溝ノ口―長津田間開通より四十年近くも古かった。田園都市線と同様、多摩丘陵を突っ切りながら、新百合ヶ丘付近を除いて沿線の開発はほぼ終わっていて、開発途上の田園都市線沿線とは住宅地の風景が異なっていた。

原町田に近づくと、左手の車窓に校舎が現れた。朝鮮民主主義人民共和国（北朝鮮）の国旗が掲げられ、スローガンとおぼしきハングルが校舎の壁面に掲げられていた。いわゆる朝鮮学校ではないかと思った。電車に乗っていて朝鮮学校を見たことはなかった。

それよりも驚かされたのは、原町田駅の古さだった。なんと、駅名標が青の墨書体で記されている。一体いつの時代の駅名標かと思った。木製の跨線橋やホームの屋根はいまにも倒れてきそうな感じで、瓦の平屋建ての駅舎も年季が入っていた。

自動券売機は三十円、四十円、五十円の三種類しかなく、それ以外は有人の窓口で硬い切符を買わねばならなかった。これが多摩地域で八王子市に次いで人口が多い町田市の玄関駅とはとても思えなかった。

改札口のある駅の北側には広場があり、バスやタクシーの乗り場になっていた。東京都町田市なのに、発着するバスは神奈川中央交通が独占していた。行先は青葉台駅ゆきのほか、山崎団地ゆき、藤の台団地ゆき、高ヶ坂団地ゆきなど、団地が多かった。

山崎団地の正式名称は町田山崎団地で、藤の台団地とともに日本住宅公団が一九六〇年代から七〇年代にかけて町田市の丘陵地帯に建設し、総戸数は賃貸、分譲合わせて四千二百二十戸もあった。これほどの大団地は東急沿線になかった。

駅の南側には、ケヤキ並木の道が延びていた。戦前に昭和天皇が神奈川県の座間にあった陸軍士官学校（現・キャンプ座間）の卒業式に出席するため、原町田駅で下車して自動車に乗り換え、学校に向かったときに利用した道で、「行幸道路」と呼ばれていた。長津田にせよ原町田にせよ、横浜線には昭和天皇と関係の深い駅があったのだ。

しかし天皇が乗り降りするために設けられた原町田駅の専用ホームはもう撤去され、駅の南側には出られなくなっていた。この事実を知ったのは、後に天皇制の研究を始めてからだった。

原町田駅と新原町田駅を結ぶ六百メートルほどの道は、ラッシュ時に通勤・通学客が先を争うようにして走ることから「マラソン道路」と呼ばれていた。道沿いには闇市を思わせる猥雑な商店街が残り、一九七一（昭和四十六）年に開業した大丸（現・町田モディ）のほか、神奈川県内を拠点とするさいか屋（現・町田ジョルナ）、町田にしかない吉川（現・ぽっぽ町田）といった百貨店もあった。小売店やスーパーも、緑屋、十字屋、ダイエー、シヅオカヤ、長崎屋、西友が二つの駅の周辺に点在していた。東急系の百貨店やスーパーはなかったが、新原町田駅に隣接して小田急ストア（現・小田急ＯＸ）があった。しかしこのスーパーは、小田急百貨店町田店の建設が始まるのに伴い閉店した。私が初めて原町田店を訪れたときには、もう営業していなかった。

もともと町田は、八王子の生糸を横浜に運ぶ「絹の道」の中継点として発展した街だった。行商人たちは生糸を横浜に運んだ帰りに、昆布や魚の干物などの乾物を積んで戻ってきた。商店街に乾物屋が多かったのは、まさにこうした歴史を反映していた。

一九七六（昭和五十一）年四月、小田急線の新原町田駅が町田に改称された。同年九月には、高架のホームを覆うように小田急百貨店町田店が開店した。また八〇年四月に原町田駅が小田急寄りに移設して小田急同様、町田に改称されると、国鉄の駅前に東急百貨店（現・町田東急ツインズ）が開店した。やや離れた二つの町田駅に隣接して小田急と東急という二つの私鉄資本が対峙し合うことで、町田の景観が大きく変わったのである。

私が初めて訪れた当時はそうではなかった。多摩田園都市のすぐ近くに、私鉄資本から完全に独立した、どこかの地方都市を思わせる街並みがあったのだ。南武線の登戸も青梅線の青梅も、原町田に匹敵するほどのインパクトを私に与えなかった。

学校から帰ってNHK総合テレビの少年ドラマシリーズを見る習慣はずっと続いていたが、印象に残っているドラマがいくつかある。その一つが、七五年十一月十七日から十二月三日までの毎週月曜日から水曜日、全部で九回放映された「なぞの転校生」だ。原作は眉村卓、音楽は池辺晋一郎だった。眉村は光瀬龍、筒井康隆と並び、少年ドラマシリーズのSFサスペンスものの原作者として知られていた。

こどもニュースが終わる午後六時五分になると画面が切り替わり、石油コンビナートの空撮をバックに、池辺晋一郎が作曲した前衛的な音楽が流れた。これだけでもうドラマの世界へと一気に引き込まれた。

後のことであるが、日中文化交流協会の理事となり、同協会の理事長だった池辺さんに「なぞの転校生」の思い出を話したことがあった。池辺さんは一瞬、何のことかわからないような顔つきをされた。おそらく池辺さんにとっては数多くの作品の一つにすぎないのだろうが、少なくとも私にとって、このテーマソングの旋律は忘れられないものになった。

実は眉村さんとも、「団地と少年ドラマが輝いていた時代」という対談をしたことがある。この対談は、『中央公論』二〇一三年四月号に掲載され、眉村さんが一九年十一月に亡くなったあと、同誌の二〇年一月号に再録された。「なぞの転校生」や「未来からの挑戦」など、眉村卓原作の少年ドラマシリーズに魅せられた私が、編集部に対談を申し込んだのだ。

この対談で、眉村さんも大阪市阿倍野区にあった日本住宅公団の阪南団地（現・サンヴァリエあべの阪南）に住んでいたことを話している。確かに「なぞの転校生」の原作では大阪の団地が舞台になっていたが、「全国放送のドラマでは標準語を話すのが慣例になっていたため」、舞台を東京郊外の「武蔵野の面影を残した小さな団地」に変えたという。

「なぞの転校生」のあらすじはこうだ。

ある日、主人公の岩田広一が通う中学校のクラスに山沢典夫が転校してくる。山沢の自宅は岩田が住む団地の同じ棟の隣にあり、岩田の注意を引きつける。山沢は勉強もスポーツもずば抜けてできるけれど、雨に含まれる放射能の恐怖を声高に語ったり、ジェット機の轟音を原爆と錯覚しておびえたりするなど、あまりに不可思議なことが多かった。やがて岩田は山沢を、どこか別世界から来た人間であり、その別世界で核戦争を体験したのではないかと疑うようになる。

案の定山沢は、核戦争のため宇宙にあった「Ｄ—３」世界を追われ、平和な世界を求めて地球が属する「Ｄ—15」世界にやって来た「次元ジプシー」と呼ばれる宇宙人の一員だった。最終的に山沢らは地球に永住することを決断し、再び転校していった。

回を重ねるにつれ、番組冒頭で映し出された石油コンビナートの空撮が何を意味するのかが、私なりにはっきりしてきた。あれは山沢典夫らが上空から眺めた地球の姿にほかならなかったのだ。

ではなぜ団地が舞台になったのか。この点をめぐるやりとりを、前掲「団地と少年ドラマが輝いていた時代」から引用しよう。

原　やはり宇宙人や未来から来た少年は、長屋ではなく団地に来るのがふさわしかったんでしょうか。

眉村　長屋（社宅）暮らしから抜け出した僕にとって団地はまさに未来の住居という印象で、だからＳＦ小説の舞台に選んでいたように思います。

「D―3」世界からやって来た山沢典夫らが上空から見た団地というのは、石油コンビナートと同様、いかにも未来空間らしく整然としていて、正体を隠したまま住むのにふさわしいと考えられたのだろう。

数ある団地のなかで、滝山団地ほど住棟が五階建ての中層フラット棟で統一され、直線状に区画され、それらの棟が平坦な台地の上に等間隔に並ぶような大団地はなかった。この団地ならば、彼らのすみかに選ばれても不思議ではあるまいと感じた。

いまから思えば、当時の私が「なぞの転校生」に引き込まれた最大の理由は、団地に住んでいることのコンプレックスを跳ね返してくれたことにあった。ドラマではまだ、団地こそが未来空間を体現しているかのように描かれている。滝山団地に住んでいたときに抱いた、一戸建てよりも団地の方が進んでいるという確信を思い出させてくれたのである。

しかしテレビに出てくる団地は、どう見ても滝山団地とは違っていた。最大の違いは、エレベーターが付いていることと、屋上に出られることだった。宇宙人が上空から降りてくるときや、逆に他の惑星に向かって旅立つときには、この屋上を利用していたのだ。

眉村卓が「なぞの転校生」を書いた一九六〇年代の団地は、滝山団地を含めてエレベーターのない中層棟が多かった。しかし七〇年代になると、東京都板橋区に高島平団地ができたり、大阪の千里ニュータウンに続いて東京の郊外にも多摩ニュータウンがつくられたりするなど、公団の団地でも民間のマンションと変わらない高層棟が増えた。この点を考慮して、テレビでは最新の団地であることを示すべく、高層棟にしたのだろう。

十一月十七日、十八日、十九日、二十四日、二十五日の五回分は学校から急いで帰って見た。しかし二十六日、十二月一日、二日、三日の四回分は余裕をもって見ることができた。この間ずっとストライキで国鉄が全く動かず、東急、国鉄、営団地下鉄のいずれかが午前七時の時点でストを続けていれば休みになる普通部の規定に基づいて、休校になったからだ。

そもそも国鉄などの公共企業体の労働者には、ストを行う権利が認められていなかった。当時の三木武夫政権は、国民生活への影響が大きい公共企業体にはスト権を与えないという方針を発表した。これに反発した国労や動労といった公共企業体等労働組合協議会（公労協）に所属する労組がストに突入した。ストをする権利を認めさせるためにストをしたことから、「スト権スト」と呼ばれている。

「スト権奪還」をめざし来月五日まで史上最大規模の統一ストに入った公労協は、二十六日始発から国鉄のほとんど全線を止めたのをはじめ郵便、電報・電話関係などで拠点ストに突入した。また、東京、名古屋など都市の公営地下鉄、バスも最大限正午までのストで参加した。国鉄のストップと都市交通のストで、全国的に朝の通勤・通学など二千二百万人が影響を受け大都市圏の私鉄は大混雑となったが、「スト突入」が避けられないことが利用者側に徹底していたためもあってか、春闘の「交通ゼネスト」のような混乱はみられなかった。（『朝日新聞』一九七五年十一月二十六日夕刊）

二十六日朝のニュースでは、例によって池袋駅が映し出された。今回は西武池袋線や東武東上線の池袋駅から営団地下鉄丸ノ内線や有楽町線の池袋駅に向かう通勤客が、長蛇の列をつくって並んでいる模様が中継された。

ストの翌日から、ＮＨＫ総合テレビでは毎朝、公労協代表幹事で国労の書記長だった富塚三夫と、内閣官房副長官の海部俊樹《かいふとしき》が出演し、激しい討論を交わした。「三木首相の政治決断を求める」と詰め寄る富塚に対して海部は「その前に、あなたが違法ストの解除を決断しなさい。それが順序というものだ」と反論するなど、一歩も引かなかった。海部の弁舌は出身校の早稲田大学の雄弁会で鍛えられたものだったが、立て板に水を流すがごとき話しぶりに強い印象を受けた。

富塚と海部の激論を見ているうちに、労作展に取り組んだ夏の光景が浮かび上がってきた。あの立川駅の助役も、東京西鉄道管理局の旅客課や文書課や電車課の職員も、中原電車区の職員も、みな国労や動労の組合員だったのだろうか。みなスト権の獲得を目指して闘っているのだろうか。旅客課の部屋で見た膨大な書類のなかには、組合関係のものもあったはずだ……。

ストで学校が休みになったと喜んでいたのは最初の二、三日ほどで、だんだんやることもなく退屈になってきた。そこでまた自転車に乗って住宅開発の現場を視察しに行ったり、青葉台駅から神奈中バスに乗って気になる原町田の街を見に行ったり、自宅で母が持っていた松本清張の本を読んだりした。近くにクラスメートが住んでいなかったので、友だちに会うことはなかった。

十二月一日、三木首相は記者会見で「ストに屈すれば、わが国の議会制民主主義も法治主義も維持できません」と述べた。国労や動労のスト権を容認しない姿勢を明確にしたのだ。「八日間にわたるこのストで、国鉄の全面マヒは百九十二時間に及び、一八万四〇〇〇本が運休、延べ一億五〇〇〇万人に影響を与えた。しかし、丸八日間ストがぶち抜かれても、日本経済の根幹は揺るがず、国鉄の貨物輸送シェアの低下、つまり物流経済にほとんど影響のないことをはっきりと示した」（牧久『昭和解体　国鉄分割・民営化30年目の真実』、講談社、二〇一七年）。ストは公労協側の完全な失敗に終わったのである。

公労協がスト中止を決定した十二月三日、「なぞの転校生」も終わった。しかし少年ドラマシリーズで眉村卓原作のドラマが放映されるのは、これで終わりではなかった。七七年一月から二月にかけては、「なぞの転校生」より十一回も多い二十回にわたって、「未来からの挑戦」が放映されるからだ。「なぞの転校生」以上に大きな衝撃を及ぼしたこのドラマについては、いずれ改めて触れることにしたい。

6　春闘の季節

普通部では夏休みの水泳学校に続いて、冬休みと春休みにスキー学校があった。水泳学校もスキー学校も必須ではなく、希望者のみの参加だったが、一年生はほぼ全員が参加した。

小学五年生だった一九七四（昭和四十九）年の春休みに、一度だけ群馬県の水上《みなかみ》にあった大穴スキー場で母や妹と一緒にスキーをしたことがあった。このときはスキー場で板やポールなどを借りたため、道具は持っていなかった。スキー学校ではそうはいかず、事前に身長や足のサイズに合わせて道具を買いそろえた。

スキー学校への参加者に課される朝の始業前のランニングにも積極的に加わり、連日のように校舎の周りを走った。周回路の南側に当たる公園の真下には、海軍艦政本部として使われるはずの地下壕が網の目のように掘りめぐらされていたのだが、その存在に気付いていた教員や生徒はいなかったと思う。

十二月十九日が二学期の終業式で、二十日から冬休みに入った。二十三日の朝に上野を出る秋田ゆきの特急「つばさ1号」に乗って山形まで行き、蔵王温泉の旅館「高見屋」で泊まりながら、二十八日まで連日スキーの練習に励むはずだった。

しかし二十三日の朝、私は上野駅にいなかった。風疹にかかり、自宅で高熱を出して臥せっていたからだ。同じクラスで風疹にかかり、同様に行けなくなった生徒が何人かいたようだった。風疹は翌七六年になるとさらに流行し、三学期には普通部でも二年のクラスが相次いで学級閉鎖になった。

このころの私にとって最大の関心事は、SLの全廃であった。SLが引く列車に乗ったのは、小学四年生だった一九七二（昭和四十七）年十月に鉄道百年を記念して汐留―東横浜間に運転された特別列車に乗ったときと、小学六年生だった七四年八月に愛知県の博物館明治村で動態保存されていた列車に乗ったときしかなかった。

十二月十四日には、「貴婦人」と呼ばれたC57型蒸気機関車が牽引する国鉄最後のSL旅客列車が、室蘭本線の室蘭―岩見沢間を走った。撮影名所に当たる同線の沼ノ端―遠浅間には、多くの「撮り鉄」が三脚を立てながら陣取った。私にできたのは、せいぜい最後のSLを特集する雑誌を買いあさることぐらいだった。さすがに北海道は遠すぎた。

七六年三月の春休みにも志賀高原でスキー学校があったが、このときは最初から参加しなかった。十二月から三月までの三ヵ月あまりで急に身長が伸び、サイズが合わなくなってしまったからだ。買ったばかりのスキーの道具一式をすぐに買い直すほどの経済的余裕を、わが家は持ち合わせていなかった。

一九七六年一月八日から三学期が始まったかと思うと、十日は「福澤先生誕生日」で休みになった。福澤は天保五（一八三五）年十二月十二日に生まれたが、この日を太陽暦に換算すると一月十日になるからだった。また二月三日は休みにはならなかったものの、福澤が一九〇一（明治三十四）年二月三日に亡くなったことから「福澤先生命日」とされ、幼稚舎の教諭による講話があった。そのあと、当時は品川区上大崎の常光寺にあった福澤の墓にわざわざ詣でる幼稚舎出身の生徒も少なくなかった。

福澤先生誕生日は慶應にとって「天皇誕生日」に当たり、福澤先生命日は皇居の宮中三殿で祭祀が行われる「〇〇天皇祭」ないしは「〇〇天皇例祭」の日に当たった。ほかにも、明治四（一八七一）年に慶應義塾が芝新銭座《しばしんせんざ》（現・港区浜松町）から三田に移転した日を太陽暦に換算した四月二十三日が、「建国記念の日」に相当する「開校記念日」として休みになった。慶應独自のカレンダーは、「福澤先生」がまさに慶應義塾における天皇にほかならないことを示していた。

二月五日、我が家で購読していた『毎日新聞』の夕刊一面に、「ロッキードが〝ワイロ商法〟」という見出しが大きく掲げられた。その記事はこう始まっていた。

米上院外交委員会の多国籍企業小委員会は四日公聴会を開き、米国の航空機製造会社の大手の一つであるロッキード航空機会社が同社の新たに開発したエアバス〝トライスター〟の外国での販売にあたって裏帳簿を利用し、日本を含む西独、イタリア、トルコ、フランスなどの各国関係者に総計約千六百万ドル（約四十八億円）もの巨額のわいろを贈ったとの国際的スキャンダルを暴露した。特に日本関係では戦前から右翼の大物として知られる児玉誉士夫氏に総額七百八万五千ドル（約二十一億二千五百万円）を贈ったことが同氏のサインの付いた仮受領書などを証拠として明らかにされ、また同じく〝イトー・ヒロシ〟という人物と〝ＩＤ社〟という正体不明の広告会社への多額の支払いが行われたことが明らかにされた。日本がこうしたスキャンダルに登場したことは初めてのことであり、米国でも大きな反響を呼んでいる。（一部省略）

一九七六年の政界を震撼させることになる「ロッキード事件」の発生を伝える記事であった。翌六日の衆議院予算委員会で早速この事件を取り上げた日本共産党の正森成二は、「外国の軍需大企業から金をもらい、万が一にも次期戦闘機の決定が行われたことになれば、国の主権、民族の独立、自由にかかわる」（同、二月七日）として政府を追及した。

二月十六日と十七日には衆議院予算委員会で証人喚問が行われ、事件に関与した疑いのある国際興業社主の小佐野賢治、全日本空輸社長の若狭得治、丸紅会長の檜山廣《ひろ》、丸紅専務の大久保利春、そして先の『毎日新聞』の記事で〝イトー・ヒロシ〟と記された丸紅専務の伊藤宏らが呼ばれて証言台に立った。なおこの記事で二十一億円あまりを受け取ったとされる児《こ》玉《だま》誉《よ》士《し》夫《お》は、脳梗塞と診断され、予算委員会に呼ばれなかった。

三月一日にも衆議院予算委員会で第二次証人喚問が行われ、前全日空社長の大庭哲夫、ロッキード日本支社支配人の鬼俊良のほか、前回の証人喚問でも呼ばれた若狭得治、伊藤宏、大久保利春の三人を合わせた五人が呼ばれて証言台に立った。

これらの証人喚問の模様は、ＮＨＫ総合テレビで生中継されたほか、ニュースでも大きく取り上げられた。とりわけ小佐野賢治が繰り返した「記憶にございません」という言葉は流行語となり、我々中学生の間ですら使われた。

嘘をつけば偽証罪で告発されるため、公然とシラを切り、知らぬ存ぜぬで押し通そうとしているのが明白な彼らの映像を見るのは、下手なドラマを見ているよりも面白かった。疑惑を鋭く追及する日本社会党の大出俊や日本共産党の正森成二ら野党政治家の姿もまたテレビにしばしば映し出された。母は共産党の支持者ではなかったが、正森のファンとなり、正森が登場すると熱心に耳を傾けていた。

対照的に児玉誉士夫だけは、右翼の大物とされるだけで映像が流れなかった。ニュースで公表されたのは肖像写真だけであったが、五分刈りの頭に眼光鋭く睨みつけるような表情には迫力があった。日本社会にはふだん報じられることのない「闇」の世界があることを、ロッキード事件は教えてくれた。

児玉はあくまでも秘密代理人であり、ロッキード社からの賄賂は「政府高官」に渡されたことも公表された。この政府高官は小佐野の「刎頸之友」とされた前首相の田中角栄ではないかという噂が広がった。

実は中等部には、同じ学年にロッキード事件を契機として政治倫理の確立を訴え、自民党を離党することになる河野洋平の息子、太郎がいた。また当時の三木武夫内閣の大蔵大臣で、次の総裁を狙っていた大平正芳の孫、森田（現姓渡邊）満子もいた。森田とは後に親交を結ぶようになるが、このときはまだ知らなかった。

一方、普通部の一年E組に政治家の親戚はいても、息子や孫はいなかった。このため、たとえ個々の生徒が事件に対して関心をもってはいても、事件の話題がクラスメートの間で積極的に出てくることはなかったように記憶する。

三学期になっても、バドミントン部の練習には毎週真面目に出続けた。そのかいあってか、このころになるとようやく目に見えて上達し、スマッシュが確実に決まるようになった。ラケットもようやく新しいものに買い換えた。

三学期には成績が向上したが、保健体育でも初めてA評価をもらった。担任の「山猿」先生が、ホームルームに当たる教養の時間に、なぜもともと運動神経の鈍かった私がA評価になったかを、ほかの生徒にもわかるようにわざわざ解説してくださったのが何とも恥ずかしく、かつありがたかった。

三学期の定期試験が行われたのは、三月四日から八日までであった。十四日から事実上の休みに入るや、時間が足りなかった前年の教訓を踏まえて労作展の準備にとりかかった。

テーマは横浜線と決めていた。

前年に研究した南武線や青梅線とは異なり、横浜線は平日も休日も同じダイヤで、初電から終電まで、上り下りともにすべての電車のダイヤが日本交通公社の『時刻表』に二頁を費やして掲載されていた。同線の小机―八王子間が単線で、南武線や青梅線よりも本数が少なかったからだ。

これをじっくりと眺めるだけでも、さまざまなことがわかった。横浜線の東神奈川―八王子間は、南武線の川崎―立川間より七キロあまりも長く、四二・六キロあった。また南武線や青梅線とは対照的に、駅と駅の間が二キロ以上ある区間が多く、中山から淵野辺《ふちのべ》にかけては四キロを超える区間が続いていた。

当時はまだ快速がなく、すべての電車が各駅停車だったが、東神奈川―八王子間の所要時間は電車によって異なり、一時間を切る電車があるかと思えば、逆に一時間十分を超える電車もあった。単線の区間の駅で行き違いがあるかないか、また行き違いがある場合、どのくらい駅に停まるかによって、所要時間が大きく変わるためであった。

驚いたのは、朝のラッシュ時ですら、田園都市線との乗換駅に当たる長津田からは、上りの東神奈川ゆきの電車が十二分から十四分おきにしか出ないことだった。午前七時台にたった四本しか横浜の中心部に向かう電車がないのである。同じ時間帯に武蔵溝ノ口から三分おきに上りの川崎ゆきの電車が出ていた南武線に比べると、何という違いかと思った。

上りは東神奈川ゆきのほか、横浜や桜木町を経由して根岸線の磯子《いそご》まで乗り入れる電車が十二本あった。根岸線は京浜東北線と事実上一体となった線で、東北本線や東海道本線と並行する大宮―横浜間を京浜東北線と称するのに対して、東海道本線から分かれて迂回する横浜―大船間を根岸線と称した。

一方、下りは八王子ゆきが五十八本のほか、小机ゆきが十二本、中山ゆきが十本、原町田ゆきが十一本、橋本ゆきが五本あった。『時刻表』の巻頭地図を見ると、小机と次の鴨居の間が東京南鉄道管理局と東京西鉄道管理局の境界になっていた。「西」と「南」にまたがりながら「西」の区間の割合が高いのは南武線と変わらなかったが、複線区間の終点に当たる小机ゆきが朝夕に多いのは全線複線化された南武線と違っていた。

原町田は全線の中間に近い地点にあったのに、南武線の登戸や青梅線の青梅のような、終点まで行く電車よりも多くの電車が行き止まりとなる中間駅にはなっていなかった。言い換えれば、南武線や青梅線よりも終点の比重が大きいということだ。

それよりも目を引いたのは、各電車の発時刻や着時刻を記した数字が縦に並ぶ細長い欄の一番上に記された列車番号であった。

通常の列車番号だと、番号＋Mは電車、番号＋Dはディーゼルカー（気動車）、番号のみは客車列車（電気機関車ないしディーゼル機関車に引かれた客車）を意味した。電車の場合、一部はMの代わりにE、F、K、Sなどが付くこともあった。

横浜線を走っているのは、すべて電車だった。にもかかわらず、番号のあとにMなどのアルファベットが付かず、番号のみが掲載されていたのだ。これだと客車列車と見分けがつかないではないか……。

いや、よく見ると下りは8時台に二本、上りは7時台と8時台に一本ずつ、三桁の番号のあとにHが付く電車があった。なぜこの上下各二本だけにHが付いているのかもわからなかった。

若干の例外はあるとはいえ、『時刻表』をいくらめくっても、横浜線のようにほぼ三桁や四桁の数字だけが列車番号の欄に並んでいる線はなかった。それは一体なぜなのか。初電と終電を除くダイヤ自体が公表されていなかった南武線と青梅線に比べると、こうした疑問をもつこと自体、研究が一歩進んだ段階に入ったことを意味していた。

よく考えてみると、いまだに東神奈川から八王子まで、いや乗り入れの区間まで含めれば磯子から八王子まで、通しで横浜線に乗ったことがなかった。翌三月十五日、まず長津田から磯子ゆきの電車に乗って終点まで行き、初めて磯子から乗ってみた。

この日は春闘の始まりを告げる動労の「一割減速闘争」に重なっていた。しかし首都圏の国電の遅れはせいぜい数分から十数分程度で、横浜線の遅れも予想したほどではなかった。

根岸線の磯子―桜木町間が開通したのは一九六四（昭和三十九）年五月と比較的新しく、すべて立体交差で踏切がなかった。右手に海が迫る根岸では石油コンビナートを望み、根岸―石川町間では台地を貫くトンネルが続いた。石川町を出ると右手に中華街の門や横浜公園が見え、官公庁が集まる横浜の中心、関内に着く。関内を出るとすぐ左手に横浜一の繁華街だった伊勢佐木町商店街のアーケードが見えた。そして大岡川の鉄橋を渡ったかと思うと、次の桜木町に着いた。

桜木町で降りた。明治五（一八七二）年に新橋―横浜間が開業したときの横浜駅である。初代駅舎は一九二三（大正十二）年九月に起こった関東大震災で焼失し、二七（昭和二）年に建てられた二代目の駅舎がまだ使われていた。

桜木町駅の海側に隣接して、貨物駅の東横浜駅があった。前述のように七二年十月、鉄道百年記念で同じく貨物駅だった汐留駅からSLの列車に乗り、東横浜駅で降りたときの思い出がよみがえった。横浜ランドマークタワーや埋立地のみなとみらい21地区は、まだできていなかった。

東横浜駅の反対側には、東急東横線の桜木町駅のホームが国鉄のホームに隣接していた。通学で毎日利用していた東横線の終点だった。しかし起点の渋谷に比べるとはるかに貧弱な構造で、ホームが一つ、線路が二本しかなかった。

次の横浜でも降りてみたが、東口と西口のあまりの違いに驚いた。西口にはステーションビルが建ち、バスターミナルが整備され、ステーションビルの周辺にも相鉄ジョイナス、横浜髙島屋、おかだや（現・横浜モアーズ）、横浜東急ホテル（現在は閉館）などの大型店舗やホテルが建ち並んでいた。一方、東口には横浜駅が現在の地に移された一九二八年に建てられた当時のままの古色蒼然とした駅舎が建っていて、現在のそごうはまだなかった。もともとは港に近い東口が玄関だったのに、しだいに繁華街が西口のほうに移っていった歴史が垣間見えた。

東神奈川は横浜線の起点だったが、1番線から3番線のうち横浜線のホームは2番線しかなく、1番線に乗り入れる下りの磯子ゆきを除くすべての横浜線の電車が2番線に入った。つまり東神奈川—小机間が複線化されても、東神奈川駅自体は単線のままだったのだ。どうりでラッシュ時でも運転本数が限られるわけだと思った。

1番線の向こう側に電車区（現在は廃止）が見えた。黄緑色の電車に記されていた「南ヒナ」が東京南鉄道管理局東神奈川電車区所属を指すことは、これで明らかとなった。電車区には山手線と同じ黄緑色のほか、南武線や青梅線でも走っていた茶色い旧型の車両も停まっていた。しかし同じ「南ヒナ」でも、旧型の車両には「横浜線」の表示板やステッカーが貼られていなかった。

横浜線の電車はすべて東神奈川電車区に所属しているものと思いきや、東神奈川から乗った八王子ゆきの電車の車体の端には「南カマ」と記されていた。「カマ」が蒲田を指すことはすぐわかった。松本清張の小説『砂の器』の冒頭に蒲田電車区（現・JR東日本大田運輸区）で死体が発見される場面があるのを思い出した。

――京浜東北線の蒲田電車区に所属している車両があるのか。確かに東神奈川電車区は見るからに敷地が狭いけれど、蒲田から多摩川を越え、都県境を越えてやって来る車両があるとは驚いた。

この電車をよく見てみると、京浜東北線と同じ水色の車両と、山手線と同じ黄緑色の車両が混在していた。私は水色の車両に乗ったが、京浜東北線に乗ったかと勘違いしそうになった。その瞬間、「横浜線」のステッカーがなぜ貼られているのかがわかった。

――そうか、あれは横浜線の電車が乗り入れる東神奈川―磯子間で、乗客が京浜東北線や根岸線の電車と間違えないようにするために貼られているに違いない。

八王子ゆきの電車にしばらく乗ってゆくことにした。電車はしだいに高度を上げ、東海道本線や京浜東北線の線路をオーバークロスしたかと思うと、左手に大口通商店街のアーケードが、右手に中山にもあったユニーというスーパーが見えてきた。実はこの大口通商店街こそ、昭和天皇が一九四六（昭和二十一）年二月十九日に戦後巡幸を始めたまさにその日に訪れた商店街にほかならなかった。ここにも昭和天皇とのつながりがあったわけだが、当時は知るよしもなかった。

大口の次の菊名では、東横線との乗換駅にふさわしく、東急ストアが見えた。菊名は東急との共同使用駅で、長津田と異なり国鉄と東急の間に改札はなく、切符も東急が発行していた。

前節で触れたように、菊名から原町田までは乗ったことがあったが、原町田から先の区間に乗るのは初めてだった。高架の小田急小田原線と立体交差すると、左手に総戸数四百三十二戸の森野団地が現れた。東京都住宅供給公社の団地という点では長津田—原町田間から見えた高ヶ坂団地と共通していたが、団地のたたずまい自体はむしろ西武新宿線の下井草《しもいぐさ》—鷺《さぎ》ノ宮《のみや》間で見える同じ公社の鷺宮西団地に似ていた。

森野団地が視界から消えると、こんどは右手に木造平屋建ての都営住宅が現れた。一九六〇年代以降に開発された東急田園都市線の沿線には決して見られないタイプの団地であった。公団、公社、都営を問わず、どれほど町田市内に団地が点在しているかを、車内に居ながらにして思い知らされた。

文字通り都県境を流れる境川の鉄橋を渡り、再び東京都から神奈川県に入った。古淵駅はまだなかった。原町田と次の淵野辺の間は横浜線のなかで最も長く、五・九キロもあった。

緩い勾配を上って平坦な相模原台地に出ると、右手にカルピスの工場や新日本製鐵（現・日本製鉄）の研究所が見えてきた。現在、青山学院大学の相模原キャンパスの敷地になっているところに新日鐵の研究所があった。

淵野辺からは、右手の建て込んだ商店街の裏手に当たるところに、横浜線の線路に並行して非電化の引き込み線が敷かれていた。次の矢部との間は、原町田―淵野辺間とは対照的に〇・八キロしかなかった。

矢部には行き違いの設備がなかった。上下線とも同じ線路を使っていて、ホームが一つしかなく、階段もなかった。掘っ立て小屋のような木造の駅舎があるだけで、屋根すらかかっていなかった。横浜線でこれほど貧弱な駅はほかになかった。

次の相模原との間では、右手に米軍の相模総合補給廠が眺められた。線路際に沿ってフェンスが張り巡らされ、日本人の立ち入りを厳禁する英語の注意書きがあちこちに掲げられていた。淵野辺―矢部間で見えた引き込み線は、この補給廠に通じていた。フェンスの向こう側には、広々とした敷地のなかに三角屋根の建物が点在し、米軍の軍用車両が停まっていた。

青梅線の立川―東中神間で米軍立川基地が、八高線の東福生―箱根ケ崎間で米軍横田基地が見えることは知っていた。青梅線の西立川駅の北側に見える立川基地の風景は、前年の労作展のため乗っていたからよく覚えていた。しかし横浜線の沿線にも似たような区間があるとは、このときまで知らなかった。

相模総合補給廠の前身は相模陸軍造兵廠で、日本陸軍の施設であった。そもそも相模原という地名自体、一九三七（昭和十二）年に陸軍士官学校が当時の座間村に移転したのを皮切りに、相模陸軍造兵廠を含む軍の施設や病院が相次いで建てられ、四一年に座間を含む高座郡北部の八町村を合併して名付けられた新しい地名だったのだ。

それにしても右手の車窓風景の、なんと目まぐるしい変わり方だろう。木造の都営住宅、工場、大企業の研究所、密集した商店街の裏手。これらの風景が次々に現れてから、いかにも米国らしいゆったりした風景に遭遇すると、彼我の違いを感ぜずにはいられなくなる。基地の全面返還がすでに決まっていた立川とは異なり、相模原では中心部に近い広大な土地が事実上米軍に占領されたままであった。

線路は原町田からずっとまっすぐに延びていた。中央線の東中野―立川間ほどではないにせよ、横浜線にも長い直線区間があったのだ。次の相模原で降りると、補給廠とは反対側の駅前にバスロータリーがあった。原町田と同様、神奈川中央交通のバスが独占していたが、ロータリーは原町田よりずっと広かった。

駅前に忠実屋という名のスーパーが建っていた。大口や中山のユニーといい、原町田のシヅオカヤといい、東急沿線では見たことのないスーパーが多いという印象を受けた。それは横浜線の沿線が、特定の私鉄資本によって一色に染め上げられていないことの証左にほかならなかった。

相模原から再び下り電車に乗った。こんどは茶色い旧型の電車で、「南ヒナ」と記されていた。左手に丹沢の山々が迫ってきた。茅ケ崎と橋本を結ぶ相模線の非電化単線の線路が現れたかと思うとぴたりと寄り添い、次の橋本に着いた。

直線の区間は橋本まで続いていた。一九一七（大正六）年五月から八月にかけて、線路幅を国有鉄道が開業以来採用してきた一〇六七ミリの狭軌から、現在の新幹線と同じ一四三五ミリの国際標準軌に改めるための実験が原町田―橋本間で行われたのも、線路がまっすぐでスピードが出やすいからであった。しかし国鉄の線路幅が改められることは、新幹線を除いてなかった。

橋本駅は、駅の南側でリニア中央新幹線の新駅建設が進むいまとは比べものにならないほど小さかった。京王相模原線の終点はまだ京王多摩センターで、橋本まで通じていなかった。相模線のホームは独立しておらず、横浜線の下りホームと同じホームを使っていた。

橋本を出ると電車は右に大きくカーブし、また境川を渡って東京都町田市に入ったところに、相原という駅があった。すぐ北側に多摩丘陵が迫る山麓のひなびた駅といった風情で、木造の駅舎に古さが感じられた。自然に恵まれた周辺の環境からも、これが原町田と同じ町田市内の駅だとはとても思えなかった。

相原を出るや相原トンネルに入った。全長三百メートルあまりのこのトンネルで多摩丘陵を越えれば、町田市から八王子市に入る。

ここが境川水系と多摩川水系の分水嶺で、トンネルを出るとやや下り勾配となり、しばらく人家の見えない地帯を走った。驚いたことに、桑畑が広がっていた。このあたりではまだ養蚕が行われているのだ。

八王子みなみ野駅はまだできていなかった。宅地開発が始まる気配はどこにもなかった。間もなくまた人家が現れ始め、国道16号線と立体交差して城跡のある片倉に着いた。片倉を出て京王高尾線のガード下をくぐり、右手に複線電化された中央線の線路が迫ってくると、終点の八王子はもうすぐだった。

もともと八王子は甲州街道の宿場町で、昭和になってから軍都として発展した立川よりもずっと古くから栄えていた。また「桑都」と呼ばれるほど江戸時代から養蚕が盛んで、幕末の開国とともに八王子でつくられた生糸が「絹の道」を経由して横浜まで運ばれた。いま乗ってきた横浜線のルートは、この絹の道におおむね沿っていたのだ。北口のバスロータリーの中央には、「織物の八王子」と記された巨大なモニュメントが建っていた。現在の駅ビル「セレオ八王子」は、まだできていなかった。

初めて乗り入れ区間も含めて横浜線を乗り通すことで、同線に対する興味はますます強まった。次は歴史について調べてみようと思い、翌三月十六日に都立日比谷図書館を再訪した。

前年の夏に訪れているので、勝手がわかっていた。入ると迷わず三階の「交通・運輸」コーナーを目指した。お目当ては南武線と青梅線を調べたときに閲覧した『日本国有鉄道百年史』であった。

索引の巻の「よ」を見ると、案の定第六巻に「横浜鉄道」の項目があるのがわかった。横浜線もまた南武線や青梅線と同様、当初は横浜鉄道という名の私鉄として開業したことを初めて知った。

しかしすんなりと開業したわけではなかったことは、以下のくだりが示す通りだった。

八王子は当時長野・山梨・静岡の各地方から輸出する物資の集散地であり、長野・山梨・静岡東部・武蔵・相模西部で生産される生糸・絹織物をはじめ薪炭・木材・製茶・穀物等を横浜へ輸送するには東京を迂回するか、人力車や馬で山間の道路を通って運ばねばならなかった。また横浜市場からこの地方に供給する諸物資（中略）の消費量が増大するにつれて、交通不便のためにそれらの物資が高値となっていた。（中略）明治27年5月、原善三郎ほか12人の発起人は八王子・横浜間に鉄道を敷設する目的で横浜鉄道株式会社発起認可願を出したが、29年却下、次いで29年4月出願、30年却下、30年5月出願、31年6月却下された。（『日本国有鉄道百年史』第六巻）

文中の「山間の道路」は「絹の道」を指していた。絹の道に代わる鉄道が必要とされていたのに、横浜鉄道の敷設はなかなか認められなかったのだ。私鉄ではなく官設で通すべきとされたかららしい。実際には一九〇二（明治三十五）年になってようやく横浜鉄道建設の仮免許状が下付され、〇八年九月に私鉄として東神奈川―八王子間が開通している。

それでも横浜鉄道の時代は長くは続かなかった。開通から九年後の一九一七（大正六）年には鉄道院に買収され、国有鉄道横浜線になったからだ。

一九一〇（明治四十三）年には早くも鉄道院と契約して線路や建物、車両などを同院に貸し渡していたというから、もともと私鉄としての性格はきわめて薄かった。私鉄の時代が長かった南武線や青梅線に比べて駅と駅の間の距離が長いのも、こうした歴史を踏まえれば理解できた。

しかし『日本国有鉄道百年史』には、南武線や青梅線と同様、買収されて横浜線になってからの歴史が全く記されていなかった。それでも南武線や青梅線の場合、買収される太平洋戦争末期までの歴史がわかったが、横浜線の場合は大正中期以降、半世紀あまりの歴史がわからないということになる。

都立日比谷図書館に行った翌日の三月十七日、国労と動労は春闘第一波に当たる二十四時間のストに突入し、国電と新幹線を除く主要幹線がストップした。続いて三月三十日、国労と動労は春闘第二波に当たる二十四時間のストに再び突入したが、このときは国電や新幹線を含む国鉄と、私鉄総連に加盟する私鉄が全面的に止まった。前年十一月のスト権ストが失敗に終わり、国民から非難を浴びても、国労や動労はストという戦術そのものを変えることはなかった。

相原―片倉間の車窓風景に強い印象を受けたので、三月二十三日にこの区間に沿って歩いてみた。相原駅には自動券売機がまだ設置されておらず、駅員が硬券の切符を窓口で売っていた。電車が駅に着いて客の乗り降りが終わると改札が閉まってしまうという、地方の駅で見られた習慣も残っていた。

駅のすぐ南側に、「絹の道」と重なる町田街道の踏切があった。相原の市街地はこの街道沿いに細く延びていて、古い農家が点在していた。中には幕末の文久年間に建てられ、自由民権運動家を輩出した豪農の家もあった。町田市には現在「自由民権資料館」もあるように、このあたりは明治初期に横浜から西洋の思想が持ち込まれ、民権運動が盛んになる地域であった。

一方、多摩丘陵の低い山並みをトンネルで越える横浜線の線路沿いには、市街地がなかった。相原駅から片倉駅に向かって峠越えの山道を歩いて行ったが、途中誰にも出会わなかった。

相原トンネルの片倉側の入口に隣接して、まだ使われていないもう一つのトンネルの入口が見えた。「新相原」と記された表示板から、将来、八王子までの複線化が完成した暁に下り電車が通ることになるトンネルに違いなかった。当時使われていた相原トンネルより六百メートル以上長く、九百八十五メートルもあった。

しかし複線化の工事が進んでいるのはトンネルだけで、あとは単線のままだった。車一台がやっと通れるほどの一本道が片倉まで続いていた。線路に沿って流れる多摩川水系の兵《ひょう》衛川《えがわ》の水は澄んでいて、左右に広がる丘陵の斜面には遅咲きの梅や菜の花が咲き、臨済宗の寺院、福昌寺の境内にも早咲きの桜がピンクの花を咲かせていた。福昌寺の向こうには電車から見えた桑畑が広がっていた。

これほどの自然に恵まれた区間は南武線にはなく、青梅線でも青梅以遠にしかなかった。春の到来を告げるのどかな山里の風景のなかを、時折静寂を破るようにして電車が通り過ぎていった。


春休み中の四月一日、私は中学二年生になった。普通部は組替えがなかったから、一年E組がそのまま二年E組になっただけだった。

四月になると、春闘はいよいよ本格化した。けれどもそれが収まるのを待っているわけにはいかなかった。九日から新学期が始まれば、またしばらく平日に出向いて調査することができなくなるからだ。

横浜線について調べるべきことは、まだ山ほどあった。しかしまだ四月だ。七月から南武線と青梅線の調査を始めた前年に比べれば、はるかに早いのだ。何も焦ることはあるまい。

さしあたりどこから調べるべきかを考えようと思った。

まずは『日本国有鉄道百年史』に記されていなかった、買収されて横浜線になってからの歴史について知る必要があった。具体的には、いつ全線が電化されたのか。東神奈川―小机間が複線化されたのはいつか。１０３系が投入されたのはいつか。旧型車両と１０３系車両の両数はどのように推移したか。本数はどう増えていったのか、などだ。

今後の予定についても知りたいと思った。全線複線化はいつになるのか、根岸線の磯子から先の区間まで乗り入れる予定はないのか。横浜から横浜線を経由して八王子から中央本線に入り、甲府、松本方面への特急運転の計画はないのか。

もちろん前年同様、横浜線各駅の乗車人員についても調べる必要があった。それだけでなく、各駅の乗車人員の推移についてもわかれば、どの駅が発展してきているかを知る手掛かりになる。

これらの情報を入手するには、もう一度国鉄本社ビル内の東京西鉄道管理局と東京南鉄道管理局に行くしかなかった。横浜線の場合、南武線や青梅線と違って電車区が「南」の管内にあるので、前年よりも「南」への取材を増やさねばならなかった。

四月二日、金曜日。田中角栄が田中派「七日会」の臨時総会で、「小佐野賢治君は私の古くからの友人ですが、互いの交際の中で、公私のけじめは、はっきりさせてあります。今回の問題で小佐野君との関連は、まったくありません。なお私は、この十数年間、児玉誉士夫氏と会ったこともなく、公私いずれの面においてもつきあいがないことは、世間周知のとおりであります」（『毎日新聞』一九七六年四月二日夕刊）としてロッキード事件との関わりを全面的に否定する「私の所感全文」を発表した。

同じ日の午前、私はまた東京駅丸の内北口に降り立っていた。国鉄本社に向かう途上、あの暑かった前年の夏には決して見かけなかったような、どこかの会社に入ったばかりとおぼしきスーツ姿の男女の群れに出くわした。それを見て初めて、前日から新年度に入ったことに気づいた。そもそも丸の内のオフィス街に中学生が一人だけ混じっていること自体がおかしかった。

年度が替わったばかりのバタバタしているときに来たのを一瞬後悔したが、ここまで来たからには後へは引けなかった。相変わらず国鉄本社旧館の入口には守衛がいたものの、その目をかいくぐって中に入る術はもう身につけていた。

難なく入口を抜けると、親切に対応してくださった職員がいた東京西鉄道管理局の営業部旅客課を目指した。しかし前回とは、館内の雰囲気が違っていた。行き交う職員の多くが、「76国民春闘勝利」と記されたバッジを胸に付けていた。まだ春闘は続いていて、今後の交渉によってはまたストの可能性もあったのだ。

異動があったのか、旅客課に例の職員はいなかった。なんとなく部屋全体に張り詰めたような空気が漂っていた。仕方なく別の職員に声をかけたが、この職員もバッジを付けていた。

「お忙しいところ恐れ入ります。私は慶應普通部という中学に通う二年の原武史と言います。横浜線について調べているのですが、どうしてもわからないことがあって来ました」

「君、確か去年も来てなかった？　しばらく見ないうちにずいぶん大きくなったね」

まるで久しぶりに祖父の実家を訪れたときのような対応に、子ども扱いされているのかとショックを受けた。この職員に対して、用意していた質問のすべてをぶつけるのは難しいように思えてきた。

「で、今度はどういうことを知りたいのかね。いま忙しいのであまり時間は割けないんだけど」

「とりあえず、乗り入れの区間を含めた横浜線の各駅の乗車人員の推移を教えてください。できれば最近十年間くらいの推移がわかると、どの駅が発展してきているかが明らかになるので助かります」

「ウーン、悪いけど、そこまで調べてあげるだけの余裕はちょっとないんだよ。いまは年度はじめの上、春闘の最中だからとにかく忙しいんだ。もう少し簡単な質問だったら答えられるけどね」

職員の返答にかなり動揺したが、頭を切り替えて別の質問をしようと思った。

「わかりました。三月二十三日に横浜線の相原—片倉間を歩き、新相原トンネルの出口を見てきました。あのトンネルは下り線用だと思うのですが、全線複線化はいつになるでしょうか」

「せっかく来たのだから、それくらいは答えてあげよう。ちょっと待ってね」

職員は書類のなかから「横浜線複線化関係」と記されたバインダーを取り出した。

「ええと、再三予定が延びてるんだけど、現時点では昭和五十四年四月の予定だよ。工事予算は二百五十一億円の見込み。もちろん工事は進んでいるけど、未買収地も残っている。複線化工事が完成すると同時に、中山―長津田間に十日市場駅が、長津田―原町田間に成瀬駅が、原町田―淵野辺間に古淵駅が開業することになっている。ただ正確な位置は決まってない」

あわててノートを取り出し、職員が話したポイントをメモした。乗っているだけではわからなかったが、新駅が三つもできるとは驚いた。

「103系の電車の前面やドアの上に『横浜線』と記された板やステッカーが掲げられているのは、東神奈川―磯子間で客が京浜東北・根岸線と乗り間違えないようにするためですか」

「そうだよ。あれは誤乗防止のためだ。本来、横浜線の103系はすべて山手線と同じ黄緑色になるはずだったのだが、それができずに一部は京浜東北と同じ水色の車両を入れざるを得なくなった。そのため横浜線だと一目でわかるようにしているんだ」

この答えは予想した通りだった。次に乗り入れ区間の延伸について尋ねてみた。

「現在横浜線の上り電車は根岸線の磯子まで乗り入れていますが、磯子から先に乗り入れの区間を延ばす予定はないのですか」

「その予定はないね。磯子から先の駅で折り返しができるのは終点の大船しかない。磯子ゆきというのは横浜線の沿線と桜木町や関内や石川町のような横浜の中心部を直結するためにあるのだから、わざわざ大船まで延ばす必要なんかないんだよ」

言下に否定された。しかし国鉄末期の一九八五（昭和六十）年からは、八王子や橋本などから大船まで直通する電車の運転が始まっている。磯子から先には洋光台や港南台のような新興の住宅地があり、新横浜の重要性が高まるにつれ乗り入れの需要が増大したことも一因だった。長い目で見れば、私の思い付きも間違ってはいなかったのである。

「僕は横浜市民ですので、横浜から横浜線を経由して中央本線の甲府や松本に行く特急があれば便利だと思っているのですが、そういう特急が運転される予定はないでしょうか」

「えっ、君が考えたのかい？　そんな予定、あるわけないだろう」

笑って一蹴された。けれども国鉄解体後、ＪＲ東日本は一九九六（平成八）年から二〇一九年にかけて、横浜と甲府や松本を横浜線経由で結ぶ特急「はまかいじ」を走らせている。これもまた長い目で見れば、決して荒唐無稽ではなかったわけだ。

「横浜線のダイヤについても質問があります」

「ダイヤについては、東神奈川電車区がある東京南鉄道管理局の電車課の担当だよ。行き方を教えてあげるから、そっちで訊いてくれないか」

「わかりました。お忙しいところ、対応してくださりありがとうございました」

そろそろ仕事に戻りたそうな職員の素振りから、このあたりで切り上げたほうがいいように思った。教えられた通りに歩いてゆくと、「西」から「南」のエリアに入り、黄緑色の表示板が掲げられた部屋があった。

——東京南鉄道管理局　運転部電車課
前年に訪れた「西」の電車課を「南」に変えただけで、あとはそっくり同じ名称だった。開いていた扉から入ると、「西」の旅客課よりも部屋が狭く、職員も少なかった。そのせいか、旅客課よりもゆったりした雰囲気が漂っているように感じた。

ほっとした気分になり、たまたま座っていた職員にまた身分を名乗った上で、『時刻表』の横浜線にしか見られない列車番号の謎について質問してみた。この職員はバッジを付けていなかった。

「ほう、よく気づいたね。それを知ろうとしてわざわざここまでやって来たのかい？」

「ええ、まあ……」

ほかにも知りたいことがあったのだが、忙しいのは電車課も同じだろうと思い、今日は列車番号の質問だけに絞ろうと考えた。

電車課の書棚には毎月の『時刻表』が古い順に並んでいた。職員は最も新しい一九七六年四月号を持ってきて、横浜線のページを開いた。

「確かに横浜線の列車番号の表記はほかの線とは違っている。すべて電車なのに末尾にMとかKとかが付いていないからね。実はこの列車番号と記された三桁や四桁の数字が曲者なんだよ」

電車課の職員は、不意に現れた中学生の珍客に向かって、優しく解説を始めた。同じ電車課でも、さんざん文句を言われた「西」の電車課の職員や、子ども扱いした先ほどの旅客課の職員とは態度が違っていた。

「『時刻表』には列車番号としか記されていないけれど、正確には下二ケタを運用番号と言っている。例えばこの東神奈川17時48分発八王子ゆきには、『１７０５』という列車番号が付いているだろう。この『０５』が運用番号に相当するんだ」

「運用番号って何ですか」

「それぞれの電車が一日のうちどういうルートを走って横浜線内を行ったり来たりするかを示す番号のことだよ。下りは奇数、上りは偶数で示される。０５は下りで、同じ電車が上りだと０４になる。１７は始発駅を発車する時刻が17時台であることを示している」

「なるほど。そうすると『時刻表』の列車番号を丁寧に見てゆけば、運用番号０５の電車の一日の行程がわかるということですか」

「その通りだ。横浜線の時刻表を初電から順に見てゆくと、05電車で一番早いのは橋本5時52分発八王子ゆきの下り電車だ。列車番号は505。これは橋本の留置線で一夜を明かし、5時台に橋本駅を出る05電車という意味だ。同じ電車が八王子で折り返し、6時12分発の東神奈川ゆきになる。列車番号は604。6時台に走る04電車だというのは、もうわかるよね。このように05になったり04になったりを繰り返し、最後は東神奈川22時43分発の橋本ゆき2205電車となって、終点の橋本に23時30分に着くわけだ」

「では、この843Hのように、番号の後にHが付いているのはどういう意味でしょうか」

「おお、そこまでよく気づいたね。もう一度よく時刻表を見てごらん。東神奈川8時6分発小机ゆきの843電車があるだろう。これが小机で引き返して東神奈川ゆきの842電車となる。東神奈川着は8時34分だ。そして今度は原町田ゆきとなって東神奈川を出るのは8時37分。つまりまだ8時台なんだ。運用番号43の電車は8時台に東神奈川を二度出るので、二回目はHを付けて一回目と区別しているんだよ」

まさに目から鱗が落ちたような気分だった。目を輝かせながらこう言った。

「へえ、そうだったのですか。『時刻表』の列車番号に表示された下りの下二ケタと上りの下二ケタを追っていけば、一本の電車が始発から終着までどういう行程をたどるかがわかるんですね。この運用番号というのは各電車に表示されているんですか」

「山手線や京浜東北線の電車と同じ103系の場合、先頭車両の運転台の右上に『東神奈川』『八王子』などと記された方向幕が、左上に番号が表示されている。運転台の真下に同様の行き先を記した金属板が取り付けられる旧型車両の場合も、左上に番号が表示されている。この番号が運用番号なんだ。こんど横浜線に乗ったら、確かめてみるといいよ」

「はい、そうします。横浜線以外の電車にも同じ場所に表示されているんですか」

「もちろんだよ」

——ということは、南武線と青梅線の電車にも運用番号が表示されていたわけだ。前年に調べたときにはあれほど乗ったのに、乗車人員にばかり気をとられてしまい、全く意識もしていなかった。

大きな発見であった。これだけでもう目的を達成したような気分になった。

「ありがとうございました。おかげさまで『時刻表』の謎が解けました。また何かわからないことがあったらよろしくお願いします」

御礼を言って部屋を出た。この職員の顔を覚えておこうと思った。訪れた日が悪かった割には収穫を得たという満足感があった。しかし訊けなかった質問も少なくなかったから、できるだけ早く再訪しなければならないこともまた明らかであった。

三日後の四月五日、青葉台から田園都市線の下り電車に乗り、二駅目の長津田で降りて横浜線に乗り換えた。ホームに降り立つと、下り線の線路端に植えられたソメイヨシノがちょうど満開で、あらかじめカメラを持って写真を撮る人もいた。

郵 便 は が き

料金受取人払郵便

小石川局承認

1144

差出有効期間
令和8年3月
31日まで

112-8731

〈受取人〉
東京都文京区
音羽二―一二―二一
㈱講談社
文芸第一出版部 行

ご購読ありがとうございます。今後の出版企画の参考にさせていただくため、アンケートにご協力いただければ幸いです。

お名前

ご住所

電話番号

このアンケートのお答えを、小社の広告などに用いさせていただく場合がありますが、よろしいでしょうか？　いずれかに○をおつけください。

【 YES　NO　匿名ならYES 】

＊ご記入いただいた個人情報は、上記の目的以外には使用いたしません。

TY 000072-2401

書名

Q1. この本が刊行されたことをなにで知りましたか。できるだけ具体的にお書きください。

Q2. どこで購入されましたか。

1. 書店(具体的に：　　　　　　　　　　　　　　　　　　　　　　　　　　　　　　)

2. ネット書店(具体的に：　　　　　　　　　　　　　　　　　　　　　　　　　　　　)

Q3. 購入された動機を教えてください。

1. 好きな著者だった　2. 気になるタイトルだった　3. 好きな装丁だった

4. 気になるテーマだった　5. 売れてそうだった・話題になっていた

6.SNSやwebで知って面白そうだった　7. その他(　　　　　　　　　　　　　　　　)

Q4. 好きな作家、好きな作品を教えてください。

Q5. 好きなテレビ、ラジオ番組、サイトを教えてください。

■この本のご感想、著者へのメッセージなどをご自由にお書きください。

ご職業　　　　　　性別　　年齢

10代・20代・30代・40代・50代・60代・70代・80代～

次の上り電車は、長津田を11時37分に出る八王子発磯子ゆきで、『時刻表』に表示された列車番号は１０２６とあった。ということは、運転台の左上に「２６」と表示されていなければなるまい。

緊張しながらホームの東神奈川寄りで待っていると、定刻通りに電車が入ってきた。黄緑色の１０３系からなる七両編成の電車であった。

果たして運転台の左上には、「２６」という番号が白地の幕に記されていた。あの職員が言った通り、運用番号が表示されていたのである。

運転台の右上には、「磯子　ＩＳＯＧＯ」の方向幕が表示されていた。こちらも白地に黒で記されていた。どちらも幕がくるくると回ることで、その電車に見合った運用番号や行き先が示せるようになっていた。

同時に気づいたことがあった。運転台の窓の左上、運用番号が記された幕のちょうど下に当たる部分に、「東４」という表示板があった。こちらは板だから、運用番号と違って固定されている。

――この「東」と「４」とは一体何だろうか。

電車の側面を見ると、「南ヒナ」の表示が見えた。東神奈川電車区所属の電車ということだ。そうすると、「東」は東神奈川電車区所属を意味するのか。では「４」は何を意味するのか。東神奈川電車区に所属している電車がいくつかあり、それぞれナンバーが付されていて、これは四番目の電車という意味だろうか。

列車番号についての疑問が解けたと思いきや、また新たな疑問が次々に湧いてきた。もう一度電車課で確かめる必要がありそうだと思った。

行き違いのため、ほぼ同じ時刻に磯子発八王子ゆきの下り電車も入ってきた。『時刻表』によると列車番号は1007で、運用番号は07のはずだった。運転台の左上に注目すると、確かに「07」と表示されている。一方、運転台の窓の左上には、「カマ54」の表示板が見えた。

側面にある「南カマ」の表示から、「カマ」は蒲田電車区所属を意味するに違いなかった。「54」は「4」よりもずっと多い数字だが、南浦和にある浦和電車区や東十条にある下十条電車区（現在は廃止）と並んで京浜東北線の車両が所属する電車区であることを踏まえると、五十四番目の電車だとしてもおかしくはあるまいと思った。

すべての電車が一つの電車区に所属している南武線や青梅線とは異なり、所属先が二つの電車区に分かれている上、同じ東神奈川電車区所属でも103系と旧型がある横浜線の電車の運用は、はるかに複雑であった。どのような運用がなされているのかを知りたいという気持ちが湧き上がってきた。

上りの磯子ゆき1026電車に乗った。途中の小机でも、下りホームに植えられたソメイヨシノが満開だった。見事に育ったソメイヨシノが複数の駅のホームで見られること自体、横浜線開業からの年月の長さを物語っていた。相原─片倉間を歩いたときに比べて、沿線全体が春爛漫の陽気に満ちあふれていた。

この日は天候に誘われるようにして桜木町で降り、市営バスで本牧《ほんもく》の三溪園を初めて訪れた。実業家で茶人の原三溪によって作られた日本庭園である。大きな池の周りに三重塔や茶室などの建物が点在し、池のほとりの桜並木もピンク色に染まっている。横浜の中心部にこれほど広大な日本庭園があるとは知らなかった。月曜日にもかかわらず、園内は花見客でごった返していた。

四月九日に始業式が行われ、私は中学二年生になった。一人落第した生徒の代わりに二年から三年に進級できなかった生徒が一人入ってきたため、E組の生徒数自体は四十九人で変わらなかった。出席番号も二番のままだった。

担任は「山猿」先生から国語のA先生に代わった。英語は英語Iと英語IIに分かれ、O先生と英会話を教えていた外国人女性のM先生から、N先生とT先生に代わった。国語、英語、数学、保健体育で先生が交代する一方、地理や歴史や理科I、理科IIなどのように代わらない科目もあった。

新学期の始まりとともに通学の経路を変え、南武線経由から横浜線経由にした。もちろん横浜線の研究のためには、毎日同線に乗って長津田と菊名の間を往復するほうがよいと判断したからだ。

朝に乗る電車は決まっていた。長津田を7時50分に出る東神奈川ゆきの708電車だった。単線区間の中山、鴨居で下り電車と行き違い、複線区間のため行き違いのなかった新横浜でも二分停車し、菊名に8時13分に着いた。菊名で東横線に乗り換えて日吉まで行っても、九時の授業開始には十分間に合った。

七時台でも四本しかない横浜線の電車は、さすがに混んでいた。長津田に着く時点ですでに立錐の余地もないほど客を詰め込んでいた。それらの客をかき分けるようにして反対側の扉まで進んだ。中山から新横浜までこちら側の扉が開かず、乗り降りする客の流れに翻弄されることもなかったからだ。

鴨居に着くと、駅前を流れる鶴見川の対岸にあった日本電気の工場に表示されているデジタル時計が決まって「8：00」と表示された。朝は磯子に乗り入れる電車がなかったので、京浜東北・根岸線のダイヤの乱れに影響を受けることもなかった。

側面に「南カマ」と表示される車両が必ず来ることから、蒲田電車区所属の電車であることは明らかだった。しかし毎朝乗ることで、一つわかったことがあった。確かに必ず「08」と運用番号が表示された電車が来るのだが、運転台の左上の表示板は毎日変わるのだ。具体的には「カマ51」から「カマ56」まで六種類の電車があり、日によって違う電車が来るのである。

山手線と同じ黄緑色で統一された東神奈川電車区所属の103系とは異なり、蒲田電車区所属の103系は黄緑色で統一された「カマ51」を除いて京浜東北線と同じ水色の車両と黄緑色の車両が混在していた。八王子寄りの四両が水色で東神奈川寄りの三両が黄緑色の場合もあれば、逆に八王子寄りの二両が黄緑色で東神奈川寄りの五両が水色の場合もあった。同じ蒲田電車区所属の電車であっても、どういう色の編成の電車が来るかは、全く見当がつかなかった。

すぐにでもまた丸の内の国鉄本社に行きたい衝動に駆られたが、一学期が始まってしまった以上、それは無理だった。しかしそれから間もない四月十四日と、二十日から二十二日にかけて、普通部は立て続けに臨時休校になった。十四日は首都圏の国電と東急など多くの大手私鉄がストのため半日動かず、二十日からは公労協、私鉄総連などが再び交通ゼネストに入り、国電も東急もまる二日間動かなかったからだ。

賃上げを求めてストを繰り返してきた七六年春闘は、最後のヤマ場を迎えていた。

7　運用番号と編成番号

四月九日から一九七六（昭和五十二）年度の授業が始まった。

理科Ⅰと理科Ⅱは先生が交代しなかった。毎週水曜日に理科室で実験を行い、翌週水曜日にレポートを提出する習慣も、一年のときと全く変わらなかった。このため二年になっても、水曜日に授業がある限り、日曜日はまる一日家にこもってレポートを仕上げなければならなかった。四月十四日、二十一日と、二回続けて水曜日がストのため休みになったのは、この負担から解放された点でありがたかった。

他方で新しい先生による授業も始まった。とりわけ強く印象に残ったのは、国語ⅡのS先生と英語ⅠのN先生の授業であった。

S先生は、担任のA先生と分担して国語を教えたが、自筆のプリントを多用するところがA先生と違っていた。本名では呼ばれず、「公一」という名前から「ハムイチ」と呼ばれていた。一年のときの担任だった「山猿」先生同様、授業中に時折、自らを嘲りながら「ハムイチ」と呼ぶことがあった。

「ハムイチ」先生は千葉県市川市の国鉄市川駅の近くに住み、市川から総武線、中央線、山手線、東横線を乗り継いで日吉まで通っていた。江戸川、新中川、荒川、隅田川、多摩川と、毎日五つの一級河川を渡っていると話していた。二時間近くもかかるのに、遠距離通勤を楽しんでいる風情が感じられた。

永井荷風の「断腸亭日乗」や谷崎潤一郎の「陰翳礼讃」など、教科書に載っていない作家の文章を抜き書きした自筆の紙を配付し、生徒に読ませることがよくあった。荷風も敗戦後はずっと市川に住んでいたから、親近感があったのだろうか。

ワープロがまだない時代だった。プリントに印刷された「ハムイチ」先生の肉筆はかなり癖があり、読みづらかったが、下手とは思わなかった。独特の流れるような縦書きの字には、品格すら漂っていた。

もちろん教科書を使う場合もあった。太宰治の「走れメロス」や夏目漱石の「坊っちゃん」などは、教科書に掲載されていた文章をそのまま用いた。いまでもよく覚えているのは、「走れメロス」の次の文章を、先生が鋭く批判したことだ。

濁流は、メロスの叫びをせせら笑う如く、ますます激しく躍り狂う。浪は浪を呑み、捲き、煽り立て、そうして時は、刻一刻と消えて行く。今はメロスも覚悟した。泳ぎ切るより他に無い。ああ、神々も照覧あれ！　濁流にも負けぬ愛と誠の偉大な力を、いまこそ発揮して見せる。メロスは、ざんぶと流れに飛び込み、百匹の大蛇のようにのた打ち荒れ狂う浪を相手に、必死の闘争を開始した。満身の力を腕にこめて、押し寄せ渦巻き引きずる流れを、なんのこれしきと掻きわけ掻きわけ、めくらめっぽう獅子奮迅の人の子の姿には、神も哀れと思ったか、ついに憐愍を垂れてくれた。

メロスの身代わりとなった友の待つシラクスの町にメロスが急いで戻ろうとする途上、氾濫して橋が流された川を泳いで渡り切る場面である。

「ハムイチ」先生はまず、「濁流にも負けぬ愛と誠の偉大な力」という言い回しが紋切型だと批判した。そして「百匹の大蛇のようにのた打ち荒れ狂う浪」「押し寄せ渦巻き引きずる流れ」「めくらめっぽう獅子奮迅の人の子の姿」といった修飾過剰な言い回しが続くのも文章として巧みとは言えず、よりシンプルな表現でも文意は十分伝わると言った。

もちろんこうしたリズミカルな文章にこそ、太宰作品の真髄があるという見方もできるだろう。しかし少なくとも私には、「ハムイチ」先生の指摘が的を射ているように思えた。なるほどそういう読み方があったのか、文豪と呼ばれる作家でも神棚に上げるようにして読む必要はないのだなと、深く納得した気分になった。

小説の終盤に「メロスは疾風の如く刑場に突入した」という一文があった。先生に指されてこの文を朗読したIくんが、「疾風」を「はやて」と読んだ。原文では「しっぷう」が正しいのだが、先生はIくんの読み方を直さなかった。それどころか、前後の文脈から「はやて」の方がより切迫感が伝わるとして称賛した。原文を絶対とせず、日本語の語感の方を大切にする先生の真骨頂を見たような気がした。

一方、N先生の授業は「ハムイチ」先生とは対照的だった。一年のときのO先生と同様、開隆堂の教科書「ニュープリンス」に忠実で、プリントを配付しない代わりにソニーのラジカセを必ず持ってきた。カセットテープに収録された外国人による英語の発音にしたがい、一センテンスごと全員で朗読した。

一見、どこの中学校でもありそうな授業にすぎなかった。しかし私は、最初の授業からN先生の授業に引き込まれていた。淡々とした口調ながら全く無駄がなく、言葉がすんなりと耳に入ってくる。声のトーンもそうだが、とにかく聞いていて心地よいのだ。

そのせいか、一年のときから引き続き、英語の成績はよかった。N先生のテストはほぼ毎回満点だったように記憶する。二年の英語は受動態や現在完了など、英語ならではの文法もあって結構難しいのだが、N先生の解説はいつも明快で復習も要らなかった。

当時は子門真人《しもんまさと》が歌う「およげ!たいやきくん」が大ヒットしていた。「毎日毎日僕らは鉄板の〜」という歌詞を意識してか、珍しく先生がday after dayを「歌じゃないけど毎日毎日という意味」と解説したことがあった。生徒たちの間から、白けを意味する「シー」という声が漏れた。それでも先生は悪びれることなく、すぐいつものペースに戻った。

誰の発案だったか忘れたが、N先生を困らせてやろうとしたことがあった。いつもは先生が教室に入ってきてもザワザワしていたのが、その日は全員が着席したまま微動だにせず、一切私語を発しなかった。先生は「大変よろしい」などと言いながらも、異様な雰囲気に気圧されたのか、しきりに首をひねっていた。

ラジカセから外国人の声が聞こえても、なお沈黙は続いた。私は内心ほくそ笑みながら、それでも決して怒らず、いつもと変わらない授業を淡々と続ける先生の姿勢に、ひそかに尊敬の念を覚えた。

年度末に当たる一九七七（昭和五十二）年三月、N先生の最後の授業で全員が立ち上がり、突如として「蛍の光」を合唱したのは、皆も同じ気持ちだったからだろう。先生は一瞬、驚愕したような表情を浮かべたが、いつもの口調で「このクラスにはやられたよ」と話した。名残惜しいひとときであった。

N先生は神奈川県相模原市に住んでいた。最寄り駅が小田急小田原線の町田の隣駅に当たる相模大野であることは名簿からわかっていた。横浜線の研究を始めたころ、日吉までどう通っているのか、原町田から菊名まで横浜線を使っているのかが気になり、通勤経路について質問したことがあった。

N先生はこう言った。「小田急で登戸まで行き、南武線に乗り換えて武蔵小杉に出る。町田で横浜線に乗り換えるのは、一見近道のようだけど、原町田まで歩かないといけないからかえって不便なんだ。横浜線より南武線の方が、本数が多くて便利だからね」。実際に通学してみて横浜線の不便さを実感していたので、この答えには合点がいった。

当時は全く知らなかったが、N先生は慶應義塾大学文学部時代、江藤淳というペンネームで知られることになる江頭淳夫《あつお》と同じクラスになり、親しく付き合うようになった。その江藤との違いについて、N先生自身が語った文章がある。

彼は生命のダイナミズムに共感し、色彩豊かな世界を愛していた。ところが私は静的思考を好み、決定論、運命論に傾くことが多かったから、私達の意見はしばしば対立した。二人の意見が対立してどうどうめぐりを始めそうになると、彼は逸早く指をくるくる廻して、もうこれ以上話しても同じことだというジェスチャーをする。私としてはもう一言言って彼を論破したいところなのだがもう彼は聞こうとしない。そして「君は理科系の人みたいだね」などとんでもないことを言う。私から見れば、彼の文科系の度合が並み外れているのだ。（中新井桂一郎「慶大生時代の江藤淳」、『文學界』一九九九年十一月号所収）

この文章だけを読むと、江藤はN先生を自分と全く違う人間と考えていたようにも見える。ところが平山周吉『江藤淳は甦える』（新潮社、二〇一九年）には、これとは異なり、大学時代のN先生との付き合いを回想する江藤自身の言葉が引用されている。

当時、慶応の学生の文学仲間に「〔正宗〕白鳥、白鳥」と言ってるのがいて、白鳥が一番偉いんじゃないかと言っていた。小林〔秀雄〕も相当なものだけど、なんといっても大家は白鳥だ、と。今、慶応普通部の英語教師をしている中新井《なかあらい》桂一郎君という人ですが、彼はある意味ではぼくの文学の師です。白鳥を推賞して傾倒していて、白鳥みたいな文を書く。

この「中新井桂一郎」こそ、N先生の本名である。江藤はN先生を「理科系の人」どころか、「ぼくの文学の師」とまで言っているのだ。

N先生は江藤に誘われて同人誌「位置」に入り、『三田文学』に江藤の漱石論が出たときには雑誌を貰い、二時間ほど議論した。N先生が小林秀雄を読んでいると言ったら、高校時代から小林を読んでいた江藤は「まだ小林を読んでるの」と言ったという（同）。

こうしたエピソードからも、二人の間に日本の小説や評論をめぐってどれほど深い対話が交わされたかが浮かび上がってくる。普通部の英語の授業では終始淡々とした姿勢を崩さなかったN先生だったが、実際どれほど深い文学の教養が隠されていたのかを、今更ながら想像せずにはいられなくなる。

ゴールデンウイーク期間中の五月二日、日曜日。労作展に出品する「横浜線」の第一部「沿革」を書き始めた。『日本国有鉄道百年史』に依拠しつつ、横浜鉄道時代について書き上げたものの、四月二日に国鉄本社を訪れたときの取材が不十分だったため、国に買収されて横浜線になってからの時期に関してはわからない点が多すぎた。やむなく途中で原稿執筆を断念した。

代わりに沿線の取材を続けた。次の日曜日に当たる五月九日、もう一度原町田に向かった。田園都市線の沿線には決して見られない、歴史の年輪を感じさせる駅前の風景に魅かれるものがあったからだ。

横浜線は使わず、青葉台駅から原町田駅ゆきの神奈川中央交通バスに乗った。後ろ乗り前降りの整理券方式だったのが珍しかった。バスは横浜線の線路からはやや離れた成瀬街道を経由した。街道は鶴見川の支流、恩田川の谷に沿っていて、神社や木造の小学校や会館などが眺められた。成瀬の中心街もこの街道沿いにあった。計画的に整備された田園都市線の街並みとは対照的な、古くからある集落のように見えた。バス停の名称も、行政町名から消えた集落にちなんだものが多かった。横浜線の電車はかなり離れた高台を走っていて見えなかった。

原町田駅まで一時間近くもかかった。駅前の狭いバスロータリーの乗り場に車体を前向きのままバックする際、運転手とは別の職員が警笛を鳴らして誘導しないと所定の位置に駐車することができなかった。

原町田駅と小田急の町田駅の間を結んでいた「マラソン道路」の入口に当たる場所に、「大関そば」という看板がかかった立ち食いそば店があった。ちょうど昼時のせいか大勢の人垣ができていて、カツオの出汁のにおいが店の外にまで漂っていた。

マラソン道路を少し入ったところに、アーケード式の「仲見世商店街」があった。ここには北海道から空輸された黄色いちぢれ麺を使った本格的な札幌ラーメンの店があり、こちらも店の外に行列ができていた。ちなみにこの商店街はいまもあるが、ラーメン店があったところは大判焼きの店に代わっている。

ほかにも原町田には、馬肉を食べられる「柿島屋」や、乾物屋の「柾屋商店」など、「絹の道」の中継地点として栄えた歴史を感じさせる店がいくつもあった。その一方、小田急の町田駅まで歩いて行くと、黄色い外壁が目を引く小田急百貨店町田店の建設がかなり進んでいて、景観が大きく変わりつつあった。いよいよ私鉄資本が本格的に進出し、町田を小田急の完全な支配下に置こうとする気配を感じたものだ。

五月十日には、三月に所得税脱税で起訴された児玉誉士夫が、外為法違反で追起訴された。検察の捜査は少しずつではあったが着実に進んでいた。しかしロッキード社から児玉に贈られたとされる二十一億円あまりの行方が解明されることはついになかった。

五月十二日水曜日。春の遠足があった。二年生は箱根の芦ノ湖の西岸に沿う十二キロほどの遊歩道を歩くことになっていた。

当日の天気は晴れで、前年の秋の遠足とは異なり、予定通りに実施された。五台のバスは東名高速を経由し、御殿場インターで下りて長尾峠を越え、芦ノ湖北岸の桃源台に着いた。ここから五人ないし四人のグループに分かれ、途中で弁当を食べながら思い思いのペースで南岸の箱根町港まで歩くように言われていた。

私はＮくん、Ｋｉくん、Ｋｕくん、Ｉくんと一緒に歩いた。一年のときから親しかったＮくんに加えて、ほかの三人とも親しくなったのがこのころだった。幼稚舎の出身者はＩくんしかいなかった。

道はほぼ平坦ながら、舗装はされていなかった。木々の間から湖面が光って見え、対岸には箱根のシンボル、駒ヶ岳がそびえていた。観光客でにぎわうゴールデンウイークの直後だったうえ、一般に知られていないコースだったせいか、すれ違う人はいなかった。

ただ歩いているだけでは面白くないので、歩きながらしりとりをしようと誰かが言った。普通のしりとりとは違い、片仮名の長音で終わった場合、次の人は長音にしなければならないというルールをつくった。

Ｉくんが「カレンダー」と言った。次は私の番だった。「ダー」で始まり、かつ「ン」で終わらない外国語を考えなければならなかった。

いろいろ考えたがどうしても思いつかない。「もう降参だよ」と言ったら、Ｉくんが「ダービー」と答えた。ああそうかと思ったがあとの祭りだった。罰ゲームとしてＩくんのリュックを持たされた。

私を含む多くの中学生は十二キロほど歩いたところでへこたれはしなかった。箱根町港から乗った帰りのバスでは、肥満体質のＩくんがマイクを握って「ガッチャマン」のテーマソングの替え歌を披露した。それは「科学忍者隊」ならぬ「科学肥満体」と茶化す歌で、よくもまあこんな替え歌を思いつくものだと感心したが、当のＩくんは堪ったものではなかっただろう。Ｈくんは担任のＡ先生から大目玉を食らっていた。

教員にとって遠足は大変だったようだ。五月十二日に遠足が実施されたのは二年生だけではなかった。一年生は真鶴《まなづる》岬を歩き、三年生は同じ箱根の乙女峠に登った。教員の負担や疲れを考慮したせいか、翌十三日は学校が休みになった。

なんという僥倖だろうか。平日の水曜日に理科の実験をしなくて済んだばかりか、木曜日を自由に活用できることになったのである。母は半ば呆れ顔で「遠足の翌日が休みだなんて、まるで幼稚園みたいだね」と言ったが、もちろん休んでなどいられなかった。迷うことなく、また国鉄本社を訪れることにした。

四月二日の取材でわかったのは、異動があったせいか東京西鉄道管理局より東京南鉄道管理局の方が、親切な応対をしてくれることだった。『時刻表』を丁寧に解説してくれたあの職員を頼りに、もう一度「南」の電車課を訪れようと思った。

夏休みや春休みの期間中とは異なり、通常の中学校ならば授業があるはずのゴールデンウイーク明けの平日である。午前中から丸の内界隈をウロウロしていれば、それだけで怪しまれることは必定だった。これまで以上に慎重に行動しなければなるまい。

そう思いつつ東京駅丸の内北口の改札を抜け、国鉄本社旧館の入口に立った。そしてこれまでと同様、守衛の目をかいくぐって館内に入った。

春闘の季節が終わったせいか、バッジを付けている職員を目にすることはなかった。さらに身長が伸びたことで、見た目の子どもっぽさが和らいだことも幸いしていた。今日こそは前回積み残した質問を含め、一気に疑問を解決したい欲求に駆られていた。

前回と異なり、電車課の扉は閉まっていた。勇気を出して開けてみると、例の職員が座っていた。目が合うと、びっくりしたような表情でこう言った。

「あれ、学校はどうしたんだい。まさかここが学校ですなんて言わないだろうね」

「昨日が遠足で、臨時の休日になりましたので、また教えていただきたいことがあってうかがいました。正直言って、本物の学校よりもこちらに通う方がずっと面白い話が聞けると思っています」

「これは参ったね。ここは中学生が来るようなところじゃないんだけどなあ。そもそも遠足の翌日が休みになる中学校なんて、聞いたことがないよ。それで、今日はどういうことを知りたいのかね」

職員の目は笑っていた。その表情を見て安心した気分になり、長津田駅で磯子ゆきの電車を見たときに感じた疑問をぶつけてみた。

「前回言われた通り、長津田駅で連日横浜線の電車の最前部に注目してみました。運転台の左上に表示された番号が運用番号を意味しているのはよくわかりました。しかし気になることがあったのです。運用番号の真下に当たる運転台の窓の左上に、『東4』とか『カマ54』とかいった表示がありました。こちらは運用番号と違って板で固定されていましたが、あれは一体何を意味しているのでしょうか」

「ウム、そこまで気づいたとはたいしたものだ。あれは編成番号と言うんだよ」

「編成番号?」

「そうだ。『東4』は東神奈川電車区所属の第4編成、『カマ54』は蒲田電車区所属の第54編成という意味なんだ。これは運用番号と違って変わらない。横浜線の場合、所属が東神奈川と蒲田に分かれているうえ、１０３系と旧型の双方があり、両数も七両と四両があって複雑なんだけど、編成番号を見ればその電車がどちらの所属で、どういう編成になっているかが一発でわかるようになっているんだ」

「一体、横浜線の電車には蒲田電車区、東神奈川電車区それぞれ、第何編成から第何編成までであるのですか」

「ちょっと待ってね」

職員はさすがにこの質問にはすぐ答えられず、関係する書類を取り出した。

「ええと、蒲田電車区所属は『カマ51』から『カマ56』まで、つまり第51編成から第56編成までの六編成、東神奈川電車区所属は『東1』から『東4』までと『東11』から『東16』まで、つまり第1編成から第4編成までと第11編成から第16編成までの合わせて十編成と、『附11』から『附13』までの三編成がある。蒲田の全車両と東神奈川の『東1』から『東4』までは七両、『東11』から『東16』までは四両、『附11』から『附13』までは三両だ。七両編成の電車はすべて103系なのに対して、東神奈川所属の四両編成と三両編成の電車は旧型の72系や73系などだ」

この説明は一回聞いただけではよくわからなかった。浮かんできた疑問を順番に尋ねるしかなかった。

「蒲田の編成番号が51から始まっているのは、1から50までが京浜東北・根岸線の車両だからですか」

「いや、そうではない。確か京浜東北・根岸線の編成番号は、1から29までだったと思う。51から始まっているのは、間隔を空けることで区別しやすくするためだ」

「東神奈川の編成番号が『東４』から『東11』に飛んでいるのはなぜですか」

「それもまたわざと間隔を空けることで、１０１系と旧型の区別をしやすくするためだよ」

「へえ、知りませんでした。ところで『附』というのは何を意味しているのですか」

「横浜線の旧型は七両で走る場合と四両で走る場合がある。『附』の三両はいずれも七両で走る場合に四両に連結するわけで、単独では走れない。『東11』から『東16』までの四両に附属しているという意味で、『附』と名付けられているんだ」

「なるほど。いま自宅から学校まで横浜線で通っているのですが、長津田から毎日同じ時刻に出る電車に乗っています。運用番号は毎日同じですが、編成番号は毎日違います。同じ蒲田電車区所属でも、日によって何両目が水色で何両目が黄緑色の車両なのかが違うわけです。当然運用の予定表みたいなものがあって、それに従って電車を動かしているわけですよね」

「もちろんだよ」

「それはどこに行けばわかるんですか」

「電車区だ。東神奈川電車区が把握しているはずだよ」

――そうだったのか。この取材が終わったら、すぐに東神奈川電車区に行ってみよう。

「わかりました。１０３系と旧型の車両の配置両数がどう推移してきたかを知ることはできますか」

「それは文書課が管理しているはずだけれど、こちらでもわかるよ。ちょっと待ってね」

職員はまた別の書類を取り出した。

「横浜線の電化は、まず昭和七年に東神奈川—原町田間から始まり、これと同時に桜木町までの乗り入れも始まった。昭和十六年には八王子までの全線電化が完成している。車両の配置両数については、昭和二十年からのデータがあるよ。読み上げようか」

「ちょっと待ってください」

急いでノートを取り出し、メモの態勢をとった。

職員は昭和二十年、二十三年、二十六年、二十八年、二十九年、三十五年、三十七年、三十九年、四十一年、四十四年の両数を読み上げた。

「ここまではすべて旧型で、順調に増えてきている。昭和二十五年から六両運転が、二十七年から七両運転が始まっている。昭和四十七年十月二日、初めて103系が四両投入されるけど、旧型の両数はまだ増えている。その後は103系がどんどん投入される。それに伴い、昭和四十九年七月一日から旧型が減少に転じている」

職員はこう言って、現在までの具体的な両数を引き続き読み上げた。

「ありがとうございます。そうすると現在は、旧型が103系に置き換えられる過渡期といえるでしょうか」

「そうだね。山手線や京浜東北線で走っていた103系の中古車両が横浜線に投入される流れは、これからも続くんじゃないかな。いずれ旧型が全廃されて１０３系に統一される日も遠くはないだろうね」

「そのときには横浜線の電車もすべて七両になるんでしょうか」

「当然そうなるだろうね。各駅の乗車人員の増加を考えると、四両じゃもうもたないよ」

——ああ、そうだった。各駅の乗車人員の推移についても、訊いておかないといけなかった。

「乗車人員については旅客課の担当ですよね」

「そうだよ」

「『西』じゃなくて『南』の旅客課でもわかりますか」

「わかるはずだよ。これから行くんだったら、担当の職員に内線で連絡してあげるよ。そのほうがいきなり行くよりも都合がいいだろう」

もう「西」の旅客課には行きたくないと思っていたので、この職員の申し出はありがたかった。

「ありがとうございます。また何かわからないことがあったら、よろしくお願いします」

御礼を言って電車課を出た。時計を見ると、もう正午を回っていた。取材に夢中になっているせいか、あまり空腹感はなかった。

教えられた通りに歩いて行くと、旅客課の看板が掲げられた部屋があった。

一見その部屋は、「西」の旅客課とよく似ていた。あちこちからタバコの煙が濛々と上がっていた。持参した弁当を食べている職員もいた。

連絡がついていたのか、部屋に入ると一人の職員が立ち上がり、近づいてきた。

「熱心な中学生がいるという噂を耳にしていたけど、君だったんだね」

そんな噂が広がっているとは知らなかった。「南」と「西」は隣接しているから、「西」から伝わってきたのかもしれないと思った。

「はい。どうしてもここに来ないとわからないことがあまりにも多いものですから」

「確かに鉄道雑誌などでたまに情報が公開されるぐらいだからね。横浜線の各駅の乗車人員の推移が知りたいと、さっき電車課から電話で用件を伝え聞いたけど、それでいいのかい？」

「できれば根岸線に乗り入れている横浜から磯子までの各駅の分も含めてお願いします」

「わかった。昭和四十一年度から四十九年度までの乗車人員でよければここにあるよ。全部を書き写すのは面倒だろうから、コピーしてあげるよ」

「ありがとうございます」

職員がコピーした各駅のデータをじっくりと見た。最も乗車人員が多い駅は横浜で、首都圏でも新宿、池袋、東京、渋谷に次いで多く、二十八万人を超えていた。それに次ぐ駅が関内と八王子で五万五千人。これらの駅はおおむね増加傾向にあったが、桜木町のように昭和四十一年度には五万人を超えていたのが、四十九年度には三万人を切る駅もあった。

　前年に南武線の乗車人員を調べたときには、登戸、武蔵溝ノ口、武蔵小杉という私鉄との乗換駅が上位を占めていた。横浜線で乗車人員の多い駅は、東神奈川と八王子を除くとやはり私鉄との乗換駅である菊名と原町田だったが、それに次ぐ駅は田園都市線との乗換駅である長津田ではなく、隣の中山だった。乗車人員で見る限り、横浜市緑区の中心が田園都市線沿線ではなく中山にあるというのは間違っていなかった。

　意外だったのは、新横浜の乗車人員が七千五百人ほどしかなく、横浜線全体のなかでも五番目に少なかったことだ。乗車人員自体は増えているとはいえ、その増え方は駅付近に工場が相次いで進出した鴨居に比べると鈍かった。各駅停車のこだましか停まらなかった新横浜の使い勝手が良くないことは、乗車人員の少なさからも証明できるように感じられた。

「このデータを見ているだけでも、さまざまなことがわかりそうですね」

「そうだね。横浜駅の乗車人員が多いわりには、各駅の乗車人員は少ないね。新横浜がこれほど少ないとは意外だな。やはり単線の区間が多く残っていて、本数が少ないのが影響しているんだろう」

　混雑度や収支係数など、まだ訊きたいことがあったが、電車課の職員に教えられた東神奈川電車区に早く行きたい気持ちのほうが勝っていた。職員に御礼を言い、外に出た。時計の針はもう午後二時を回っていた。

まだ昼食をとっていなかった。しかし急がなければなるまい。足は自然と東京駅丸の内北口に向かっていた。自動券売機で切符を買い、京浜東北線の大船ゆきの電車に乗った。「南カマ」の電車だった。

東神奈川駅の改札を出て左手の階段を降りると、すぐに電車区の建物が見えた。前年に南武線の中原電車区を訪れたときの体験から、国鉄本社よりも敷居が低いことは見当がついていた。

例によって室内に入り、自らの身分を名乗った。たったいま「南」の電車課を訪れたばかりで、横浜線の車両の運用について教えていただきたいことがあると、来訪の理由を正直に説明した。

応対に出た職員が、びっくりしたような顔つきになって言った。

「電車課？　丸の内の？」

「はい、そうです」

「よく入れたね。そもそも今日は木曜日じゃない。学校はどうしたんだい」

「昨日が遠足だったので休みになりました」

「そうだったのか」

職員はわかったような、わからないような顔つきでこう言った。「そんな中学校があるのか」と追及されるかと思ったが、職員は話題を戻した。

「電車課というのは、確かダイヤグラムを作成している課だったな。車両の運用のことだったら、わざわざここまで来なくても、向こうで全部把握しているんじゃなかったっけ」

「向こう」という言い回しが新鮮に感じられた。電車区のような現業機関から見れば、ホワイトカラーのエリートが集まる丸の内の本社は、そのように映るのかもしれなかった。

「もちろんどの運用番号の電車がどういうルートをたどるかについては、電車課もちゃんと把握しています。しかし何月何日にどの運用番号の電車がどういう編成で走るか、つまり編成番号が何なのかについてまでは、電車区でないとわからないと言われました」

「ああ、そういうことか。そこまで知りたいと思ってやって来たのかい？」

「そうです」

「ウーン、さすがにそれをいきなり教えるわけにはいかないよ。その代わりにせっかく来たのだから、電車区を案内してあげよう」

電車区を見学したいという客が時々来るのだろう。職員は突然現れた一人の中学生のために、わざわざ時間をつくってくれた。もっとも蒲田電車区はもちろん、中原電車区に比べても小さいので、簡単に案内ができるというメリットもあるようだった。

京浜東北線の下り線ホームの横浜寄りに接して、屋根で覆われた車庫があり、六本の引き込み線が敷かれていた。これとは別に、同線の下り線ホームの東京寄りに接して、電留線が九本敷かれていた。こちらには屋根がなく、吹きさらしになっていた。

引き込み線には、旧型の茶色い車両が停まっていた。四両の電車と三両の電車があった。どちらも側面には「南ヒナ」と記されていた。

四両の電車の運転台に掲げられた編成番号は「東14」だった。各車両の側面下の中央部分には車両番号が記されている。103系ならば「102」ないし「103」のあとにハイフンが付き、そのあとに製造順位を示す一桁から三桁までの数字が並ぶのに対して、旧型にはハイフンがなく、五桁の数字が並んでいた。「東14」の車両番号は「73031」「78500」「72959」「79488」とあった。

一方、三両の電車の運転台に掲げられた編成番号は「附12」だった。こちらの車両番号は「73025」「73375」「79432」とあった。

南武線や青梅線の旧型車両にも同様の車両番号が記されていたが、そもそも車両番号についてきちんと考えてみたことがなかった。

「初歩的な質問で恐縮ですが、この五桁の数字は何を意味しているのでしょうか」

「旧型は103系と違うから、わからないのも無理はないよ。まず一番左の『7』は車長二十メートルの近・中距離用の車両のことだ。ここは全車両変わらないけど、左から二番目の数字は『2』『3』『8』『9』と四種類もある。『2』『3』は電動車のモハ、クモハを、『8』『9』は制御車ないし付随車のクハ、サハを意味している。そのあとの下三桁の数字は

１０３系のハイフンのあとと同様、製造順位を示している」

「へえ、そうなんですか。勉強になりました。『東4』も『附12』も、今日は出番がないんですか」

「そうだね。たまたま今日はそういう日だけど、もちろん違う編成番号の電車が入庫している日もある。交代で車両の点検や清掃をしているからね」

そのスケジュールを知りたいと思ったが、先ほどのやりとりからそれは難しそうだった。

旧型車両が入庫している引き込み線の案内が終わると、職員は東京寄りにある留置線へと私を案内した。すぐ隣に京浜急行電鉄本線の神奈川新町駅に付属する新町検車区があり、赤く塗られた電車が何本も停まっていた。

留置線には、黄緑色で統一された１０３系の七両編成の電車が二本停まっていた。どちらも「南ヒナ」という表示から、東神奈川電車区の所属だとわかった。

運転台の編成番号を見ると、「東2」と「東4」とあった。蒲田電車区の所属ではないから、「カマ」の代わりに「東」が表示されているのだ。

「この二本の電車も、今日は一日休みなのですか」

「いや、そうではないよ。今日の『東2』は運用番号が２３で、11時10分に東神奈川に着いてからこの留置線に入っている。ここでしばらく休んでいる間に点検や清掃を済ませ、東神奈川20時20分発小机ゆきとなって再び出て行く。それから『東4』は運用番号が２１で、8

時44分に東神奈川に着いている。橋本ゆきとなって東神奈川を発車する17時56分までの間、同じように留置線に入っているわけだよ」

職員の頭の中には、横浜線のダイヤとその日の運用が完璧に刻み込まれているようだった。

運用番号によっては、途中で長時間電車区に入ることがある電車もあるとは全く知らなかった。『時刻表』だけを見ていても、さすがにそこまでの情報を得ることはできなかった。

「もちろん電車区に入る電車も交代で、日によって違うんですよね。『時刻表』しか見ていなかったので、そもそもそういう電車があること自体を知りませんでした。蒲田電車区所属の103系も、同じように交代で休んでいるのですか」

「そうだよ。毎日どれかの電車が点検や清掃のため、蒲田に里帰りしている。うちの電車区だけじゃなく、横浜線の電車の運用がどうなっているかは蒲田電車区所属も含めてすべて把握している」

「ああ、そうだったんですか」

「どの運用番号の電車が何時何分から何時何分まで本線から外れ、電車区に入っているかは、もちろんうちで把握しているけど、電車課がつくっているダイヤグラムを見るだけでもある程度わかるはずだよ」

――ダイヤグラムか……。ダイヤを作る職員は「スジ屋」と呼ばれる。電車課のあの職員も、「スジ屋」の一人ではなかったか。しかしいくらなんでもダイヤを入手することはできないだろうな。

そんなことを考えていると、職員が笑みを浮かべながらこう言った。

「しかしあなたみたいに、毎日の車両の運用まで知りたいというお客さんは珍しいな。大体は電車の写真を間近で撮れるだけで満足してくれるんだけど」

面倒な質問をしたのでうんざりされたかと思いきや、そうではなかった。「お客さん」という言葉に、相手を下に見ない誠実さが感じられた。

「お忙しいところ案内していただき、ありがとうございました」

「慶應の中学生と言ったよね。若いのによく勉強してるね。答えられない質問もあると思うけど、また何かわからないことがあったら、いつでも来ていいよ」

職員は私に好感をもってくれたようだった。学校の勉強だけが勉強ではないとでも言いたかったのだろうか。これで再訪しやすくなったと思った。

たった一日の休みではあったが、東京南鉄道管理局と東神奈川電車区の双方を訪れたことで、横浜線の研究は大きく前進した。取材の成果をもとに、「なぜ横浜線が必要になったのか」「横浜鉄道の誕生」「国鉄横浜線の現在まで」の三章からなる第一部「沿革」を何とか書き上げた。

五月二十九日土曜日。早慶戦のためまた午後に神宮球場へ生徒たちが向かった。しかしあの昂揚感は一度味わうだけで十分と思い、参加しなかった。
それよりも気になることがあった。同日の『毎日新聞』朝刊に以下の記事が掲載されたのだ。

国鉄は二十八日、山陽新幹線の増発、「ひかり」の新横浜、静岡停車などを内容とするダイヤ改正（七月一日から）を発表した。（中略）
七月一日から、新横浜、静岡駅に初めて「ひかり」一往復が停車する。下りは東京七時三十八分発191号、上りは新大阪二十時十八分発190号で、この一往復の「ひかり」は京都、名古屋のほかに米原にも停車するため、東京―新大阪間の停車駅が五駅になり、所要時間は三時間二十四分。
新横浜、静岡を「ひかり」停車駅にしたのは、乗降客が多く新横浜が一日一万五千人、静岡が三万人もあるほか、両駅とも県庁所在地で地元が永年にわたって強く要望し続けたため、という。

七月一日から東海道新幹線の新横浜駅に、一往復ながら「ひかり」が初めて停車する。これは大きなニュースに違いなかった。

「南」の旅客課によると、新横浜の乗車人員は七千五百人ほどだった。これを単純に倍にして乗降客数にすれば、この記事の通り一万五千人となる。つまり七千五百人というのは、横浜線と新幹線の双方を合わせた乗車人員だったわけだ。単純に人口で比べれば静岡市より横浜市の方がはるかに多いのに、乗降客数で比較すると新横浜は静岡の半分しかないことも初めて知った。

「ひかり191号」と「ひかり190号」は、そんな現実を打破し、当時の新横浜で新幹線に乗り換えられる唯一の線だった横浜線の重要性が増す突破口になり得るのではないか。なぜなら横浜線を使えば、横浜、町田、相模原、八王子の各市民はもちろん、大田区の田園調布や目黒区の自由が丘のような東横線沿線の住民ですら、東京よりも新横浜で乗り降りするほうが便利になる可能性が出てきたからだ。第二章「現状」に「新幹線ひかり号の新横浜停車と横浜線」という新たな一節を加えようと思ったのは、この記事を読み、一つの確信が生まれたせいであった。

四月の取材で一九七九年四月の完成とされた小机―八王子間の複線化が、どこまで進んでいるのかも気になった。とりわけ新駅ができると教えられた三つの区間は、いまどうなっているのか。それを探るためには、ただ乗っているだけでは不十分だった。三月に相原―片倉間を歩いたように、実際に歩いてみるしかなかった。

気象庁が関東甲信地方の梅雨入りを発表した翌日の六月六日日曜日は晴れていた。理科のレポートを午前中に片づけ、午後に長津田―原町田間四・六キロを、線路の北側に沿って歩いた。南側には一九二一（大正十）年の陸軍特別大演習で皇太子裕仁が観閲した地に「皇太子殿下御野立之跡」という記念碑が建っていたのだが、その存在に気づくことはなかった。

東急の車両基地「長津田検車区」がある横浜市緑区と町田市にまたがる一帯では、「なすな原遺跡」と呼ばれる縄文時代の遺跡の発掘調査が行われていた。つまり長津田の辺りは、横浜鉄道が開通する明治時代よりはるか前の縄文時代から人が住んでいたことになる。この調査が終わるまで、検車区の建設は中断されたままになっていた。

どこまで歩いても線路は一本のままで、複線化の工事が始まる気配はなかった。線路の南側には戸建ての住宅がちらほら建っていたのに対し、北側には全く住宅がなかった。線路は高台に敷かれていて、土地はなだらかに下っていた。区画整理が行われていたので、近々宅地が造成されるのかもしれなかった。

バスで通った成瀬街道からはかなり離れていた。成瀬駅が建設されるのはどのあたりだろうと思いながら線路沿いを歩いてゆくと、やがて一面さら地になった殺風景な場所に立て看板を見つけた。

――成瀬駅前グリーンプラザ建設用地

電車からでも見えるよう、線路に向かって看板が立っていたにもかかわらず、気づかなかった。そもそも駅どころか、道路すらろくにできていないのだ。「グリーンプラザ」という名称から、ここに成瀬駅が開業した暁には、民間のマンションかショッピングセンターが建てられ、人の流れができるのかと思った。

なおも線路沿いを歩いてゆくと踏切があった。この踏切を渡り、線路の反対側に出たが、こちらには線路沿いの道がなく、一帯が森に覆われていた。やむなく大回りしてゆくと木造平屋建ての都営住宅が現れた。

都営町田第二十四住宅だった。ようやく原町田駅の徒歩圏内に入ったように感じられた。住宅の向こうに学校の校舎と校庭が見えた。電車から見える朝鮮学校に違いなかった。校門には漢字とハングルが併記された表札が掲げられていた。

――三多摩朝鮮第二初中級学校
これが正式名称だった。現在の西東京朝鮮第二幼初中級学校である。

三多摩が東京都の北多摩、南多摩、西多摩三郡を指すことは明らかだった。このうち北多摩郡と南多摩郡はすでに消滅していた。旧町田町は南多摩郡に属したが、第二ということは旧北多摩郡か西多摩郡に第一があるということだろうか。「朝鮮」は韓国ではなく、朝鮮民主主義人民共和国を指しているだろう。「初中級学校」が小学校と中学校を指していることもなんとなくわかった。

日曜日のため誰もいなかった。校庭のポールには、日の丸と違う旗がはためいていた。校舎の壁面に掲げられたハングルのスローガンは解読できなかった。

校庭の縁に沿って横浜線の線路が敷かれていた。その向こうは地形が落ち込んでいて、恩田川の谷を挟んで高ヶ坂団地が建つ丘陵地が眺められた。校舎の屋上から眺めたらさぞかし見晴らしがよいだろうと思った。

ここでどういう教育が行われているのか、皆目見当もつかなかった。しかし確実に言えるのは、自分と同じ年齢の中学生がここで学んでいるということだった。その中学生もまた、学校のすぐ目の前を走っている横浜線に乗っているかもしれないのだ。

町田に初めて朝鮮学校ができたのは一九四六（昭和二十一）年一月。現在の原町田に開設された「町田朝聯学院」であった。その後、「東京朝鮮第一二初級学校」「三多摩朝鮮第二初級学校」と校名を変更し、六八年には現在地に移転して「三多摩朝鮮第二初中級学校」となった。しかし当時、こうした歴史を知ることはなかった。

町田に朝鮮学校があることの意味について考えてみた。戦前・戦中に日本の植民地だった朝鮮半島から渡ってきて、何らかの労働に従事させられ、戦後も帰還できなかった朝鮮人の子どもたちが多かったのか。彼らは隣接する相模原の軍都建設にも駆り出されたのか。疑問は深まるばかりだった。

二週間後の六月二十日日曜日。曇天だったが雨は降らなかった。こんどは中山―長津田間四・四キロを歩くため、青葉台駅から市営バスに乗り、中山駅に向かった。

中山駅の上り線の線路端には、紫色の花菖蒲が咲いていた。そこから線路の北側に沿って歩いてゆくと視界が開け、恩田川に沿うようにして一面の田んぼが現れた。ちょうど田植えが終わったばかりの時期で、鮮やかな緑色の稲の苗が一列に並んでいる。観護寺という真言宗の寺があるだけで、住宅は見当たらなかった。梅雨らしい風景を見下ろすように、横浜線の八王子ゆき電車が上り勾配の線路をゆっくりと走ってゆくのが見えた。

長津田―原町田間とは異なり、線路端に道はなかった。しばらく恩田川沿いを進み、農道を歩いて十日市場駅が建設されそうな辺りにたどり着いた。成瀬とは異なり、それらしき目印がなく、区画整理も行われていないからどこに駅ができるのかもわからなかった。複線化の工事もまだ着手されていなかった。

なぜ何もないところに駅をつくるのかと思ったが、線路の南側に当たる一帯に十日市場団地（現・十日市場ヒルタウン）があった。一九五九年から六四年にかけて建てられた市営住宅であった。これほど大規模な市営住宅は田園都市線沿線にはなかった。十日市場駅は、もっぱらこの団地住民のための駅として開設されるのだろうと予測した。

横浜線の線路の近辺には、同じ団地でも自分が住んでいるような公団住宅は少なく、公社住宅や都営住宅や市営住宅が多いことに気づいた。そうした団地住民もまた、朝鮮学校の児童や生徒と同様、横浜線の電車に同乗している可能性が小さくないということだ。

成瀬駅も十日市場駅もまだ着工されておらず、複線化の工事も進んでいないことが確認できたので、中間に古淵駅ができると教えられた原町田―淵野辺間を歩くのはやめることにした。天気が安定しない梅雨どきに横浜線の区間で最も長い五・九キロを歩くのは、さすがにはばかられた。おそらく古淵駅も着工されていないだろう。貴重な日曜日を無駄にしたくないという思いもあった。

六月に入り、政界に大きな動きがあった。『毎日新聞』六月十四日朝刊は、「自民の河野洋平グループ６人　離党し新党結成へ」という見出しを掲げ、ほぼ一面全部を費やしてその動きを伝えた。

河野洋平氏ら自民党所属の衆参両院議員六人は、近く同党を離脱、河野氏を党首として新党結成に踏み切る決意を固めた。河野氏らの行動は、かつてない危機に直面した保守体制の立て直しをはかり、政治不信の深刻化に対応するためには、若手議員を中心に新たな理念と政策を掲げた新政党に結集する以外道はない、との切迫感から出発しているといわれる。「河野新党」が発足すれば、〔昭和〕三十年十一月の保守合同以来、二十年余にわたった単一保守時代にピリオドを打つことになる。またロッキード事件をきっかけに、政界が激しい動揺を続けているさなか、突然、表面化した集団脱党、保守新党への動きは、三木内閣退陣をめぐる政争で混乱しきっている自民党に強烈な衝撃を与えると同時に、数年来、保革両陣営の底流で強まりつつあった政界再編成の突破口をつくることになろう。

二月のロッキード事件発覚によって露呈した自民党の金権体質に強く反発した若手議員が、ついに離党して新党を結成すると言うのである。

この「六人」とは、衆議院の河野洋平のほか、同院の田川誠一、西岡武夫、山口敏夫、小林正巳と、参議院の有田一壽《かずひさ》を指していた。彼らは六月二十五日、「保守政治の刷新」を掲げて新党「新自由クラブ」を結成した。NHKのニュースでは、自民党本部に離党届を提出したあとに声明を読み上げる三十九歳の河野の若々しい姿が映し出された。河野が神奈川五区、田川が神奈川二区の選出議員だったように、この新党は神奈川県を有力な地盤として政界に旋風を巻き起こしてゆく。

六月二十二日には、丸紅の大久保利春前専務が偽証罪で逮捕された。当時の報道では逮捕された段階で呼び捨てになったから、「大久保氏」は「大久保」になった。だがこれは一連の逮捕の前触れにすぎなかった。七月になると、ロッキード事件はいよいよ最大のヤマ場を迎えることになる。

8 「横浜線電車列車ダイヤ」と「車両運用検査清掃予定表」

一九七六（昭和五十一）年七月一日、東海道新幹線のダイヤが改正された。それまで途中、米原に停まる一部を除いて名古屋と京都にしか停まらなかった「ひかり」の一往復が、初めて米原に加えて新横浜と静岡にも停まるようになった。

前節で触れたように、このニュースには並々ならぬ関心をもっていた。下りの「ひかり191号」が新横浜に着く時刻は7時55分だった。いつも乗る横浜線の電車の二本前に当たる長津田7時25分発の624電車に乗れば新横浜に7時43分に着き、一番列車の到着を迎えることができた。

早起きをして長津田から624電車に乗り、新横浜で降りた。定期券では新幹線のホームに入れなかったため、いったん改札の外に出て入場券を買った。

すでに下りホームの小田原寄りは、関係者で埋め尽くされていた。待つほどもなく「0

系」と呼ばれる団子鼻の十六両編成の電車が到着した。側面には「ひかり　新大阪」の方向幕が掲げられていた。いつもなら3番線を高速で通過するはずの「ひかり」がスピードを緩め、4番線に停車する瞬間を見守った。
この日を待っていたかのように、名古屋や大阪に向かうとおぼしきビジネス客が乗り込んだが、降りてくる客はいなかった。横浜支局の記者たちも取材に来ていたのだろう。『毎日新聞』夕刊には、「やっとかなった「ひかり」停車」と題する記事が掲げられた。

新幹線「ひかり号」ようこそ横浜へ――これまで「こだま」だけしか停車しなかった新横浜駅（鈴木豪駅長）に一日のダイヤ改正から上下各一本の「ひかり」が止まるようになった。その一番列車の下り新大阪行き「ひかり191号」が定刻通り午前七時五十五分、地元関係者二百余人の盛大な歓迎を受けて停車した。ホームではあでやかな和服姿のミス横浜らが出迎えた。

私が立っていた場所からは「ミス横浜」の姿を確認できなかった。しかし前方から拍手が聞こえてきたから、わずかな停車のあいだに花束か何かを乗務員に渡したのかもしれなかった。
「ひかり」の出発を見届けるや横浜線のホームに戻り、新横浜8時11分発の708電車に乗った。いつもと変わらない電車だったから、通学に支障をきたすこともなかった。教室では「ひかり」が初めて新横浜に停まったのを見た興奮を誰かに伝えたかったけれど、話が通じそうにないから黙っていた。

帰宅してから、第二部「現状」に入れるつもりの章「新幹線ひかり号の新横浜停車と横浜線」の原稿を書きたくなった。コクヨの原稿用紙を横書きにし、愛用の万年筆を使って書き始めた。

7月1日のダイヤ改正で、名古屋・京都のほか、新横浜・静岡・米原にも停車する東京7：38分発下り新大阪行、新大阪20：18分発上り東京行の上下一本ずつのひかり190・191号が誕生した。従来からの横浜市民の強い要望がついに実現したもので、本当に喜ばしい。これは、新横浜と横浜中心部とを直結する横浜線の役割がますます増大しつつあることを示している。東神奈川―八王子間の複線化が完了し、この区間の電車速度のスピードアップや磯子乗入れ電車の増発が実現したときには、この新横浜停車のひかりも増発されるであろう。このようになれば、横浜市民だけでなく、東急沿線の川崎市民はもちろん、東京都民（大田区、世田谷区、目黒区）もその恩恵を受けることになり、その影響の及ぼすところはきわめて大である。

原文通りである。ここまでを一気に書いたのだが、最後の一文の具体的証拠を挙げようとして断念した。翌二日から六日まで定期試験があり、その準備をする必要があったからだ。

このとき、学校から強制される勉強と、誰からも強制されず自ら進んでのめり込む研究とは、全く別物だということに今更ながら気づいた。どちらか一方を取れと言われたら、間違いなく研究のほうを取るだろう。しかし目の前の現実から逃れられないのが口惜しかった。定期試験の最中も、一刻も早く横浜線の研究を再開したいという気持ちを抑えることができなかった。

定期試験が終わった翌日の七月七日水曜日は休みだった。試験勉強から解放されたからには、もう迷うことはなかった。私の足は、自然と丸の内の国鉄本社へと向かっていた。

今回は順番を変え、まず東京南鉄道管理局の旅客課を訪れようと思った。前回の訪問で訊けなかった横浜線の混雑度や収支係数について、それらの推移を含めて質問する必要があったからだ。

混雑度というのは一〇〇%が定員乗車、すなわち座席やつり革やドア付近の手すりが客でふさがっている状態を意味する。一五〇%が立っている客の肩が触れ合う程度の状態、二〇〇%が立っている客の身体が触れ合い相当な圧迫感がある状態、そして二五〇%が全く身動きできず、手も動かせない状態を意味する。

収支係数というのは営業係数とも言い、百円の営業収入を得るのにどれだけの営業費用を要するかを表す指数を意味する。一〇〇を下回れば黒字で、数が小さければ小さいほど儲かっていることになる。逆に一〇〇を超えれば赤字で、数が大きければ大きいほど損失がふくらむことになる。

守衛の目をかいくぐり、「南」の旅客課を目指した。部屋に入ると、幸いにも前回対応してくれた職員が煙草を吸っていた。目が合った瞬間、びっくりしたような顔つきになった。
「おや、また来たのかい。今日も学校は休みなの？　休みが多くてうらやましいなあ。それにしても熱心だねえ。今日は何を知りたくて来たんだい」

周りの職員も私の方を見ていた。どうやらすっかり知れ渡っているようだった。

部屋の隅に仕切りがあり、応接間のようになっていた。度重なるストなどで評判が悪くなる一方の国鉄にこれほど関心をもっている中学生がいるのがよほどうれしかったのか、職員は自分の仕事もそっちのけにして、私をここに通した。それを見たアルバイトらしき女性が、お茶を二人分運んできた。これまでとは明らかに対応が違っていた。一人の中学生をあたかも賓客のように扱う職員の態度にいたく恐縮した。
「お忙しいところ、ありがとうございます。今回は横浜線の混雑度と収支係数の推移について教えていただきたく思います」
「ほう。混雑度と収支係数ねえ。混雑度はピークの三十分と一日の平均のデータがあるけど、どっちも知りたいということ？」

「はい。できれば乗り入れている根岸線の東神奈川─磯子間も含むいくつかの区間の混雑度の推移がわかると、ありがたいです」

「ちょっと待ってね」

職員は自分の席にいったん戻り、関係する書類を探し出して持ってきた。

「根岸線の桜木町─関内間と、横浜線の菊名─新横浜間、原町田─淵野辺間、相原─八王子間の昭和四十五年度から五十年度までのデータならここにあるから、書き写していいよ」

「ありがとうございます」

鞄からルーズリーフのノートを取り出し、必死にメモした。このデータを見ているだけでも、興味深い事実が浮かび上がってきた。

「ピーク三十分の混雑度を見てみると、昭和四十五年度は桜木町─関内間が三〇〇％を超えていて一番高かったのに、昭和五十年度は一六四％と半減し、逆に一番低くなっているのはなぜでしょうか」

「昭和四十八年度に大幅に緩和されているのを見ると、この年の四月に根岸線が洋光台から大船まで延伸されたからじゃないかな。混雑する上りを避けて下りに乗り、終点の大船で東海道線や横須賀線に乗り換える客が増えたせいだと思う」

「なるほど。横浜線のピーク三十分の最混雑区間は年によって変わるのに、終日の混雑度は一貫して原町田―淵野辺間が一番高いというのも意外でした」

「原町田と八王子の間は都心に出られる国鉄や私鉄との乗換駅がないから、原町田か八王子に向かうしかない。八王子に近い駅よりも原町田に近い駅のほうが乗車人員が多いから、そうなるんだろうね」

「昭和五十年度の新横浜―菊名間のピーク三十分の混雑度は横浜線で一番高く、二三〇％もあります。毎朝通学でこの区間に乗っていますから、この数字は納得できます。通勤や通学のため、菊名で東横線に乗り換える客が多いせいでしょうか」

「そうだね。新横浜で新幹線から乗り換える客が多いせいではないだろう。しかし将来、新横浜がもう少し便利になれば、この区間の混雑度がもっと上がる可能性もあると思うよ」

「ありがとうございます。次に収支係数についておうかがいします。ここ数年の収支係数の推移を、横浜線のほか南武線、中央線、山手線も含めて教えていただけませんでしょうか」

　職員はまた自分の席に戻り、別の書類を持ってきた。

「昭和四十一年度から五十年度までのデータがあるから、また読み上げようか」

「お願いします」

　メモをとっているうちに、教室で先生が話す重要なポイントをノートに書き写しているときの感覚がよみがえってきた。しかしいま、生徒は一人しかいない。まるで家庭教師に教わっているようなものではないか。授業料を払っていないにもかかわらず、最高に贅沢な授業を受けているような気がしてきた。

四つの線のうち、一貫して一〇〇を下回っているのは山手線だけだった。中央線は昭和四十一年度に、南武線は昭和四十五年度にそれぞれ一度だけ黒字になったが、それ以外は赤字が続いている。

中央線は国電区間に当たる東京─高尾間に限ればずっと黒字だろう。中央東線と西線を合わせた東京─塩尻─名古屋間の収支係数を公表しているから、ほぼ毎年赤字になるのだ。

横浜線はずっと赤字で、昭和四十一年度から四十八年度までは一一〇前後で推移したが、四十九年度になって一三八まで上がっている。それでも国鉄全体の順位でいえば、昭和四十七年度と四十八年度に九位に入り、それ以外の年度も十位台を維持しているのがわかった。

「あれだけ混んでいるのにずっと赤字とは驚きました。山手線はずっと黒字ですが、国鉄全体で黒字線はどれだけあるのでしょうか」

「新幹線、山手線、高崎線の三つしかない。あとは全部赤字。近々大幅な運賃の値上げが予定されているけど、そうしないことには立ち行かないところまで来ていると思う。いや、たとえ運賃を値上げしても、もう手遅れかもしれない」

職員は神妙な顔つきでこう言った。「手遅れ」というのはどういうことだろうか。

「横浜線が黒字になる見込みはないのですか」

「現状ではかなり難しいね。沿線各市の人口は着実に増えているし、横浜に通勤する客もいるわけだから、全線複線化が完成して輸送力が増強されれば、黒字になる可能性もないとはいえない。とにかくラッシュ時でも一部の複線区間を除いて一時間に四本しか電車を走らせられないようでは、どうしようもないよ。ほかの線に客が流れるのを、ただじっと傍観しているようなものだ」

英語のN先生が普通部への通勤の際、横浜線でなく南武線を利用していると言っていたのが思い出された。あの古色蒼然とした、小田急との乗り換えも不便な原町田駅のホームや駅舎に、横浜線の現在が象徴されているように思われてならなかった。

贅沢な個人授業を終わらせるべき時間が迫っていた。

「ありがとうございました。おかげさまで知りたいと思っていたことがほぼわかりました。これからまた電車課に立ち寄ろうと思います」

「ダイヤのことを知りたいんだね。いまからそちらに行くなら連絡しておくよ」

職員に御礼を言い、「南」の電車課に向かった。例の職員が笑顔で迎えてくれた。さすがに三回目ともなると、怪しまれるどころか、互いに親しみの感情が湧いてくるのがわかった。

「いま旅客課から連絡を受けて驚いたよ。本当に学校に通っているのかい？」

「ええ。定期試験の翌日で休みになったものですから、どうしても教えていただきたいことがあり、またやってまいりました」

「ふむ。で、今日は何を知りたいのかね」

「前回の訪問の直後、教えていただいた東神奈川電車区に行きました。確かに電車区では、蒲田電車区の車両を含めて、横浜線の全車両が日々どう運用されているかを完璧に把握していました。しかし電車課が作成しているダイヤグラムを見れば、『時刻表』だけではわからない車両の運用がわかると言われたのです」

「ほう。それで今度はダイヤを見たいと言いたいわけだね」

図星だった。黙ってうなずくしかなかった。

「ちょっとこちらに来なさい」

電車課にも旅客課と同じように、部屋の隅に仕切られた応接間があった。職員が私をそこに案内したところまでは先ほどと似ていたが、電車課に女性の姿はなく、お茶も出なかった。

職員が横に細長く伸びた一枚の紙を持ってきた。表紙にはこう記されていた。

――№37　横浜線電車列車ダイヤ　昭和50年3月10日改正
「これはこの三月に作成した横浜線のダイヤグラムだ。東京南鉄道管理局と東京西鉄道管理局が共同で作成したことになっているけど、実質的に作ったのは僕なんだよ。よく見てごらん」

やはりこの人がスジ屋だったのだ。突然、目にしたこともない超一級資料を見せられ、胸の高まりを抑えることができなくなった。

縦軸の左端には根岸線への乗り入れ区間を含む磯子から八王子までの駅名が記されているが、磯子だけが欄外に記され、あとは駅名が記された欄の下線がずっと横に延びていた。欄の縦の幅は均等ではなく、駅間距離に比例していた。距離が長いほど幅も広くなり、距離が短いほど幅も狭くなっている。石川町や関内や矢部の文字が窮屈なのに対し、長津田や原町田や淵野辺の文字がゆったりしているのはこのためだった。

横軸には欄外に「4」から「24」までの数字と、それに続く「1」から「4」までの数字が左から右へ順に記されていた。これが二十四時制の「時」を指すのはすぐにわかった。各数字の下に太い縦線が引かれ、二本の太い縦線の間に等間隔で引かれている五本の細い縦線が十分ごとの目盛りを示しているのもわかった。二本の細い縦線の間には、五分ごとの目盛りを示すさらに細い縦線が一本と、一分ごとの目盛りを示す縦の点線が八本引かれていた。縦軸に物理的な距離が、横軸に一日の時間が表されているのである。

この縦軸と横軸に沿うようにして、左下から右上へ、また左上から右下へと、「スジ」と呼ばれる無数の斜線が引かれていた。電車の速度は斜線の傾きによって示された。傾きの度合いが大きいほど速く、小さいほど遅いことを意味した。

それぞれの斜線には二桁の番号が記されていた。これが運用番号を指しているのもわかった。

左下から右上へと向かう斜線は上り電車の運行ルート、左上から右下へと向かう斜線は下り電車の運行ルートに相当した。双方の斜線は磯子―小机間では駅と駅の間で交差するが、小机―八王子間では矢部を除く駅でしか交差していない。小机―八王子間が単線で、上りと下りがともに停車できる駅でしか行き違いができないためだった。

4時台にまず橋本から東神奈川に向かって運用番号０６の斜線が引かれている。これが初電だった。7時台から8時台にかけて交差する斜線が複線区間の東神奈川―小机間で特に多くなっているのは、それだけ電車の本数が多いことを意味していた。

22時台以降は交差する斜線がしだいに少なくなり、最後は24時台に東神奈川から橋本に向かって運用番号２７の斜線が引かれている。これが終電で、1時台以降は斜線が一本も引かれていなかった。

おそらく夢中になって眺めていたのだろう。職員がこう声をかけた。

「そんなに面白いかい？」

「はい。時刻表だけではわからないことも、これをじっくり見ているとわかってくるようです。それぞれの斜線の最初に記された○印は出庫を、最後に記された△印は入庫を示しているんですよね。運用番号によっては、東神奈川でいったん電車区に入庫し、時間をおいてからまた出庫してくる電車もある。前回東神奈川電車区を訪れたときに留置線に停まっている電車がありましたが、まさにそういう電車の一つだったんですね」

「その通りだ。『時刻表』だけだと、電車区に入っているかどうかははっきりしないからね」

「あとよく見ると、三桁や四桁の運用番号が記された斜線がありますね。これはひょっとして、貨物列車でしょうか」

「よくわかったね」

「そうすると、貨物列車がどの駅で停まっているかとか、どの駅で一般の電車と行き違いをしているかというのもわかるわけですね。そもそも『時刻表』には貨物列車のダイヤが記されていないので、全くわかりませんでした」

「確かにそうだ。淵野辺と長津田で貨物列車が長時間停まっているのが目を引くね。これは米軍の施設と東急田園都市線が関係しているんじゃないかな。淵野辺からは相模補給廠とつながる引き込み線が延びていたし、東急の車両は長津田から出し入れしているはずだよ」

　全く考えたこともなかった事実が、目の前で次々に明らかになってゆく。こうした興奮は、一年前に南武線と青梅線を調べたときには味わうことがなかった。そもそもダイヤを見せてもらえるなどとは、想像すらできなかったのだから。

　無数の斜線が交差するダイヤグラムには、ただ数字が羅列されているだけの『時刻表』にない芸術的美しさがあった。飽きもせずうっとりと眺めている私の表情を見てとった職員がこう言った。

「君の熱心さには負けたよ。ダイヤ自体はほかにもあるから、これを持って行っていいよ」

「本当ですか？」

「部外秘なんだが、横浜線の研究のためには必要な資料なんだろう？」

「ありがとうございます」

三月から通い続けたかいがあったと思った。大切に鞄に入れた。労作展が終わったら、必ず作品を見せに再訪しようと思った。


「横浜線電車列車ダイヤ」を入手できたのは思わぬ収穫だったが、これだけではまだ十分でなかった。実際に何月何日にどの列車番号の電車がどの運用番号にしたがって走るのかが明確でなかったからだ。それを知るためには、もう一度東神奈川電車区を訪れる必要があった。

東京駅構内の食堂で急いで昼食を済ませ、また京浜東北線に乗って東神奈川に向かった。幸いにも電車区では、前回対応してくれた職員がいた。職員はいくぶん背が伸びた私の顔を覚えていた。

「おや、また来たのか。学校は今日も休みなのか。いい学校に通ってるねえ」

ここでもまた皮肉を言われた。しかし嫌がっているようには見えなかった。

「はい。実は今日も東京南鉄道管理局の電車課を訪れていました。それで横浜線のダイヤを頂きました」

鞄のなかからもらったばかりのダイヤグラムを取り出して見せた。部外秘の資料を見せるのはどうかとも思ったが、私なりのもくろみがあった。

職員の表情が変わったように見えた。

「ダイヤじゃないか。向こうでずいぶんと信頼されたものだねえ。そうじゃないとうっかり渡せるはずがないよ、これは……」

職員は相変わらず「向こう」と言った。

「それで今日の目的は何なんだい？」

「ダイヤグラムだけでは、南ヒナにせよ南カマにせよ、実際にどの編成番号の電車が何月何日にどういう運用番号で走っているのかがわかりません。それをどうしても知りたくてうかがいました」

「まあそんなことだろうと思ったよ。君が欲しいと思っている資料は、たぶんこれだろう」

職員は書棚に置かれたバインダーから一枚の横長の紙を取り出し、私に見せた。細かいマス目にぎっしりと数字が書かれた横書きの資料だった。一番上にはこう記されていた。

——S51—8　車両運用検査清掃予定表

このタイトルだけではよくわからなかった。

「これは一体何ですか」

「読んで字のごとくだよ。来月に予定されている横浜線の全車両の運用と検査や清掃のスケジュールを一覧表にして示したものだ」

表の左端には編成番号として、「カマ51」から「カマ56」まで、「東1」から「東4」まで、「東11」から「東16」まで、「附11」から「附13」までが、上から下へと順に記されていた。各編成番号の右側には、各電車の車両番号が記されていた。番号が七つ並ぶ「カマ51」から「カマ56」までと「東1」から「東4」までは七両編成、番号が四つ並ぶ「東1」から「東4」までは四両編成、番号が三つ並ぶ「附11」から「附13」までは三両編成であることを意味した。

「カマ」は蒲田電車区所属、「東」と「附」は東神奈川電車区所属の車両だった。横浜線の全車両の編成番号が、この表に記されていた。

表の上端には「1」から「31」までの数字と、「日」から「土」までの曜日が、左から右に向かって記されていた。八月の日にちと曜日が、一日から三十一日まで順番に並んでいるのだ。

編成番号と日にちが交差するところが小さなマス目になっていて、そこに数字が書き込まれていた。例えば「カマ51」の一日から七日までの数字はこうだった。

一日　日　01　81A

二日	月	１１	
三日	火	０１	８１Ａ
四日	水	０３	
五日	木	０５	
六日	金	０７	０７
七日	土	０９	０９

これらの数字は、一体何を意味するのか。すべて奇数だが、法則性はまるでない。だが「０１」から「１１」までの奇数はすべてそろっている。

突如としてひらめくものがあった。

――下りの運用番号ではないか！

毎朝乗る長津田7時50分発の上り東神奈川ゆき電車は蒲田電車区所属で、運用番号は「０８」だった。上りだから偶数になる。この電車が東神奈川で折り返して下りになると「０９」に変わる。八月七日に記された「０９」はこの「０９」ではないか。

職員に尋ねてみた。

「マス目に記された数字は下りの運用番号でしょうか」

「そうだよ」

やっぱりそうかと思った。けれども、まだまだわからないことがあった。

「07や09のように、同じ番号が二つ記されているのは、何を意味しているのでしょうか」

「一度ダイヤから外れて留置線に入り、しばらく間をおいてまた復帰するという意味だよ」

「なるほど。ダイヤグラムと『時刻表』を照らし合わせれば、何時何分から何時何分まで外れているかがわかりますね。01と同じマス目に記された81Aというのは、どういう意味でしょうか」

「京浜東北線を経由して蒲田電車区に回送されることを意味している。よく見てごらん。一日と三日はカマ51、二日はカマ54、四日はカマ56、五日はカマ55、六日はカマ53、七日はカマ52という具合に、毎日いずれかの車両が蒲田に里帰りし、検査を受けたり清掃されたりしている」

「同じことは東神奈川電車区所属の車両についても当てはまるのでしょうか」

「もちろんだよ。マス目にSと記されているだろう。これが電車区での検査や清掃に当たるんだ」

「同じ東神奈川電車区所属でも、103系と違って旧型の車両の運用番号は33から43へ、あるいは逆に43から33へという具合に、一日のうちに変わる場合があるんですね」

「そうだよ。旧型の場合、東神奈川で折り返すときやいったん電車区に入ったときに運用番号が変わる。『時刻表』だけだとわからないけど、君が持っているダイヤグラムを見ればどうなっているかがわかるはずだよ」

――いやはや、大変な資料が出てきたものだ。

電車課で「横浜線電車列車ダイヤ」を入手したときも興奮したが、それ以上にすごい内部資料ではないかと思った。ダイヤだけではわからない毎日の運行に関する細かい情報が、この表にすべて記されていたからだ。

「これを頂けるのでしょうか」

「いいよ。君の個人研究に役立つんだったら持って行きなさい」

「ありがとうございます」

あえてダイヤグラムを見せたのは、自分が「向こう」で信頼されていることを示すためだった。その策略が見事に当たったのだ。

よほど目を輝かせていたのだろう。職員はさらに親切な提案をしてくれた。

「そんなに横浜線に興味があるのだったら、もう使わなくなった旧型車両の行先表示板があるから、持って行くかい？」

「タダでですか？」

「もちろんだよ」

旧型から103系への置き換えが進んだことで、要らなくなった行先表示板が電車区に保管されているようだった。これまでもデパートで時々国鉄部品の即売会が開かれることがあり、鉄道好きの父が「サボ」と呼ばれる側面の行先表示板を買ってくることがあった。

しかし側面ではなく、運転台のある車両（クハ、クモハ）の前面に掲げられた行先表示板を入手したことはなかった。それをタダでくれると言うのだ。

職員に案内された物置小屋には、「桜木町」「小机」「東神奈川⇕原町田」「八王子」などと記された行先表示板がいくつもあった。とても全部は持って行けないので、「八王子」と記された表示板だけを頂くことにした。「八王子」の裏には「東神奈川」と記されていた。

「さすがにこれを持ったまま電車に乗ると車内で目立つだろうから、包んであげよう」

職員は余っていた段ボールで表示板をはさみ、ガムテープで止めて見えなくするとともに、表示板の上部の穴にヒモを通して持ちやすくしてくれた。

「いろいろご親切にありがとうございました。おかげさまでモヤモヤが一気に晴れました。おまけにこんなおみやげまで頂いてしまい、感無量です」

「研究が少しでも進展することを祈っているよ。またわからないことがあったら、いつでも来なさい」

おそらく丸の内への対抗意識もあったのだろう。これほど厚遇されるとは思ってもみなかった。作品が完成したら、ここにも訪れなくてはなるまい。

わずか一日で、大変な収穫を得た。混雑度、収支係数、「横浜線電車列車ダイヤ」、「車両運用検査清掃予定表」。どれもこれも、前年の南武線と青梅線を調べたときにはわからなかったし、入手できなかった。粘り強い取材が貴重な資料の入手を可能にしたのだ。まるで大物を釣り上げた漁師のような気分で帰宅の途についた。

続いて帰宅した父は、電車区でもらった行先表示板を見て喜んだ。しかし父の目の色が変わったのは、「横浜線電車列車ダイヤ」を見せたときだった。

「国鉄本社でこれをもらったのか？」

「そうだよ」

「よくこんなすごい資料をもらえたな」

父のほうが明らかに興奮していた。学校の勉強については何も口出ししなかったが、息子が労作展で何をやろうとしているかは気にしていた。

「実はもう一つ、東神奈川電車区で資料をもらった」

こう言って「車両運用検査清掃予定表」を見せた。

「ダイヤの運用番号と予定表のマス目にある運用番号が一致している。『時刻表』にも運用番号が記されているから、三つの資料を突き合わせることで、日にちごとの電車の運用を正確に知ることができるんだ」

「ウーン」

父が感嘆したような声を上げた。収穫の成果を身近にわかってくれる人がいるのはありがたかった。というか、そもそもこの父がいなければ、私が鉄道好きにならなかったことだけは確かだった。

しばらく「ダイヤ」と「予定表」を見比べていた父は、ふと思いついたようにこう言った。

「いいアイデアがあるぞ。色鉛筆で運用番号を色分けするんだ。その場合、蒲田の１０３系は赤系統、東神奈川の１０３系は緑系統、東神奈川の旧型は青系統という具合に分けておくと、細かな違いとおおまかな違いのどちらもわかって都合がいいだろう」

「ああ、そうか。なるほど」

「ついでに『予定表』に示された横浜線の車両も、１０３系の水色の車両は水色の、黄緑色の車両は黄緑色の、旧型の茶色の車両は茶色の色鉛筆で車両番号ごとに色分けするとわかりやすくなる」

父はポリオウイルスの研究者だった。こういうアイデアを思いついたのは、研究者としてのパトスを刺激したからかもしれなかった。

直ちに作業にとりかかりたいところだったが、授業や部活動がある上、七月十二日から林間学校を控えていた。二年の林間学校は、四泊五日で長野県の志賀高原に行くことになっていた。

一年の林間学校と同様、スケジュールはすべて教員が計画した。我々生徒は、それにただ従うだけだった。硫黄のにおいが立ち込める温泉旅館に泊まりつつ、周辺をハイキングするというスケジュール自体が、一年の林間学校の焼き直しにしか見えなかった。部屋割りで誰と一緒になるか、三日目のハイキングで北アルプスを一望できる横手山と、猿が温泉に浸かっている地獄谷のどちらに行くかを選ぶくらいしか生徒の希望が反映されない点も、一年の林間学校とそっくりだった。

しかしこのころにはもう、大した計画も立てず、早慶戦を除けばなんとなく集団で行動するのをよしとする慶應のカルチャーにすっかり慣れてしまっていた。その分、生徒どうしで計画を話し合うなどの余計な時間を割かれず、労作展の研究に力を注ぐことができているのだから、かえってありがたかった。

七月十二日には全体のスケジュールをろくに把握しないまま、集合場所に指定された上野駅に行き、特急「あさま」に乗って長野に向かった。途中、軽井沢を通ったが、軽井沢に別荘がある生徒にとっては乗り慣れたルートだったに違いない。

長野駅でバスに乗り換えると、途中善光寺を見学した。本堂の奥にある「お戒壇巡り」では、漆黒の闇に覆われた回廊を進んでゆくと「極楽の錠前」と呼ばれる鍵に触れることができた。そのあと湯田中を経て、志賀高原で最も古い温泉ホテルとされる発哺《ほっぽ》温泉の「発哺国際ホテル天狗の湯」（現在は廃業）に向かった。

志賀高原を訪れたことはなかった。旅館は標高一六〇〇メートルの山麓にあり、気温は二十度もなく肌寒いくらいだった。善光寺では東京と同じ格好でよかったのに、慌てて服を重ね着した。

イワツバメが軒先のあちこちで巣をつくっていた。こんな高原地帯でも巣をつくるのかと驚いた。前年の林間学校で泊まった「南間ホテル」とは対照的な、野性味あふれる外観に目を奪われた。

現上皇が玉音放送を南間ホテルで聴いたのとは異なり、皇室との関わりもなかった。後のことだが、平成の皇太子（現天皇）一家は志賀高原をしばしば訪れた。しかし彼らが滞在したのは、発哺よりもさらに奥にある「ホテルグランフェニックス奥志賀」だった。

夕食もスイス料理が出た南間ホテルのような洗練された感じはなく、大きな土鍋に地ののをふんだんに入れた料理が出た。麺好きの私には、最後の締めで入れるうどんが一番美味しく感じられた。

前回の林間学校とは異なり、天気には比較的恵まれた。翌日は志賀高原の池をめぐるハイキングだった。大沼池という池が一番大きく、周囲の静寂とあいまって神秘的な雰囲気に惹かれるものがあった。コバルトブルーの水は澄んでいたが、強酸性のため魚が生息していないというのも不思議な気がした。

ただいかんせん集団行動のため滞在時間が短く、じっくり眺めることができなかった。有名な湖よりも無名の池や沼の方を好むようになったのは、明らかに普通部の林間学校の影響だろう。いつか再訪したいと思いつつ、いまだに念願を果たせていない。

横手山と地獄谷のどちらかを選ぶ日には、地獄谷を選んだ。同じ部屋だったFくんやTくんは、横手山を選んだ。地獄谷ではゴーという音とともに温泉が勢いよく噴き出していたが、猿は思ったほどいなかった。幕末に創業した一軒宿があり、数学のM先生とH先生が川沿いの露天風呂に向かうのが見えた。

持参した旅館製の弁当が口に合わなかったので、代わりに一軒宿の名物だというちまきを買って食べた。蒸したもち米を三角形にして笹の葉で包んだもので、素朴な味わいがあった。

FくんやTくんのために、ちまきを土産に買った。国鉄本社や東神奈川電車区で親切にしてもらったことで、性格に変化の兆しが表れていた。思わぬプレゼントに彼らが大喜びしたのは言うまでもない。

翌日には、標高二二九五メートルの岩菅山《いわすげやま》に登ることになっていた。しかし悪天候のため、途中まで登ったところで中止になった。一年の林間学校のように、連日雨にたたられていれば体力も温存できただろう。が、今回はひたすら歩く日々が続き、疲れがたまっていたのでかえってほっとした。

最終日の七月十六日は、バスで志賀草津道路を経由して長野県から群馬県に入り、レストハウスから十五分ほど歩いて草津白根山の湯釜を見学した。この道路沿いは火山ガスに含まれる硫化水素の濃度が高く、警告を示す看板がいくつも立っていた。長野県側と群馬県側の景色の違いが強く印象に残った。

群馬県の渋川と大前を結ぶ吾妻《あがつま》線の万座・鹿沢口《かざわぐち》から上野ゆきの急行「草津」に乗り、帰路についた。林間学校で急行に乗ったのも、個人として吾妻線に乗ったのも、これが初めてだった。特急とは違い、座席がボックス型で固定されていたため、四人一組となり、外の景色には目もくれず、上野に着く直前までトランプに熱中する生徒ばかりになった。まるで加わらない生徒は、仲間外れにされているかのようだった。

自分が特殊な人間であることを実感させられるのは、こういうときだった。せっかく景色のよいところを走る列車に乗っているのにトランプに興じるクラスメートの心境が、まるで理解できなかったからだ。仲間外れになっても一向に構わなかった。途中の川原湯《かわらゆ》（現・川原湯温泉）―岩島間で日本一短いとされる全長七・二メートルの樽沢トンネルを通り抜けるときには、見逃さないよう気をつけた。この区間を含め、線路にずっと沿う吾妻川の流れを眺めながら、帰宅後には一刻も早く横浜線の研究を再開したいという気持ちが沸々と湧いてきた。

帰ってくると灼熱の日々が待っていた。翌十七日の最高気温は三十度を超えた。我が家は団地の最上階である四階にあったので、直射日光を浴びた屋根の熱が夜になってもこもり、ひときわ暑かった。

だが休んでいるわけにはいかなかった。父の助言に従い、「車両運用検査清掃予定表」の番号を塗り分ける作業から始めることにした。

まず色鉛筆を使って蒲田電車区所属１０３系の編成番号（カマ51から56まで）を赤色に、東神奈川電車区所属１０３系の編成番号（東1から東4まで）を青色に、同電車区所属の旧型の編成番号（東11から東16までと附11から附13まで）を茶色に塗った。

編成番号ごとに車両の色が違っていたから、どの車両がどの色に塗られているかがわかるよう、こちらも車両番号ごとに色鉛筆を使って塗り分けた。蒲田の１０３系は水色と黄緑色に、東神奈川の１０３系はすべて黄緑色に、旧型はすべて茶色に塗り分けられた。

次は運用番号だ。蒲田電車区所属１０３系の０１は茶色、０３は赤色、０５はピンク色、０７は肌色、０９は赤紫色、１１は橙色、東神奈川電車区所属１０３系の２１は黄緑色、２３は緑色、２５は深緑色、２７は黄色、同電車区所属旧型の３１→４５は水色、３３→４３は青色、４１は黒色、４３→３３は灰色、４５→３１は紫色という具合に塗り分けていった。

正確に言えば、マス目は編成番号が並ぶ縦の十六と、八月の日付が並ぶ横の三十一を掛け合わせて四百九十六あった。終日電車区から動かない日は空欄になっているのですべてのマス目が塗られたわけではなかったが、色分けすることで平板な予定表にアクセントが付き、わかりやすくなったのは確かだった。

次に「横浜線電車列車ダイヤ」を取り出し、運用番号が記された斜線を、「車両運用検査清掃予定表」の運用番号が記されたマス目を塗ったのと同じ色に塗り分けていった。こうすることで、斜線は十五色に塗り分けられ、ダイヤ全体がさらに美しい幾何学模様の芸術作品のようになった。

さらに買ったばかりの日本交通公社発行の『時刻表』八月号の見開きになった横浜線の頁をコピーしたB４判の紙を取り出した。列車番号の下二ケタが運用番号を示していることは、前に記した通りである。これらもまた「予定表」や「ダイヤ」と同じ色に塗り分けていった。さらに各電車の時刻が記された縦長の欄もまた「予定表」と同様、蒲田１０３系を赤色に、東神奈川１０３系を青色に、東神奈川旧型を茶色に塗り分けていった。

「横浜線電車列車ダイヤ」、「車両運用検査清掃予定表」、そして交通公社の『時刻表』。これら三つの資料を突き合わせ、色分けしてわかりやすくすることで、八月一日から三十一日までの毎日、横浜線の電車の運用がどうなっているか、どういう編成の電車が早朝から深夜までどの区間を走っているか、あるいはどの電車区に入って休んでいるかが、立ちどころに明らかになったのである。

三月から国鉄本社と電車区に通った一つの成果が、ここに凝縮されていた。前年の南武線と青梅線を調べたときには想像もできなかったような、横浜線全体を俯瞰できる高みに立っているのが実感できた。

七月十八日から、第二部「現状」に入れるつもりの、「横浜線のダイヤについて」と題する章の原稿を書き始めた。この章は、「車両運用検査清掃予定表」「横浜線電車列車ダイヤ」「時刻表のダイヤ」の三つの節からなり、色分けした三つの資料は別冊にするつもりだった。

各節の書き出しの部分を引用してみる。


この表は、僕が東神奈川電車区へ行ったときにいただいたもので、東神奈川電車区の横浜線運転関係者だけが持っているものだ。これは〔昭和〕51年8月分である。ただ数字が並んでいるだけでよくわからないと思うので、必要な部分だけ説明を加えておく。

このダイヤは、東京南鉄道管理局運転部電車課でいただいたもので、横浜線のダイヤが一目でわかるように作られている。横浜線のダイヤは平日も休日もダイヤは同一なので、毎日このダイヤによって各電車が運行される。

この表は、日本交通公社発行の時刻表8月号の横浜線のダイヤである。先の「車両運用検査清掃予定表」の編成番号と同じように、蒲田所属１０３系を赤色、東神奈川所属１０３系を青色、同旧型を茶色で示してある。


各節ともにこうした文章に続いて、色分けの具体的な根拠を説明し、三つの資料がいかに関連し合っているかを強調しようとした。

前年同様、七月二十五日から二十九日まで館山で水泳学校があったが、今回は参加せずに原稿執筆に専念した。必要な資料がそろったからには、ひたすら書き進めるしかなかった。


七月に入り、ロッキード事件は急展開を迎えた。

二日に丸紅の伊藤宏前専務が偽証罪で、七日に全日空の藤原亨一取締役が外為法違反で、八日に全日空の若狭得治社長が外為法違反と偽証罪で、九日に全日空の渡辺尚次副社長が偽証罪で、十三日に丸紅の檜山廣前会長が外為法違反で、次々に逮捕された。一方、児玉誉士夫は病気を理由に逮捕が見送られた。

そして二十七日、政界を揺るがすビッグニュースが飛び込んできた。取り調べを終えて頰を紅潮させた東京地検の検事正と次席検事が検事正室で記者会見に臨む映像が、自宅で原稿執筆を中断して見ていた正午のＮＨＫニュースで流された。

――本日午前八時五十分、衆議院議員田中角栄を、外国為替及び外国貿易管理法違反により逮捕しました。目下、関係個所を捜索中です。被疑事実の要旨は……。

ニュースを読み上げるアナウンサーもまた、田中角栄を「田中」と呼び捨てた。政界の最高権力者が公然と敬称抜きで呼ばれるようになったことで、日本の政治が大きく変わる予感がした。

その余波はやがて、私が住んでいた横浜市緑区（神奈川一区）を含む神奈川県全体の衆議院議員選挙区（神奈川一区〜五区）にも及んでくる。

9　アカデミアの幻想

普通部に入学した直後に読んだ松本清張の『点と線』は、その鮮やかな『時刻表』のトリックが深く印象に残り、何度も読み返す愛読書の一つとなったが、そのなかに犯人の安田亮子が「数字のある風景」と題して、『時刻表』を読む楽しみを綴った文章がある。

私はふと自分の時計を見る。午後一時三十六分である。私は時刻表を繰り、十三時三十六分の数字のついた駅名を探す。すると越後線の関屋という駅に１２２列車が到着しているのである。鹿児島本線の阿久根にも１３９列車が乗客を降ろしている。飛騨宮田では８１５列車が着いている。山陽線の藤生、信州の飯田、常磐線の草野、奥羽本線の北能代、関西本線の王寺、みんな、それぞれ汽車がホームに静止している。

私がこうして床の上に自分の細い指を見ている一瞬の間に、全国のさまざまな土地で、汽車がいっせいに停っている。そこにはたいそうな人が、それぞれの人生を追って降りたり乗ったりしている。私は目を閉じて、その情景を想像する。そのようなことから、この時刻には、各線のどの駅で汽車がすれ違っているかということまで発見するのだ。たいへんに愉しい。汽車の交差は時間的に必然だが、乗っている人びとの空間の行動の交差は偶然である。私は、今の瞬間に、展がっているさまざまな土地の、行きずりの人生をはてしなく空想することができる。(『点と線』、新潮文庫、一九八七年)

午後一時三十六分という同じ時間に、全国各地の駅で汽車が停まっている。あるいは上り列車と下り列車が行き違いのため停まっている。鎌倉の自宅に居ながらにして全国各地での乗り降りの風景や乗客の人生を想像するこの文章は、『時刻表』の魅力を語るものとしてとても説得力があるように感じられた。

その一方、各駅の発着時刻しか記されていない『時刻表』の限界もまた明らかではないかと思った。実際には同じ時刻に駅と駅の間を走っている列車も少なくないにもかかわらず、それらの列車がどの区間を走っているかを正確に知ることはできないからだ。

しかも『時刻表』だけでは、客車列車か気動車か電車かの区別はわかっても、具体的にどういう編成なのか、何色の車両を何両つないでいるか、車両がどの電車区や機関区に属しているかなどはわからなかった。ましてや貨物列車については、ダイヤ自体が公表されていないので知りようがなかった。

『時刻表』に加えて「横浜線電車列車ダイヤ」と「車両運用検査清掃予定表」を入手したことで、こうした限界を乗り越えることができた。少なくとも一九七六年八月の一ヵ月間に関しては、横浜線と同線が乗り入れる根岸線の駅や区間でどういう電車が停まったり走ったりしているかを、完璧に把握できたからだ。


待ちに待った八月一日になった。

私は扇風機が回る自分の部屋で、色鉛筆によってきれいに塗り分けられた「横浜線電車列車ダイヤ」「車両運用検査清掃予定表」、そして日本交通公社の『時刻表』八月号に掲載された横浜線時刻表のコピーの三つの資料をじっくりと眺めていた。

時計の針は午前十時を指していた。気温はもう三十度に達していただろう。

いまこの瞬間、磯子駅の留置線に1、2、3、7号車が水色に、4、5、6号車が黄緑色に塗られた103系の「カマ55」が停まっている。山手—石川町間を茶色に塗られた旧型の七両編成の「東13＋附11」が八王子に向かって走っている。東神奈川駅の2番線に1、4、5、6、7号車が黄緑色に、2、3号車が水色に塗られた103系の「カマ54」が停まっている。大口—菊名間を3、4、5、6、7号車が水色に、1、2号車が黄緑色に塗られた103系の「カマ56」が磯子に向かって走っている。新横浜駅の下りホームに黄緑色に塗られた103系の「東4」が停まっている。鴨居駅の上りホームに茶色に塗られた旧型の四両編成の「東11」が停まっている。中山―長津田間を1、2、3、4号車が水色に、5、6、7号車が黄緑色に塗られた103系の「カマ53」が原町田に向かって走っている。長津田―原町田間を黄緑色に塗られた103系の「東1」が磯子に向かって走っている。淵野辺―矢部間を茶色に塗られた旧型の七両編成の「東12＋附12」が八王子に向かって走っている。相模原駅の上りホームに8862貨物列車が停まっている。相原―片倉間を1、2、3、4、7号車が水色に、5、6号車が黄緑色に塗られた103系の「カマ52」が磯子に向かって走っている。八王子駅の5番線に黄緑色に塗られた103系の「東2」がちょうど到着しようとしている……。

私の脳裏には、沿線の各駅や区間の風景が、細部に至るまですっかり記憶されていた。つまりこの午前十時という時間に、磯子から八王子までの根岸線や横浜線の沿線でどういう電車が走り、どういう光景が繰り広げられているかを、各駅での乗り降りの情景まで含めてありありと想像することができたのだ。

村上春樹は小説『色彩を持たない多崎つくると、彼の巡礼の年』（文藝春秋、二〇一三年）のなかで、主人公の私鉄職員、多崎つくるが属している世界につき、こう述べている。

到着した列車に清掃作業員のチームが素早く乗り込んでゴミを回収し、座席をきれいになおしていく。帽子をかぶり制服を着た乗務員たちが、勤務の引き継ぎをてきぱきと行い、次の列車運行のための準備が整えられていく。車両についた行き先の表示が変わり、列車に新しい番号が与えられる。すべてが秒単位で順序よく、無駄なく、滞《とどこお》りなく進行する。それが多崎つくるの属している世界だった。

多崎つくるは中央本線の特急列車が発着するJR新宿駅の9・10番線のホームのベンチに座りながら、新宿に到着した特急が午後九時に松本ゆきとなって折り返す光景を眺めている。私の場合は、たとえその場に居合わせなくても、何度も横浜線に乗ったことで具体的な光景を思い描くことができた。「すべてが秒単位で順序よく、無駄なく、滞《とどこお》りなく進行する」世界そのものは、多崎つくると共有していた。

後にナショナリズム研究の古典として知られるベネディクト・アンダーソンの『想像の共同体』の次の文章を読んだとき、思わず膝を打ったのは、中学二年生のときのこの体験があったからだ。

> 読者だけが、さながら神のごとく、AがCに電話し、Bが買物をし、Dが玉突きするのを、すべて同時に眺めることができる。これらすべての行為が、時計と暦の上で同じ時間に、しかし、おたがいほとんど知らないかもしれぬ行為者によって行われているというこ

と、このことは、著者が読者の頭の中に浮かび上がらせた想像の世界の新しさを示している。（『増補　想像の共同体——ナショナリズムの起源と流行』、白石さや・白石隆訳、ＮＴＴ出版、一九九七年。傍◦原文）

国民という「想像の共同体」が誕生するには、同時性という観念が決定的に重要であり、その観念は一八世紀のヨーロッパで開花した小説と新聞によって初めてもたらされたとアンダーソンは論じている。

私にとっての横浜線は、小説や新聞よりはるかに強く同時性の観念を意識させるものであった。アンダーソンの言葉を借りれば、「すべて同時に眺めることができる」想像の世界をもたらしてくれたのである。

アンダーソンは、ナショナリズムの起源として小説や新聞に注目した、つまり「想像の共同体」が成立するのは国家ということになる。一方、私が想像したのは国家ではないのはもちろん、横浜市、町田市、相模原市、八王子市といった自治体でもなかった。それらの自治体を貫く一本の「線」であった。八月一日の午前十時という瞬間、まるで独立した国家のように、私の脳裏に「想像の共同体」が誕生したのである。

それだけではない。「車両運用検査清掃予定表」には、八月三十一日までの全車両の運用の予定が記されている。つまりいまこの瞬間だけでなく、明日の午前十時や明後日の午前十時に今日と同じ区間を走ったり、同じ駅に停まったりするであろう電車の編成もまた正確に言い当てることができるわけだ。私の想像は、空間だけでなく時間にも広がっていった。

国鉄本社に取材した成果をもとに、一九四五年から七六年までの103系と旧型の配置両数の推移、七〇年度から七五年度までの混雑度の推移、六六年度から七五年度までの収支係数の推移、六六年度から七四年度までの乗車人員の推移につき、棒グラフや折れ線グラフを使って示した。これらは、横浜線の「過去」を明らかにするための資料だった。

一方、「横浜線電車列車ダイヤ」と『時刻表』八月号は横浜線の「現在」を明らかにするための資料であり、「車両運用検査清掃予定表」は一九七六年八月という限定付きながら、横浜線の「現在」ばかりか、八月一日の時点から見た向こう一ヵ月の「未来」までをも明らかにするための資料だった。

もう一つ、さらに遠い先の「未来」を予測するための作業に着手しかけていたことを忘れていた。

七月一日のダイヤ改正で東海道新幹線の「ひかり」が上下一本だけ新横浜に停まるようになったときに途中まで書いた原稿が、そのまま投げ出されていたのである。「ダイヤ」と「予定表」を入手したことでそちらに関心が移ってしまったが、このダイヤ改正は新横浜で新幹線に接続する横浜線の行方を占ううえで、きわめて重要という見通しをもっていた。

横浜線にとってのダイヤ改正の意義を示すには、新横浜に停まる下りの「ひかり191号」よりも、上りの「ひかり190号」に注目する方がよいように思われた。「ひかり190号」と横浜線を使うことで、従来よりも所要時間は短く、運賃は安くなることを示すことができれば、横浜線の重要性を同時に示すこともできるからだ。

具体的には、新大阪から、1新横浜に停まらない「ひかり」に乗って東京まで行く場合、2「こだま」に乗って新横浜で降りる場合、3「ひかり190号」に乗って新横浜で降りる場合を比較し、三番目の手段がいかに優れているかを示す必要があった。

ちなみに新幹線の品川駅が開業したのは二〇〇三年十月で、当時はまだなかった。新横浜の次が、終点の東京だったのだ。

では、新幹線と在来線を乗り継いで行く目的地の駅をどこにするべきか。

まず思い浮かべたのは、根岸線の関内だった。伊勢佐木町商店街に近く、県庁や市役所などが集まる横浜市の中心駅だ。

上りの新幹線に終点の東京まで乗った場合、関内に行くには東海道本線か横須賀線に乗り換え、横浜でさらに根岸線に乗り換える必要があった。一方、新横浜で降りて横浜線の上り電車に乗り換えれば、関内はわずか六駅目。磯子ゆきの電車が来れば、一本で行けた。

平均の乗り換え時間や待ち時間を加えた平均の所要時間を計算すると、1は四時間二分、2は四時間五十二分かかるのに対し、3は三時間四十二分で一番短かった。新幹線の指定席特急料金を含む運賃も1は五六八〇円かかるのに対し、2と3は五二一〇円でより安かった。「こだま」と「ひかり」の特急料金が変わらないため、2と3が同じ金額になるのである。所要時間、運賃ともに3が最も優れているのが証明できたわけだ。

しかし新横浜に「ひかり」が停まることで横浜に行くのがより便利になるのは、あまりに自明ではないか。これだけでは、新横浜停車の恩恵を十分説明したことにはなるまい――。

そこでもう一つの目的地として、東急東横線の田園調布を考えた。石原良純をはじめ、普通部の生徒が多く住んでいる田園調布にもメリットがあることを示せれば、新横浜停車の意義がはっきりするからだ。

上りの新幹線で終点の東京まで乗った場合、田園調布に行くには東京で山手線に乗り換え、目黒でさらに東急目蒲線に乗り換える必要があった。一方、新横浜で降りれば横浜線の上りに乗り換え、次の菊名で東急東横線の渋谷ゆきの急行電車に乗り換えれば、田園調布はわずか四駅目だった。

発駅を関内と同じ新大阪にするより、従来から「ひかり」の停まる京都と、新横浜同様、「ひかり190号」が新たに停まるようになった静岡の二ヵ所にするほうが、新横浜から横浜線に乗り換えるメリットをより強調できるのではないかと思った。

京都から田園調布に行く場合、関内と同様、1従来のごとく「ひかり」に東京まで乗る、2「こだま」に乗って新横浜で降りる、3「ひかり190号」に乗って新横浜で降りる、の三つが考えられた。平均の乗り換え時間や待ち時間を含めた平均の所要時間を比較すると、1は三時間四十二分、2は四時間三十一分かかるのに対し、3は三時間二十一分で最も短かった。特急料金を含めた運賃も1が五三七〇円なのに対し、2と3は四七七〇円とより安かった。やはり所要時間、運賃の双方で3が最も優れているのが証明できた。

静岡から田園調布に行く場合は、1「こだま」に乗って新横浜で降りる、2「ひかり190号」に乗って東京まで行く、3「こだま」に乗って東京まで行く、4「ひかり190号」に乗って新横浜で降りる、の四つが考えられた。京都からの場合と同様に比較すると、1は二時間二十五分で二一三〇円、2が二時間二分で二一三〇円、3が一時間五十分で一九四〇円、4が一時間二十七分で一九四〇円となった。つまり所要時間、運賃の双方で4が最も優れているのが証明できた。

目的地が関内ばかりか田園調布であっても、京都や静岡から新横浜停車の「ひかり」に乗るのが最も早くかつ安く行けることが証明できた意義は、きわめて大きかった。「このように〈新横浜停車のひかりが増発されるように〉なれば、横浜市民だけでなく、東急沿線の川崎市民はもちろん、東京都民（大田区、世田谷区、目黒区）もその恩恵を受けることになり、その影響の及ぼすところはきわめて大である」と七月一日に書いた文章の正しさが証明されたからだ。

ここに横浜線の「未来」が示されていた。新横浜に停まる「ひかり」が増えることで新横浜駅の乗車人員は飛躍的に増え、横浜線の利用者数も増える。全線が複線化され、輸送力が増強される。沿線各市の人口も増え、やがては万年赤字線を脱出して黒字線になる。そんな「未来」が、漠然とではあれ思い描かれていた。

実際に十日市場駅と成瀬駅が開業し、原町田―淵野辺間と相原―八王子間を除いて複線化が完成した一九七九年度、横浜線の収支係数は九九となり、初めて黒字に転じている。

一九八七年に国鉄が分割民営化され、東海道新幹線がＪＲ東海の傘下に入ると、新横浜停車の「ひかり」が増えていった。さらに一九九二年から「ひかり」よりも速い「のぞみ」が走り始めると、新横浜に停まる「のぞみ」が登場した。いまではすべての「のぞみ」と「ひかり」が新横浜に停まるようになっている。横浜線は首都圏でも有数の黒字線へと発展している。

七月二十七日に前首相の田中角栄が外為法違反で逮捕されたロッキード事件の捜査は、八月になっても一向に終わる気配がなかった。

八月二日には、田中の私設秘書兼運転手だった笠原政則の自殺体が見つかった。十六日には、田中が受託収賄および外為法違反で、丸紅の檜山廣前会長、大久保利春前専務、伊藤宏前専務が贈賄でそれぞれ起訴された。十七日には、保釈金二億円で田中が保釈され、小菅拘置所を出た。二十日には、佐藤孝行元運輸政務次官が受託収賄容疑で逮捕された。二十一日には、橋本登美三郎元運輸大臣が同じく受託収賄容疑で逮捕された。

田中は逮捕に伴い自民党を離党したが、衆議院議員自体は続けた。八月十九日、自民党反主流六派（田中派、大平派、福田派、船田派、水田派、椎名派）は「挙党体制確立協議会」（挙党協）を結成し、三木武夫首相に退陣要求を突きつけた。この「三木おろし」に対し、三木は世論の支持を背景に内閣の延命を図った。

他方で新自由クラブは、来たるべき衆議院議員総選挙をにらみ、候補者の擁立を着々と進めていた。とりわけ二区に田川誠一が、五区に河野洋平が議員になっている神奈川県は、最大の地盤と言ってよかった。しかし三区に甘利正を、四区に川合武を擁立することは早々と決まったのに対し、私が住んでいた横浜市緑区のほか鶴見区、神奈川区、西区、中区、港北区からなる一区は、なかなか決まらなかった。

甲子園の夏の高校野球では、町田市にある私立の桜美林高校が八月二十一日の決勝戦で強豪のＰＬ学園を破り、初優勝を果たした。最寄り駅が横浜線の淵野辺だったこともあり、注目しないわけにはいかなかった。マスコミは政財界の闇とは対照的な、下馬評にも上がらなかった高校球児のひたむきな姿をさかんに持ち上げた。

八月に入ると、横浜線沿線の駅に関する独自のデータを持っているかどうかを確認するため、十日に八王子市役所と相模原市役所を訪れたほかは取材に行かなかった。自宅の部屋にこもっているときでも、「車両運用検査清掃予定表」と「横浜線電車列車ダイヤ」と『時刻表』八月号を眺めつつ、いまこの時間にどの車両がどの区間を走っているかを確認し、それらが走っている光景を想像する日々が続いた。そして八月いっぱいかかって、本論をようやく仕上げることができた。

前回は南武線と青梅線の二線で四百字詰めの原稿用紙百五十枚ほどだったが、今回は横浜線だけで百三十五枚に達した。これに「横浜線電車列車ダイヤ」を綴じた「別冊1」と、「車両運用検査清掃予定表」や横浜線のダイヤが二頁分記された交通公社の『時刻表』八月号のコピー、電車配置両数推移グラフ、混雑度グラフ、収支係数グラフ、乗車人員グラフなどを綴じた「別冊2」が加わった。

いち早く「まえがき」を書いた前回とは異なり、まだ「まえがき」も「あとがき」も書いていなかった。九月四日、まず「まえがき」から書き始めた。

昨年の南武線と青梅線にひき続き、今年は京浜東北線の東神奈川から中央線の八王子までの42・562キロを走る横浜線について調べることにした。ぼくの住所は東急田園都市線の青葉台なので、通学には①東急線だけを利用する方法、②東急と南武線を利用する方法、③東急と横浜線を利用する方法の3通りある。所要時間は3方法とも大差ないが、待ち合わせ時間を入れると、横浜線経由で行くと少しよけいに時間がかかる。しかし、昨年から今年のテーマを決めていたので、③の方法で通学し、毎日横浜線について知ることはないかと目・耳を働かせた。

横浜線は、全線複線ではなく、複線区間は東神奈川―小机間の全線の1／5以下を占めるだけで、残りの区間はしばしばポイント交換が行なわれる。このため最大8分も待ち、2本の電車を待ち合わす時もあり、東神奈川―八王子間の所要時間も58分～74分と差がある。都心の過密ダイヤでは考えられないローカルな味を残すこの横浜線も、都市化の波にのって朝夕の混雑も年々激しくなっている。新幹線の新横浜へも直結するこの線についてどこまで徹底的に調べられるか挑戦してみた。

原文通りである。「どこまで徹底的に調べられるか挑戦してみた」という最後の一文に、当時の意気込みが凝縮されているように感じる。

次に「あとがき」を書いた。

3月15日から約半年、横浜線を徹底的に調べてみようと暇さえあれば取材や資料集めに歩き、明けても暮れても頭から「横浜線」という言葉は離れなかった。電車の撮影をしようとしてドブにはまったり、道に迷ったり、1日に約10キロ位歩いたりした日もあった。また、東京南鉄道管理局の営業部旅客課にたびたびうかがったので、評判になったりもした。

思い通りにいかなかった点もあるが、何とか出来上がり本当によかった。

本稿作成にあたり、多くの資料の提供、その他参考となったいろいろな事項についてご教示、ご協力を賜った東京南及び西鉄道管理局の旅客課、電車課、管財課、文書課、踏切保安室、調査課、営業開発室、国鉄ＰＲコーナー、交通博物館、東神奈川電車区、八王子駅及び東急菊名駅、横浜・町田・相模原・八王子市役所の関係者の皆様に厚くお礼を申し上げます。


これも原文通りである。最後の一文で取材した関係部署が列挙されているが、いまとなってはよく思い出せない部署も少なくない。

九月五日、ついに脱稿した。前年同様、二つ折りにした原稿用紙の一枚一枚に穴を空け、それらに紐を通して束ね、白い厚紙で綴じて製本した。

東神奈川電車区で撮っておいた写真があった。１０３系の前面に掲げられた、青い枠で囲まれ、青字で記された「横浜線」の特大看板を撮影したものだった。論文のタイトルとして表示するため、この写真をそのまま表紙に張り付けた。

写真の左右には、電車区でもらった旧型の行先表示板、すなわち表裏に「東神奈川」「八王子」と記された表示板の写真をそれぞれ張り付け、横浜線の起点と終点を明示した。今回は前回とは異なり、二学期の始業式を待たずに仕上げることができた。

九月十日の始業式とともに二学期が始まった。二十二日に生徒の作品が搬入され、二十四日に審査が行われた。土日に当たる二十五日と二十六日には前年同様の飾りつけがなされ、第四十八回労作展が開かれた。

九月二十五日に登校すると、前年同様の光景を目にした。教室が一階から二階に変わっただけで、あとはほぼ変わらない位置に机や椅子が配置され、生徒たちの作品が科目別に並べられた。いつもは男子生徒しかいない教室に父母きょうだいなど多くの関係者が立ち入り、作品に見入っていた。『横浜線』が置かれている場所も、前年の『南武・青梅線及び沿線の都市』と変わらなかったので、すぐに見つけることができた。

「賞」と記された短冊が入賞を告げていた。巻末には、地理の「チクデン」先生のコメントが付されていた。

力作である。昨年度について「鉄道」への二度目の挑戦である。

横浜線のすべてについて調べたと言って過言ではないだろう。

研究態度も真面目だし、内容も深い。よく努力したと思います。

高い評価がうかがえる文面だった。自分としては『南武・青梅線及び沿線の都市』よりもはるかにレベルの高い作品と自負していたので、この評価には驚きもしなかった。昨年同様、特別展示まで行くのはまず間違いあるまいとも思った。

前年同様、どういう人たちが自分の作品に目を留めてくれるか、教室の片隅でしばらく観察していた。クラスメートの母親だろうか、綺麗に着飾った中年の女性が足を止め、本体と別冊二冊の間を行ったり来たりするように眺めていた。それが終わると、こんどは数学のM先生が、かなり時間をかけて一心に本体を読みながら、時々別冊にも目を通していた。まだ二人しか見ていないが、前年よりも反響は大きいように感じられた。

前回は百科事典の丸写しのような作品を出したNくんは、今回は社会から数学に科目を変え、『ピタゴラスの定理』と題する作品を出してきた。数学が得意なNくんの本領が発揮されたと言うべきか、中学三年になってから学ぶべき幾何の定理を、二年生で本格的に研究しようとした作品で、同じく「賞」の短冊が付されていた。この年の数学の作品のレベルはきわめて高く、クラスメートの全作品、すなわちSくんの『平板測量』、Tくんの『確率論』、Yくんの『ブール代数と論理回路』がいずれも入賞を果たしていた。

それよりも多くの来場者の注目を浴びていたのは、Hくんが国語の作品として提出した『イエスへの質問状』だった。入賞した前回の山本有三をテーマとした作品に比べても、作品のレベルが上がっていた。

父上に勧められて読んだ大岡昇平の『少年』がきっかけで旧新約聖書合本を読み、疑問に感じたことをイエスに直接尋ねるという作品の形式そのものが、すでに中学生離れしていた。冒頭から『少年』が言及され、青山学院の塚本先生の「神は信ずる者にとっては存在する」という言葉に対する疑問から書き起こされる文章は深遠で、格調が高かった。この疑問を解決するための手段としてパスカルや遠藤周作の言葉が引用されるところまで読み進めるに至って、思わず天を仰いだ。

――とてつもない才能だ。国語と社会の科目の違いもあるとは思うけれど、自分の作品がどうにも俗っぽく見えてしまうのは仕方がないな。

ほかのクラスの作品も一通り眺めてみた。そのなかで最も強烈なインパクトを受けたのは、前年同様、二年C組の野口聡が提出した『日本の城の天守――その発生』という作品だった。

織田信長や豊臣秀吉といった歴史の教科書に登場する人物ではなく、「天守」というモノに着目して歴史を描こうとする視点自体は、鉄道というモノに着目する私自身の姿勢にも通じるものがあった。しかしこちらはせいぜい明治からの七十年あまりの歴史に過ぎないうえ、過去よりはむしろ現在や未来の解明のほうに力点がかかっているのに対し、野口くんの作品は室町末期から江戸初期にまたがり、全国の城を対象としているため、はるかにスケールが大きかった。

小規模で基本型ができる室町末期の天守が、いかにして安土城や大坂城のような安土桃山時代の大規模で華美な天守へと変化し、同時代末期から江戸初期にかけての岡山城や広島城のような成金趣味が抜けた城へと再び変化するかを実証的に論じる文章に引き込まれた。立面図が残っているものはこれを用い、空襲で焼けた城については古写真を用いるなど、資料の使い方も徹底していた。

案の定、『イエスへの質問状』や『日本の城の天守』は入賞したばかりか、特別展示を示す四角い赤色の紙までも、「賞」と記された短冊の裏側に早々と貼られていた。とりわけ『イエスへの質問状』は生徒の母親たちに熱心に読まれ、労作展が終わった後も複写本が順番に貸し出された。私の母もそれを借りて読んだ一人だった。

だが、『横浜線』に付された短冊に四角い赤色の紙が貼られることはついになかった。

労作展が終わった翌日の九月二十九日、前年同様、科目別に生徒たちが集められ、講評が行われた。このときに「チクデン」先生が『横浜線』に対して評した言葉に、思わず耳を疑った。

「前回の南武線・青梅線のほうがよかった。あまりにもマニアックで普通の人が読んでもついて行けないことが書いてある。そもそも原稿用紙を横書きにしているのがよくない」

巻末のあのコメントとは全く異なる言葉が、にわかに降りかかってきた。同じ社会科でも、野口くんの作品を激賞したのとは対照的なその言葉は、容赦なく胸に突き刺さった。

社会科は地理、歴史、公民からなり、教員が全部で五人ほどいた。「チクデン」先生はコメント通りの評価をしたのかもしれなかったが、ほかの教員の評価が必ずしも高くなかったのではないか。そうした教員のコメントを、そのまま読み上げているようにも聞こえた。地理研究会に所属していたので、活動日に当たる毎週火曜日の放課後に会っていた地理のA先生が私の鉄道趣味をあまりよく思っていなかったことはうすうすわかっていた。社会科で最年長のA先生の評価が反映しているのかもしれなかった。

確かに私の作品には、『イエスへの質問状』のような深遠な哲学もなければ、『日本の城の天守』のような雄大な時間の流れもなかった。自宅の近くを走り、誰もが日常的に利用する鉄道というテーマはあまりにも卑近であり、単なる趣味の領域から脱していないように見えたとしてもおかしくはなかった。

けれどもこのテーマは、卑近なようでいて奥が深いというのが、段々とわかってきた。ほかならぬ福澤諭吉自身、「近く日常眼前の物に就《つい》て談話を試み、談笑遊戯卑近の問答よりして遂に深遠に入らしむるの方便甚だ多し。文明先進の学者、浮世の物を軽々看過する勿《なか》れ」（「高尚の理は卑近の所に在り」、『福翁百話』、時事新報社、一八九七年所収。原文は句読点なし）と言っているではないか……。

前回高い評価を受けた『南武・青梅線及び沿線の都市』は、分量こそ多かったが、表層をなめた程度の作品でしかなかった。いまから思えば、なぜあれほど評価されたのか、理解に苦しむほどではないか。

このテーマの難しさは、一般に公表された書物に手がかりが記されているわけでもなければ、先行研究があるわけでもないところにあった。試行錯誤を重ねつつ、国鉄本社や東神奈川電車区に通うしかなかったのだ。しかしそこには、まるで大学の研究室やシンクタンクに通うような知的興奮が伴っていた。職員とやりとりを重ねてゆくうちに相手の信頼が得られ、部外秘の資料を入手し、資料に記された文字や番号の謎を解き明かしてゆく。そうすると、全く新たな地平が眼前に現れるというプロセスはスリリングだった。

エピグラフとして掲げた三枝博音の言葉を借りれば、それはまさに「現実の中にようやくその光を折々見せてくれる」「真理探求」の名に値した。半世紀近くも前の日々を思い出すにつけ、そう断言できる。しかしその営みが正当に評価されることはなく、いわばオタクの趣味として片付けられたのである。

一年のうち九月の二日間だけ、生徒を主体とする「アカデミア」が日吉の地に現れると前年に思い込んだのは、幻想にすぎなかったのではないか。教員の審美眼にかなった作品だけが選別され、特別展示され、『普通部会誌』に掲載されるというのが実態なのではないか――疑念は次々と湧き上がり、容易に消えなかった。短冊のコメントと講評の言葉との間に大きな落差があったこともまた、私の不信感を強めさせた。

福澤諭吉によれば、学問は「独歩孤立」するためにあるのではなく、「人間交際」のためにある。確かに前回の労作展ではこのことを実感させられたが、今回は違った。「チクデン」

先生の言葉は、私の作品が「独歩孤立」していることを図らずも教えたからだ。

この日は深い挫折を感じながら帰宅した。私の落ち込んだ様子を察したのか、父からはまともに評価してもらえない鉄道の研究なんて、もうやめたほうがいい、どうしても続けたいなら、来年の労作展は鉄道に関する英語の本でも買ってきて、それを和訳したほうが評価されやすいし、学校の勉強にも役立つだろうと言われた。

学業に結び付かないことに熱中しすぎて、成績に悪影響を与えることを心配したのだろう。実際に私の成績は、二年の一学期をピークとして下降傾向をたどっていった。普通部の教育に対する、いや慶應の一貫教育に対する疑問が、私のなかに芽生えはじめた。


それでもなお、やるべきことが残っていた。

九月三十日木曜日。授業が終わってから、『横浜線』の本論と別冊を持って国鉄本社内の東京南鉄道管理局を訪れた。制服姿だったが、白のワイシャツに黒の長ズボンという夏の略装のため、制帽さえ脱いでしまえばかえって子どもらしさをごまかせた。守衛の目をかいくぐることは、もう何の造作もなかった。

まず旅客課に行った。時刻はもう午後四時を過ぎていて、秋の陽射しが傾きかけていた。部屋に入ると、例の職員が電話していた。ほかの職員も机に向かい、何やら仕事をしていた。半年前、初めてこの部屋に入ったときのことをありありと思い出した。

電話が終わるや、職員は私の姿を見つけて言った。

「あれ、今日は学校帰りかい。制服のほうが大人っぽく見えるね。それにしても、こんな時間になぜまたわざわざ来たのかね」

「実は学校の展覧会が終わったものですから、お世話になったお礼に作品をご覧になっていただければと思い、お持ちしたのです」

こう言って、鞄から『横浜線』の本論と別冊を取り出し、職員に見せた。

「ウワー、すごいじゃないか。これ、原稿用紙で何枚あるんだ。学校の勉強をやらないで、こんなことばかりやっていたんじゃないの？」

職員が大きな声を上げるや、周りにいた職員たちもいっせいに集まってきた。彼らは口々に「オー」とか「すげえな」とか言いながら、本論と別冊を代わる代わる手にしてしばらく見入っていた。

「まさかここまで調べていたとは思わなかったな。『車両運用検査清掃予定表』なんて、初めて見たよ。電車区でもらったんだろうけど、よくもらえたな。たぶん君はいまや僕たちよりも、横浜線の車両の運用に関しては詳しいはずだよ」

職員がこう言うと、集まってきた職員たちも笑いながらうなずいた。

それは過分な褒め言葉だった。労作展で正当な評価を得られなかったと思っていただけに、その言葉はいっそう胸に響いた。一人の中学生に対する、年齢の差を超えた敬意すら感じられた。

私の作品は、決して「独歩孤立」していたわけではなかった。慶應義塾の「外」に当たる東京南鉄道管理局のなかで、着実に「人間交際」の幅を広げていったからだ。御礼の言葉が自然とあふれてきた。

「旅客課だけでなく、どの部署でも親切に対応していただいたおかげです。ありがとうございました。電車課でもお世話になったので、これから挨拶にうかがうつもりです」

「部外秘のダイヤを公開したと言って叱られるかもしれないぞ。いや、そんなことはないか。これを見たらよくやったと言うかもしれないな」

職員に半ば脅されつつ、旅客課をあとにして電車課へと向かった。ダイヤをくださった職員が机に向かって作業をしていた。私の姿を認めると、直ちに作業をやめてこちらに向き直った。まるであらかじめ会う約束をしていたかのような応対ぶりだった。

「あれ、今日はいつもより遅い時間に来たね。学校の帰りのようだけど、例の横浜線の研究がようやく実を結んだのかね？」

「はい。おかげさまで完成し、中学の展覧会に出品しました。それが終わったものですから、お世話になったお礼をしたいと思い、作品を見せにまいりました」

私はこう言って、旅客課と同様、『横浜線』の本論と別冊を鞄からおそるおそる出した。作品の一部として出すことをあらかじめ想定していたのか、職員は別冊のダイヤを見ても怒らなかった。それどころか、旅客課の職員同様、「おお、すごいねえ」と言いながら空いていた隣の席に座るよう私に命じ、原稿用紙を束ねた本論を最初のページから読み始めたので、いたく恐縮してしまった。

職員の姿勢には厳粛さが漂っていた。時に別冊1と別冊2をめくりながら、また時に大きくうなずいたり微笑を浮かべたりしながら、ページをめくってゆく。決していたずらに持ち上げるわけではなく、不正確な箇所を見つけると「これはどこで調べたのかい」と穏やかに質問する。その姿勢から浮かび上がったのは、同じく鉄道を、いや国鉄を愛する者どうしの対等な関係だった。

時計の針はいつしか午後五時を回っていた。退勤する職員がちらほらと出始めた。それでも職員は気にすることなく、ページをめくる手を一向に止めなかった。窓の外に夕闇が迫り、室内の蛍光灯が輝きを増した。周囲の物音が消えていった。

私はいま、横浜線のダイヤを作成した張本人と相対しているのだ。その表情を横目で見ているうちに、普通部の社会科の教員よりもずっと真剣に自分の作品と向き合ってくださっているという、何とも言えない思いがこみ上げてきた。

後年のことだが、東京大学大学院法学政治学研究科に近世から近代にかけての国学や神道をテーマとする修士論文――それが『〈出雲〉という思想　近代日本の抹殺された神々』（講談社学術文庫、二〇〇一年）に収められた「復古神道における〈出雲〉」である――を提出したとき、副指導教員に当たる渡辺浩先生の研究室で、二日間にわたって徹底的に論文全体に対するコメントをいただいたことがあった。そのときに思い出したのが、一九七六年九月三十日に国鉄本社内の一室で交わした、この電車課職員とのやりとりだった。あれこそが、私にとってのアカデミアの原点だったのではないか。真のアカデミアは日吉にはなく、丸の内にあったのではないか――。

　本論を読み終わると、職員はこう言った。

「非常に面白かった。一部不正確なところもあったけれど、全体的には中学生とは思えない出来栄えだと思うよ。しかしこの作品の価値を本当に理解できる人は、一体どれだけいるかなあ」

　的を射た感想に頰が緩んだ。

「おっしゃる通りで、学校での評価もいま一つでした。でも今日はこちらにうかがうことができて、本当によかったです。少なくとも一人は、ちゃんと理解してくれる人がいるとわかったのですから」

「やっぱりそうだったのか。これは私の考えだが――」

　職員は神妙な顔つきになった。

「国鉄の赤字は膨らみ続けている。やむなく五〇％の値上げをしようとしているけど、この法案が通っても小手先の対策ではどうしようもないところまで来ている。次に来るのは、ローカル線の思い切った廃止と、採算を重視した民営化だろう。そうなると、経営努力しだいで黒字が見込める横浜線のダイヤも大きく変わってゆくに違いない。君の作品は、国鉄時代の横浜線がどういう線だったかを多角的に検証した研究として、むしろこれから価値が増すと思うよ」

「ありがとうございます」

最後の言葉がとりわけ胸に響いた。この言葉を忘れないようにしようと思った。

丸の内をあとにしたときには、すっかり夜になっていた。制服姿だったせいか、まるでもう一つの学校の授業が終わり、家路につくような錯覚に陥った。

国鉄本社を訪れたのは、これが最後となった。

もう一つ、訪れるべき場所があった。

翌十月一日金曜日。授業が終わるや、前日と同じように作品を持ち、こんどは東神奈川電車区を訪れた。「車両運用検査清掃予定表」をくださったあの職員に作品を見せ、お礼を言うためだった。

しかし職員はいなかった。

前日は夏の略装だったが、この日からは学校も衣替えのため、黒い詰襟の制服を着ていた。一目で慶應の中学生とわかる制服制帽姿の私に対して、代わりに対応した職員の態度はそっけなかった。

結局、作品を見せることもなく、そそくさと東神奈川電車区をあとにした。同電車区を訪れたのも、これが最後となった。

九月三十日と十月一日の違いをまざまざと感じた。衣替えとともに、鉄道に情熱を傾けた一九七六年の夏が終わった。職員の不在は、このことを暗示しているように思われた。

10 「未来からの挑戦」

一九七六年十月四日月曜日の放課後、私は東急東横線の日吉駅で、田園都市線の青葉台までの六ヵ月の通学定期券を買った。四月から続けていた横浜線経由をやめ、東横線から田園都市線に乗り換えられる自由が丘回りにした。これだと乗り換えが一回で済むうえ、同じ東急どうしの乗り換えになるので、横浜線経由よりも安かった。

労作展が終わった以上、もう横浜線にこだわる必要はなかった。十月の声を聞くとともに、あれほど昂じていた横浜線に対する情熱が、急速に冷めてゆくのを感じないわけにはいかなかった。

東京南鉄道管理局の電車課の職員が話していた通り、十一月六日には国鉄の運賃や料金が平均五〇%も値上げされた。最低運賃は三十円から六十円へと一気に倍になり、東急と同額になった。そうなると、ますます横浜線から足が遠のいた。

国鉄の最低運賃は七八年に八十円、七九年に百円、八一年に百十円、八二年に百二十円と、毎年のように上がっていった。そのたびに、電車課の職員の言葉がよみがえった。わずか六年のうちに、三十円が四倍に当たる百二十円に跳ね上がったのだ。現在、ＪＲ東日本の最低運賃がＩＣカード利用で百五十五円であることを踏まえると、いかに短期間で異常な値上がりが起こったかがわかるというものだ。

東急田園都市線沿線には、依然として里山の風景が至るところに残っていた。それでも少しずつ開発が進み、「つくし野」「もえぎ野」「つつじが丘」「しらとり台」「たちばな台」などに続き、一九七五年九月に「みたけ台」。七六年一月に「あざみ野」。同年七月に「すみよし台」といった具合に、平仮名と「台」や「野」や「が丘」が組み合わさった、いかにも東急らしい地名が少しずつ増えていった。

田園都市線で駅間の距離が最も長かったたまプラーザ―江田間には、いまや同線で渋谷、溝の口、三軒茶屋に次いで乗降人員が多く、横浜市営地下鉄ブルーラインの終点にもなっているあざみ野駅の建設が進みつつあった。同駅は七七年五月に開業する。

我が家では、青葉台駅前にあった東急系のスーパーでの買い物をなるべく避けた。割高だからというのがその理由だった。母は買い物用のカートを持ってアップダウンの激しい道を一キロほど歩き、桜台の生協（現・生活協同組合ユーコープ）まで買い物に行った。我が家には自家用車がなく、自転車もアップダウンの激しい地形には不向きだったので、歩いて行くしかなかった。時間のある日曜や祝日などには、母の買い物を手伝うこともあった。

桜台は普通部で二学年上のクラスにいた千住明の家がある住宅地で、団地のある青葉台一丁目の北側に当たる青葉台二丁目に接していた。青葉台二丁目には、地理研究会の後輩だったHくんの家や、十二月の衆議院議員総選挙で日本社会党から立候補して初当選することになる伊藤茂の家があった。Hくんもまた鉄道好きで、労作展に鉄道をテーマとする作品を出していた。非常に優秀だったが「家訓」と称して学者にはならず、なぜか鉄道会社ではなく航空会社に就職し、現在は専務になっている。

滝山団地では生協との縁がなかった。同じ東久留米市内の団地では、ひばりが丘団地と東久留米団地に生協があったのに対して、滝山では聞いたことがなかった。生協の店舗があること自体、田園青葉台団地に引っ越してから初めて知った。

一九四六年に「川崎生活協同組合」が誕生して以来、神奈川県では生協の運動が東京都より盛んだった。七五年には川崎、川崎市民、横浜、湘南市民、浜見平の各生協が合同して「かながわ生活協同組合」ができていた。桜台の店舗もその一つだった。

かんすいなどの食品添加物を使っていない生協のインスタントラーメンとインスタント焼きそばが好物で、買い物の際に大量に購入し、家に備蓄しておいた。早く帰宅したときには、すぐに自分でラーメンか焼きそばを作って食べるのが習慣となっていた。

そのあと、布団を敷いて二時間ほど昼寝をした。夕食、入浴のあと、深夜までラジオを聞きながら、理科のレポートを書いたり、試験の勉強をしたりして午前零時を回る頃に就寝した。部活動がある日は昼寝ができない分、就寝時間が早まった。睡眠時間は最低八時間を確保しないと翌日に響いた。

一九七六年十月十五日、田園都市線のすずかけ台—つきみ野間が開業した。つきみ野は神奈川県大和市にあった。川崎市高津区（現・高津区および宮前区）、横浜市緑区、東京都町田市でとどまっていた多摩田園都市の範囲が、再び都県境を越えて神奈川県に入ったことになる。

たまプラーザや青葉台の駅付近に公団の団地があったのとは異なり、長津田から先の区間は一戸建て主体の東急らしい街づくりが進められた。田園都市線の終点はつきみ野ではなく、もう一駅先に当たる中央林間までの延伸が計画されていた。

中央林間は相模原市の相模大野で小田急小田原線から分岐し、藤沢市の片瀬江ノ島へと至る小田急江ノ島線の駅で、一九二九年に開業した当時は「中央林間都市」と称した。東林間都市（現・東林間）、南林間都市（現・南林間）とともに、小田急が戦前に開発しようとした「林間都市」の一つだった。

カラマツ林のなかに広がる住宅地のほか、公会堂、学校、スポーツ施設などを誘致し、計画的な街づくりを進めようとしたものの、東京から遠すぎたため頓挫し、一九四一年には三つの駅名から「都市」が消えた。田園都市線の中央林間延伸は、かつての「林間都市」が「田園都市」に吸収されることを意味した。

当時の田園都市線はまだ四両編成か五両編成で、横浜線の七両編成よりも短かった。横浜線に乗り慣れると、駅と駅の間の距離が短く感じられた。行きは快速があるのでまだよかったが、帰りは各停しかなく、自由が丘から青葉台まで三十分かかった。

通学のルートが変わったことで、帰りに自由が丘で途中下車し、駅前の東急プラザ（現・自由が丘東急ビル）に入っていた三省堂書店に立ち寄ることが多くなった。時には東横線にそのまま乗り、終点の渋谷で降りて「本のデパート」と呼ばれた大盛堂書店まで足を伸ばすこともあったが、それより遠くには行かなかった。

英語のT先生のテストは、江藤淳と親しかったもう一人の英語のN先生とは違って教科書の文章から出題されず、難しかった。ある英語の参考書から試験問題を出しているという噂が広がり、K・iくんと一緒にその参考書を探しに大盛堂まで行ったことがあった。

K・iくんは春の遠足で一緒に芦ノ湖畔を歩いたクラスメートの一人で、東横線の元住吉に住んでいた。Nくんと同じく、後に医学部に進んで臨床医となり、現在は東京都内で皮膚科の医院を開業している。

渋谷で降りると、K・iくんが現金を引き出すため西口の住友銀行（現・三井住友銀行）に立ち寄りたいと言う。てっきり窓口で通帳を提出するのかと思いきや、定期入れから見たこともないカードを取り出した。

キャッシュカードだった。

「なんだいそれは」

「見たことないのか。遅れてるな。暗証番号さえ覚えておけば、これ一枚で現金を引き出せるんだよ」

Ｋ・ｉくんは慣れた手つきでＡＴＭにカードを入れ、二千円を引き出した。ＡＴＭを見たのも、このときが初めてだった。

「びっくりしたな。まさかこの機械のなかに人間が入っているわけではないだろうけど。このカードさえあれば、いちいち現金を持ち歩かなくてもいいのか」

「そうだよ」

「うらやましいな。うちなんて親から毎月、現金で小遣いをもらっているからな」

「自分専用の口座をつくってもらったんだよ。通帳を持ち歩かなくても、カードさえあればいつでも引き出せる。便利でいいぞ」

そういうものかと思った。大盛堂書店は渋谷スクランブル交差点の北西角にある現在とは異なり、神南《じんなん》の安田火災海上（現・損保ジャパン）が入ったビルにあった。学習参考書のコーナーに行くと噂の参考書があったので、Ｋ・ｉくんも私も購入した。しかし柳の下に二匹目のドジョウはいなかった。Ｔ先生の次のテストでは、この参考書から出題されなかったからだ。

Ｋ・ｉくんがカードを持っていることは、帰宅してから母に伝えた。だが「おまえみたいなそそっかしい奴はすぐに紛失する。危ないったらありゃしない」と言われ、持たせてもらえなかった。

普通部には警備員が常駐していて、生徒が教室を空ける保健体育の時間には鍵を閉めることになっていた。ところが保健体育が終わっても警備員がやって来ず、教室に入れないことがあった。

次の授業はＨ先生の数学だった。当時、普通部で一番若い先生で、自宅に電話すると母親が出てきて「はじめちゃん、電話よ」と言って本人につなぐことから「はじめちゃん」と呼ばれていた。

こういうときに悪知恵が働く生徒がいた。特に成績がよいわけではないのに、やたらと機転だけは利く生徒だった。すぐに演技のうまいＩくん一人を残して全員を、教室に隣接しながら死角になっている階段に隠れるよう指示し、Ｉくんには授業の時間が始まっているのにクラスメートが中から扉を力ずくで押していて教室に入れてくれないという設定で演技をするよう命じた。

授業開始のブザーが鳴った。それでも警備員は現れなかった。間もなく「はじめちゃん」がやって来た。その直前からＩくんが扉を激しく叩き、「おい、先生来たぞ。いい加減に開けろよ」などと叫んだ。

「どうしたんだ」

「僕一人が締め出されちゃって、中に入れてくれないんです。助けてください」

こう言われた「はじめちゃん」は、「おい、開けろ！」と怒鳴り声を上げた。その声は、我々が腰を下ろしていた階段にまで伝わってきた。

あちこちから漏れる失笑に気づいた「はじめちゃん」は、階段のところまで来て我々の姿に気づき、騙されたことを知った。警備員がそのあとにやって来たので全員が教室に入り、何事もなかったかのように授業が始まった。この手のいたずらがあっても、先生が生徒を説教するようなことはなかった。そこには、悪知恵の働く生徒や、演技のうまい生徒に対する敬意のようなものすら感じられた。

別の日には、国語の「ハムイチ」先生が地名の話をした。日本には「神戸」という地名がいくつかあるけれど、「こうべ」のほか「ごうど」や「かみど」など、読み方がまちまちだとしたうえで、「ほかに読み方わかる人いませんか」と尋ねた。

私は挙手して「かんべ」と答えた。「ハムイチ」先生は驚いたような顔になった。

「どこにありますか」

「三重です」

近鉄大阪線に伊賀神戸という駅があったし、小学生最後の旅で訪れた伯母の家があった安芸郡河芸町に隣接する鈴鹿市に神戸と書いて「かんべ」と読む城下町があるのを知っていたので、その連想で答えられた。

「ハムイチ」先生は、私を試すかのように黒板に「用宗」「余目」と書き、どう読むかを尋ねた。どちらも東海道本線や羽越本線の駅名として覚えていたので、すぐさま「もちむね」「あまるめ」と答えられた。

「ハムイチ」先生は、「いやあ、参りましたなあ。ここはひとつ、原くんに先生になってもらって、私の代わりに出題してくれませんかね」と言った。

　促されて教卓の前に立った私は、まず黒板に「軍畑」と書いた。東京都にある青梅線の駅だ。前年に青梅線について調べたときから印象に残る駅名だった。「軍」の読みが難しいのではと思ったが、ハムイチ先生は「『いくさばた』ですか？」とあっさり答えた。

　このレベルでは簡単に答えられてしまうと思ったので、次に「放出」と書いた。大阪市内にある片町線（学研都市線）の駅だ。先生は「『ほうしゅつ』なんてことはないですよね。ウーン、わかりません」と白旗をあげた。

「『はなてん』と読みます」

「そんな地名があるんですか。どこにあるんですか」

「大阪です」

「ほう。関西の地名というのは奥が深いですね。全く知りませんでした」

「はじめちゃん」も「ハムイチ」も、先生面をして威張ることは全くなかった。わからないものはわからないとはっきり言い、生徒を立てた。ほかの生徒たちも「すげえな」と声を上げた。成績に還元されないそれぞれの生徒の個性や能力を素直に認めるのは、慶應が培ってきたよき文化ではないかと思ったものだ。

しかしこの思いが裏切られる場合もあった。

普通部には図書室があり、生徒たちの憩いの場になっていた。本を借りるときには入ってすぐ左側のカウンターで手続きをするのだが、反対側にはバックナンバーを含めて雑誌が配架された書棚があった。その前には雑誌を閲覧できるよう円形の大きなテーブルが置かれ、その周りに椅子が配置されていた。

ここに来れば、スポーツや釣り、オーディオ、数学、天文、鉄道などの月刊誌を自由に閲覧できた。鉄道雑誌としては『鉄道ファン』(交友社)が入っていたので、休み時間に立ち寄って読むことがあった。

その日の昼休みもそうだった。教室で弁当を食べてから『鉄道ファン』の最新号を閲覧しようと、図書室の雑誌コーナーに出向いた。

あいにく最新号はなかった。すべての椅子が生徒たちでふさがっていた。その誰とも面識はなかったが、野口聡が属していたC組の生徒だというのは察しがついた。野口くんはそこにいなかった。

座っていた生徒の一人が最新号を読んでいた。待っていれば書棚に返すだろうと思ったので、少し離れたところで様子をうかがっていた。

私の姿を認めたその生徒がおもむろに声をかけてきた。

「おい、おまえ、E組の原だろう。こいつ、鉄道マニアなんだぜ」

座っていた周りの生徒がいっせいに私を見ながら笑い声を上げた。「マニア」という言葉に侮蔑感がこもっていた。労作展の講評で私の作品を「マニアック」だと批判したT先生の言葉が、改めてよみがえった。

このとき初めて、他のクラスで自分が変わり者として知られていることに気づいた。暴力的ないじめにあうことはなかったものの、C組ではそんな風に見られているのかと衝撃を受けた。

もちろん彼らの名前をここで出すつもりはない。けれども、普通部時代の最も嫌な思い出の一つとして記憶に刻まれていることは確かだ。

小学四年生だった一九七二年十二月十日に第三十三回衆議院議員総選挙が施行されてから、解散総選挙はまだ一度もなかった。しかし解散がなくても、四年の任期満了が目前に迫っていた。

ロッキード事件の解明に意欲を示す首相の三木武夫は解散をもくろんでいたが、「三木おろし」を画策する党内の福田赳夫や大平正芳ら反主流派の勢力が強く、解散権を行使できないでいた。それでも任期満了となる十二月九日までには、必ず総選挙が行われるはずだった。

十月十八日、新自由クラブは神奈川県で唯一候補が決まっていなかった神奈川一区に慶應義塾大学医学部を卒業した医師の工藤晃を公認候補として立てると発表した。これにより神奈川一区は、自民党、日本社会党、公明党、日本共産党、民社党の主要政党に加えて新自由クラブの候補者が出そろうことになった。

投票日は十二月五日、公示日は十一月十五日と決まった。その直前、三木内閣としては最後になる大仕事があった。十一月十日に東京の日本武道館で行われた「天皇陛下在位五十年記念式典」である。

昭和天皇は香淳皇后とともに出席し、「今ここに過去五十年の歳月を顧みるとき、多くの喜びと悲しみとが思い出されるのでありますが、何にもまして国民が幾多の苦難と試練を乗り越えて今日に至っていることに深い感慨を覚えます」と述べた。

当時、昭和天皇は七十五歳だった。物心ついたときから、天皇はすでに老人だった。眼鏡をかけ、幾分猫背で、時々口をパクパクさせる癖があり、ちょっとかん高い声で独特の抑揚をつけて話すというのが、テレビを通して見た天皇の印象だった。この人物が、かつて陸海軍を統帥する大元帥として白馬に乗り、国民から湧き上がる「天皇陛下万歳」の叫び声をバックに戦争を指導したのと同じ人物だとは思えなかった。

我が家には、天皇に対する崇敬の念というものはなかった。都心で生まれ、都心で育った父は、天皇を「天ちゃん」、皇太子を「マメ天」と呼んでいた。「陛下」と敬称をつけたり、敬語を使ったりしたことは一度もなかった。反対に敵意をむき出しにしたり、天皇制打倒を唱えたりしたこともなかった。

横須賀で生まれ、隣接する三浦郡浦賀町（一九四三年から横須賀市）で育った母が言うには、横須賀で長谷川清ら将官クラスの海軍軍人に書道を教えていた母の父、つまり私にとっての祖父は、昭和天皇を思う気持ちが人一倍強かったらしい。だが母は、そんな祖父のことを「右翼」だと言っていた。祖父の尊皇心は、娘にも孫にも伝わらなかったということだ。

後のことだが、大学で親しくなった兵庫県姫路市出身の同級生の実家に行ったとき、居間に昭和天皇と香淳皇后の「御真影」が飾られているのを見てびっくりしたことがある。「田舎では特に珍しくもない」という彼の言葉に、生まれ育った環境の違いをまざまざと思い知らされたものだった。

しかし天皇在位五十年は、全く別の観点から我が家で話題になった。『昭和天皇実録』第十六（東京書籍、二〇一八年）の一九七六年十一月十日条に「この年、御在位五十年を慶祝して、記念貨幣・記念郵便切手・記念乗車券等の発行、記念たばこの販売、東京国立博物館における『王朝美術名品展』を始めとする記念展覧会等の催しが行われる」とあるように、国鉄や私鉄各社がいっせいに主要駅で記念切符を発売したからだ。このニュースは新聞などでも事前に報道されていて、私も買いたいと思った。

十一月十日は水曜日だった。休みがちだったバドミントン部の練習をこの日も休み、放課後にまず日吉駅の定期券売り場で東急の記念切符を購入した。

切符は二種類あり、いずれも一九一四（大正三）年に製造され、二八（昭和三）年の即位大礼で用いられた、屋根に鳳凰をいただく儀装馬車の写真が掲げられていた。この儀装馬車はすでに廃止されていた。

天皇自身の写真は掲げられていなかった。切手などと同様、その写真を切符に掲げるのは不敬だという観念が残っていた。私鉄会社が戦前に使われた馬車の写真を載せるというのも不相応な感じがした。

それから東横線で渋谷に出て、駅の旅行センターで国鉄の記念切符を買った。

こちらは急行券で、四種類あった。それぞれ、一八七六（明治九）年製造の1号御料車（初代）、一九二四（大正十三）年製造の12号御料車、一九三二（昭和七）年製造の1号御料車（二代）、一九六〇（昭和三十五）年製造の1号御料車（三代）の写真が掲げられていた。

いずれも見たことのない客車だったが、1号御料車（初代）は交通博物館に展示されていた。また1号御料車（三代）は当時も使われていた。しかし御料車に乗る天皇や皇后の姿はやはり写っていなかった。

滝山団地から普通部に通っていた当時、山手線の代々木―原宿間から見えた「宮廷ホーム」を思い出した。あの古色蒼然としたホームがお召列車の専用ホームであることは知っていたが、実際にお召列車がホームに停まっているのを見たことはなかった。

ましてや生身の昭和天皇自身を目にしたことはなかった。十四年しか生きていない私にとって、五十年という歳月の長さを想像することは不可能だった。

ふだんは意識したこともなかった天皇の在位五十年を、なぜマスコミは大きく報じ、鉄道各社もこぞって言祝ぐのか。当時の私には、それがとても奇妙に思われた。お濠の内側に隔離された天皇とのつながりを感じさせるものと言えば、せいぜい昭和という元号や、四月二十九日の天皇誕生日（現・昭和の日）だけだった。もちろん正月や天皇誕生日の一般参賀に加わることもなかった。

一九一二（明治四十五）年七月に明治天皇が亡くなったとき、徳冨蘆花（健次郎）は「余は明治と云う年号は永久につゞくものであるかの様に感じて居た」（『みみずのたはこと』下、岩波文庫、一九七七年）と述べた。私もまた、昭和天皇は老人のままずっと変わらず、昭和という元号は永久に続くような予感を抱いていた。

十一月十五日に第三十四回衆議院議員総選挙が公示されたのを受け、ＮＨＫ総合テレビで政見放送が始まった。二十日土曜日には神奈川一区の候補者の政見放送があったが、放送時間が午後十二時十五分から四十五分までだったため、見ることができなかった。

同日の午後七時三十分から八時三十五分までは、墨田区、江東区、荒川区を選挙区とする東京六区の政見放送があり、こちらは見ることができた。一九六〇年代に西武沿線のひばりが丘団地に住んでいたこともある日本共産党の不破哲三が出てきて、立て板に水のごとく抱負を語っていた。だが私の関心を最もひきつけたのは、深作清次郎という、野武士のような顔つきをした六十五歳の新人候補だった。

深作の政見放送は、冒頭から他の候補者と全く異なっていた。朗々と軍歌を歌ったかと思うと、テレビ画面に向かって語気鋭く「諸君！」と呼びかける。大げさな身振り手振りを交えつつ、熱弁を振るう。憲法を改正して再軍備し、北からのソ連の脅威に備えないと日本が赤化してしまうと危機をあおり立てる。

そもそも経歴からしてよくわからなかった。風貌から判断するに、戦前にテロ事件を起こした民間右翼の生き残りのようにも思われたが、政見放送の面白さに目覚めたことだけは確かだった。

これ以降、深作は一九七九年の東京都知事選にも立候補するなど、赤尾敏《びん》や東郷健などとともに泡沫候補の常連になっていった。

十二月五日、四年振りの総選挙が行われ、六日にかけて開票作業が進められた。ロッキード事件で世間の批判を浴びた自民党は二百四十九議席と、結党以来初めて単独過半数割れとなって大敗した。にもかかわらず、新潟三区から無所属で出馬した田中角栄はトップ当選した。新自由クラブは十七議席を獲得し、日本共産党と同じ第五党に躍進した。神奈川県に限って言えば、一区から五区まですべての選挙区で新自由クラブの候補がトップ当選して五議席を獲得し、自民党の三議席を上回った。

定員四人の神奈川一区では、出馬が後れた新自由クラブの工藤晃が最も多くの票を集め、次いで日本社会党の伊藤茂、自民党の小此木《おこのぎ》彦三郎、公明党の伏木和雄と続いた。日本共産党の陶山圭之輔は次点に終わり、民社党の三浦隆は六位に沈んだ。

これを同じ定員四人で、前述した東京六区と比較してみると、同区では公明党、自民党、共産党、社会党の順で候補者が当選している。新自由クラブは候補者を立てていない。不破哲三は三位で当選したのに対して、深作清次郎は最下位に沈んでいる。

同じく定員四人で、滝山団地のある東久留米市を含む旧北多摩郡の選挙区である東京七区と比較してみると、同区では自民党、社会党、公明党、共産党の候補者が当選している。ここでも新自由クラブは候補者を立てていない。無所属から立候補した当時三十歳の菅直人が次点に終わっている。

東京六区、七区ともに、七二年十二月の総選挙のように共産党の候補者がトップ当選することはなかった。とはいえ、党全体としては三十九議席から十七議席へと大幅に議席数を減らすなかで、どちらもしっかりと議席を守っている。

一方、八王子市や町田市など旧南多摩郡を選挙区として東京七区から分かれた東京十一区では、新自由クラブの候補がトップ当選したのに対し、前回東京七区でトップ当選した日本共産党の候補が次点に沈んだ。一口に多摩と言っても、旧南多摩郡は旧北多摩郡ほど共産党が強くなかったのだ。

横浜線の沿線に当たる横浜市、町田市、相模原市、八王子市では、すべての選挙区で新自由クラブが最も大きな支持を得たことになる。

神奈川一区の選挙結果について、地元のタウン紙は次のように報道している。

> 選挙の都度、得票数が漸減してきた自民党は、今回、わずか一六・六パーセントに急減、区内有権者の「自民離れ」を決定的に印象づけたがこの自民離反票を社会、共産など革新勢力が吸収出来ず、民社、公明、とりわけ保守の批判勢力の新自由クラブがことごとくくみ上げたのが特徴である。こうした投票行動に表れた区内有権者の政治意識を分析すると第一に、保守批判を劇的な形で鮮明にしたこと、第二に、革新基調といわれてきた緑区だが、その革新濃度は、かなり生色に欠けていること。けっきょく、激しい変化を求めず、中道を好むというのが区内有権者の性向であるといえよう。（『みどり新聞』一九七六年十二月五日）

正確でない記述がいくつも含まれている。社会党は二位に入っているから「革新勢力が吸収出来」なかったわけではない。民社党は六位に沈んでいるから「自民離反票」を「くみ上げた」わけでもない。当時の「中道」は公明党と民社党を指すのであって、新自由クラブが「中道」とは言えまい。自民党でない「保守」と共産党でない「革新」が上位を占めたのだ。

我が家は両親ともに工藤晃に入れたようだ。ロッキード事件に対する反発に加え、慶應義塾大学医学部卒という学歴が決め手になったらしい。

しかしブームは長続きしなかった。一九七九年の総選挙でも共産党の候補は次点になったが、工藤晃はそれよりも低い六位に沈んだ。これ以降の総選挙でも神奈川一区では新自由クラブが議席を獲得できず、自民、社会、公明、民社の各党が四議席を占める状況が一九八六年まで続いた。同年、新自由クラブは解党し、自民党に合流している。

一九九四年の青葉区発足に伴い、青葉台は緑区から青葉区になった。同年には小選挙区制の施行に伴い、衆議院の選挙区も神奈川一区から神奈川八区に変わったが、自民党でない保守ないし中道左派の候補が当選する傾向は一貫して変わっていない。

選挙区が狭まり、東急田園都市線沿線を中心とする区域に限定されることで、西武沿線と異なる東急沿線の政治風土がより鮮明になったのだ。それを一言で言えば、自民党も共産党も当選できない新保守主義的な政治風土であり、新進党、無所属の会、民主党、みんなの党といった政党の候補者が当選してきた。現在はみんなの党から立憲民主党に鞍替えした江田憲司が神奈川八区から選出された議員になっている。

自民党が大敗した責任をとる形で三木内閣が総辞職し、十二月二十四日に福田赳夫内閣が成立した。七五年のスト権ストのときに内閣官房副長官としてテレビに出ていた海部俊樹と、同年の都知事選に立候補した石原慎太郎が、ともに初入閣を果たした。昭和生まれが初めて閣僚になったわけだが、三木内閣のときと同様、女性は一人も閣僚にならなかった。

たとえ総選挙で自民党の議席が過半数を割っても、自民党は保守系の無所属議員を追加公認して過半数を確保したから、安定した自民党政権が続くこと自体に変わりはなかった。昭和が永久に続くと思われたのと同様、自民党政権もまた永久に続くように思われた。

普通部は十二月十九日から冬休みに入ったが、今回もスキー学校には行かなかった。二十二日、私の足は日本橋の丸善の洋書売り場に向かっていた。世界の鉄道書を集めたフェアが開催されていることを知ったからだ。

来年度の労作展ではもう国鉄や私鉄の線をテーマとせず、教科を社会から英語に変えて英文和訳に取り組むことを決めていた。そのためのテキストを探しに行くのが、この初めての丸善訪問の目的だった。

ここで出会ったのが、F・ジョージ・ケイという英国のジャーナリストが一九七四年にロンドンのハムリン社から出版した『Steam Locomotives』というハードカバーの本だった。一八〇四年に英国のリチャード・トレビシックが世界初の蒸気機関車をつくってから、一九六〇年に英国最後の蒸気機関車が製造されるまでのＳＬの歴史が描かれていた。

社会から英語に教科を変えても、鉄道をテーマとしたい思い自体に変わりはなかった。どうせならまだ日本で翻訳されたことのない本を訳したいと考えていたので、この本はまさに打ってつけだった。

Ａ４判で一三〇頁ほどの分量だったが、写真が多いため、実質的には一〇〇頁もなかった。それほど手間はかからないように思われた。

さっそく十二月二十五日から作業に着手した。単語帳用の大学ノートと下書き用の大学ノートを用意し、序文から訳し始めるや、すぐに見通しの甘さを思い知らされることになった。わからない単語が多く、たった十三行しか進まなかったのだ。

まだ学校で習っていない関係代名詞や関係副詞や分詞構文が多用されているのも、作業が進まない要因だった。塾に通っていたわけでもなかったので、ここは独学でカバーするしかなかった。

鉄道の研究とは根本的に方法が異なっていた。とにかく、テキストと辞書と英語の参考書さえあればいいのだ。ただ終日家にこもり、テキストとにらめっこしていればよかった。どこに行く必要もなければ、誰に会う必要もなかった。

確かに難しい英文だったが、正答への道筋がわかっているという点でははるかに楽だし、辞書を何度も引くうちに英語の語彙力も上がるだろうという読みもあった。しかも英文和訳は、例年多くの生徒が受賞しており、難解な本ほど特別展示に選ばれる確率も高かった。

横浜線の研究が思ったほど評価されなかったことで、私はいくぶん打算的になっていた。いまから始めれば、さすがに来年の九月までには仕上がるだろうと高を括っていた。しかしそれは国鉄本社や東神奈川電車区に通った日々とは似ても似つかない鬱屈した日々の始まりにほかならないことに、まだ気づいていなかった。


一九七七年が明けた。滝山から青葉台に引っ越し、慶應での日々が長くなるにつれ、『滝山コミューン一九七四』で記したような小学校時代の記憶は、しだいに忘却の彼方へと退きつつあった。

しかしその記憶がまざまざとよみがえる機会が不意にやってきた。毎週帰宅後に欠かさず見ていたNHK総合テレビの少年ドラマシリーズで、一月十日月曜日から「未来からの挑戦」が始まったのだ。

眉村卓原作のドラマは、一九七五年十一月から十二月にかけて放映された「なぞの転校生」以来だった。「ねらわれた学園」と「地獄の才能」を組み合わせた「未来からの挑戦」は全二十回で、歴代の少年ドラマシリーズのなかで最も長かった。

途中、ロッキード事件丸紅ルートの第一回公判や国会中継のため、木曜日放映の予定が金曜日に変更されながら、二月十一日金曜日まで断続的に一ヵ月あまりも続いたのだ。毎週、午後六時五分からの二十分間、このドラマにまさに釘付けになった。

舞台となったのは、「なぞの転校生」と同様、団地に住む主人公の関耕児らが通う中学校。高見沢みちるという少女が生徒会長に立候補し、中学校に「規律を取りもどし、秩序のある学園」にすると掲げて当選する。これ以降、圧倒的な力で学校内を支配し、反対者を超能力でねじ伏せてゆく。ついには学校の風紀を取り締まるという名目で「パトロール委員」まで新設し、校内の自由を奪ってゆく。高見沢みちるの背後には、未来から来た宇宙人の集まる「英光塾」なる組織の存在があった。この組織に関耕児らが立ち向かうのだ。

このドラマを見ているうちに、ひりひりとした既視感に襲われることが多くなった。中学校と小学校という違いはあるものの、滝山団地に隣接する東久留米市立第七小学校に通っていたときの自分自身の体験に、あまりにも似ていたからだ。

関耕児が同じ中学二年生だったことも、ドラマへの思い入れを強めさせた。もし普通部でなく、第七小学校の卒業生の大半が進学する東久留米市立西中学校に通っていたら、これと同様の体験を味わったのではないか。そう思うだけで、じっとりと手汗がにじんできた。普通部の生徒の家庭環境が我が家とかけ離れていることに居心地の悪さを感じないわけではなかったが、西中学校に比べればはるかにましだった。

小学校時代の体験については、第2節で触れた。ソ連の教育学者、マカレンコから影響を受けた教育団体が唱える「学級集団づくり」がある教師によって進められる。国家権力からの自立と児童を主権者とする民主的な学園を目指すという理想のもと、その教師を担任とする六年五組が代表児童委員会や各種委員会の役職を独占し、学園支配を強めてゆく。そしてその支配に従わない私のような児童は代表児童委員会の部屋に呼び出され、児童たちから「追求」を受ける――。

第5節で引用した眉村卓との対談「団地と少年ドラマが輝いていた時代」には、「未来からの挑戦」の原作となった「ねらわれた学園」について、次のようなやりとりがある。

原　(前略)『ねらわれた学園』も僕の通っていた小学校も、子どもたちの主体性を大事にしています。戦後教育の特徴で、教師はなかなか出てこない。

眉村　そうです。『ねらわれた学園』は戦後的な世界です。(中略)

原　眉村さんの作品に非常に共感したのは、戦後教育、民主主義教育とされているものの根底にある集団主義的な要素が鮮明に描かれていたからだと思います。不朽の名作にしている理由だと僕は勝手に考えています。

加えて、(中略)当時、東京・大阪などの大都市郊外を中心に激増した団地が舞台になっていたということに深い意味を感じてきたわけです。小学校の教員たちも革新的でしたが、団地住民たちもまた公団や行政や鉄道会社に批判的で、積極的に自治活動を行っていた。

そして、小学校でも団地でも突出する人を嫌う傾向にあり、均質化が図られていくという息苦しさがありました。世帯収入も家族構成もとてもよく似ていましたから。

眉村　団地は文化的で自由な生活を謳歌できるとされながら、その実、型にはまった一つのスタイルがあった。それがあの時代を作っていたのですよね。生活基盤を似通ったものにしてしまうとそうした均質化を強要する現象が起きるのでしょうか。

団地に住んでいる生徒がおらず、生徒会のような組織もない慶應にいる限り、小学校時代のような体験は二度とないはずだった。代表児童委員会による「追求」に比べれば、前述のようなC組の一部生徒による冷やかしなど、物の数ではなかった。

それでも「未来からの挑戦」には、同じ中学校でありながら、慶應にない世界が描かれていた。あんな世界にはもう戻りたくないと思いつつも、そこにある種の郷愁を感じたこともまた確かだった。

それを一言で言えば、同じクラスの男女の生徒どうしの友情ということになる。関耕児にも、親しい女子のクラスメートがいた。教室に詰襟姿の男子生徒とセーラー服姿の女子生徒が当たり前のようにいる光景は、当時の私にまぶしく映ったものだ。

あの「滝山コミューン」にも、友情でつながっていた同じクラスの女子児童がいた。普通部に合格した直後には、二人の女子児童の前で制服姿を披露したこともあった。それに比べて、いまは何という味気ない世界に属していることか。ほぼすべての普通部生と同じく日吉駅東口の慶應義塾高校に進学するならば、少なくともあと五年間、男子だけの世界から逃れることはできないのだ。

いや、と私はその考えを打ち消した。

もし高校受験を控えた公立の中学校に進学していたら、横浜線の研究にあれほど打ち込むことなどできるはずがなかったに違いない。公立の中学校だけではない。開成中学校に進学し、鉄道研究会に入ったとしても、ここまでの研究は到底無理だっただろう。たとえ小学校時代のようなロマンスがなくても、高校受験も大学受験もない慶應の男子校ならではのありがたさを噛みしめる必要があると思いなおした。

11　関西私鉄との出会い

中学三年の労作展を見越して一九七六年十二月から始めた『Steam Locomotives』の翻訳は、ＮＨＫの少年ドラマシリーズ「未来からの挑戦」を見ている間もずっと続けた。大学ノート二冊をそれぞれ単語帳と下書きに充て、わからない単語は単語帳に意味だけでなく発音記号や品詞も罫線に並べて記しておき、下書きはあとで直せるように一行空きにして鉛筆で書いていった。これとは別に清書用のノートも用意したが、こちらは下書きが終わってから万年筆で正式な訳文を書くためのもので、当面使うことはなかった。

しかし翻訳の作業は出だしからつまずいた。「製作日誌」には、次のような記述がある。

1977年1月10日　福沢先生誕生日

この日は1日じゅう『Steam Locomotives』の本と面会していた。その効果が少しあって

30行程度進んだ。

1977年1月11日〜2月2日

授業との関係上、1日10〜20行程度しか進まなかったが、それでも毎日かかさずやった結果、「Birth of an idea」の項を終える。

1977年2月3日　福沢先生命日

福沢先生の講話が終わると一目散に家に帰り、新しい項「Pioneer locomotives」に着手する。

1ヶ月以上かかってやっと次の項に入れたが、ページはたったの12ページ進んだだけ！　しかしそのようなことは考えもせず、今日もまた翻訳に熱中し、11時までかかって37行訳した。

1977年2月6日

「Pioneer locomotives」の最初のページである20ページは紙面いっぱいに英字だらけ。これまでは紙面に写真や図があって目がごまかされていたけれども、いざ字一色のページに立ち向かおうとすると、何か目の前がクラクラッとして予想通りには進まず、結局ページの左半分を訳したまでで終わった。

1977年2月7日

今年の裏日本の豪雪は昭和38年以来のものだというが、こちらも豪雪そのもの！　全く進まないのであります。また今日も20ページをさまよい訳していた。

1977年2月11日　建国記念日

今日じゅうに20ページを終わらせようとしたが、とうとう終わらなかった。何しろ下書きのページ数よりも単語帳のページ数の方が多いのですからねエ。自分でもよくここまで文中の難しい単語を一字一句さぼらず、あきもしないで書いてきたものだなあと思う。

これらは一九七七年九月までずっと続く苦闘の日々の、ほんの始まりにすぎなかった。翻訳の作業は、すべて自宅で行った。わからない単語があれば辞書を引き、単語帳に書き込んでゆく。そしてセンテンスごとに訳していったのだが、難解な単語が多いうえに関係代名詞や関係副詞が多用される文章がよくわからない。マイルやインチやフィートといった、日本では使わない長さの単位もピンとこない。蒸気機関車のパーツを意味する専門用語も、具体的にどの部分を指しているのか、まるっきり想像できない。

終日家にこもっていても、一向にはかどらない。これまで自分は、英語は得意科目の一つだと思ってきた。しかしそれは大いなる誤解であることに気づかされた。普通部で身についた英語の学力など、本場の英国ではいかに歯が立たないかを思い知らされた。

英国の地名もよくわからない。Newcastleという地名がよく出てくるが、「ニューキャッスル」と発音するのか「ニューカッスル」と発音するのかもわからない。ロンドン市内一つとっても、キングスクロスがターミナルであることすらわからず、「王の十字路」って一体何だろうと首をひねったものだった。

横浜線をテーマにしたときには、わからなければ国鉄本社や電車区に取材に行き、関係者に直接確かめることができた。その取材を続けることで、しだいに真実が明らかになってゆく醍醐味があった。

しかし今回は、たとえ正しく翻訳ができたと思っても、字面を追っているだけで手応えがない。英国の歴史そのものに関する基礎知識が不足しているので、蒸気機関車の発明がいかに画期的だったかを説明していることはわかっても、著者の熱量を感じることが全くできない。

まだ着手したばかりだったから、テーマを変えようと思えばできなくはなかった。しかし、仮に鉄道の研究を続けたところで、横浜線を上回る作品を仕上げる自信はなかった。昨年の評価から、社会科の教員に対する不信感もぬぐえなかった。粘り強くこのテーマに取り組むしかないと思った。

三学期は三月十七日に終業式があり、翌日から春休みに入った。三月二十日の「製作日誌」の記述はこうだ。

1977年3月20日

今まで訳してきた文章にザッと目を通してみた。するとあまりの文章のヘタクソさに何が何だか自分でもわけがわからなくなってしまった。今までていねいに単語をひいて、ていねいに文章を書いてきたつもりだったのに。後でわかったが、その原因のほとんどが関係代名詞 who、which、that、関係副詞 when、where をよく理解していないことにあった。who、which ならばT先生に手ほどきを教わったこともあり、まだ良いのだが、that、when、where に至っては前後の文をどのように構成させれば日本語ができるのかさえわからなかった。

改めて読み直すと、自分の英語力のなさを日々実感させられるだけの、まるで砂を嚙むような日々だったことに気づかされる。結局、中学三年になって英語力がいくぶん向上してから、ここまでの訳文をすべて書き直すことになった。しかし書き直したところで、どれほど改善の跡が見られるかは心もとなかった。

さすがに耐えかねて、三月二十三日から二十五日まで、クラスメートのNくんを誘い、二人で旅に出ることにした。名古屋と兵庫県の芦屋にそれぞれ一泊し、南紀の那智滝と京都の金閣寺（鹿苑寺《ろくおんじ》）、銀閣寺（慈照寺）、清水寺《きよみずでら》などを見物するのが目的だった。スケジュールは私が考えた。

国鉄が発売していた「南近畿ワイド周遊券」を学割で購入すると、東京から名古屋や大阪までの往復乗車券に加えて周遊エリアに当たる関西本線や紀勢本線の全線に何度でも乗れ、急行の自由席に乗ることもできた。京都見物をするのに芦屋で泊まったのは、父の仕事の関係で安く泊まれる国家公務員の共済組合の宿を予約しようとしたところ、京都や大阪がもう一杯で、芦屋にしか空きがなかったからだ。

金のない中学生に、新幹線で往復するという選択肢はなかった。小学生最後の旅行で伯母の家に行ったちょうど二年前と同様、東海道本線を乗り継いで名古屋まで行くことにしたが、ワイド周遊券の特典を生かして東京から静岡まで急行に乗れたところが、二年前とは違っていた。

三月二十三日水曜日、東京7時15分発の静岡ゆき急行「東海1号」の自由席車両に乗った。連日家に引きこもっていた反動からか、電車が東京駅を離れた瞬間、これまでにない解放感を覚えた。小田原を過ぎて左手に見えてくる相模湾と伊豆大島。三島を過ぎて右手に見えてくる富士山。蒲原《かんばら》を過ぎて左手に見えてくる駿河湾と伊豆半島。二年振りに見た東海道本線の早春の風景は一向に飽きなかった。終点の静岡で普通浜松ゆきに、浜松で米原ゆきの快速に乗り換え、名古屋には13時55分に着いた。

この日は名古屋で泊まることになっていたが、名古屋城の近くにあった共済組合の宿「名城会館」（現在は廃業）に向かうにはまだ早過ぎた。そこで名鉄に乗ろうと、国鉄名古屋駅に隣接する新名古屋（現・名鉄名古屋）駅に向かった。同駅は地下にあり、名鉄百貨店とつながっていた。

東京生まれで東京育ちのため、名古屋にも関西にも縁がなかったが、名鉄という私鉄にはなじみがあった。母が三重県の県立高校を卒業してから結婚するまで名鉄百貨店で店員として働いていたので、自宅には名鉄のマークが入った救急箱が置かれていたからだ。

名古屋本線のほか犬山線、常滑《とこなめ》線、河和《こうわ》線、津島線などの電車が乗り入れ、名鉄で最も乗り降りの多い駅なのに、新名古屋駅には線路が上下線の二本しかなかった。それなのにホームが三つあるのは、外側のホームが乗車専用、真ん中のホームが降車専用になっていて、ホームがあふれないようにするためだった。こんな駅は見たことがなかった。

上り線にも下り線にも、ひっきりなしに赤い電車が入ってくる。行先や種別は、ホームに設置されたモニターに表示される。電車によって両数が違うので、長い行列ができていると ころもあれば、がらんとしたところもある。

たまたま来た名古屋本線下りの高速新岐阜（現・名鉄岐阜）ゆきに乗った。高速というのは名鉄独特の種別で、急行より速く、特急よりは遅い電車のことだった。普通乗車券だけで乗れるのに、小田急のロマンスカーとよく似たパノラマカーと呼ばれる豪華な車両が使われていた。先頭車両の上部に運転台があり、最前部が展望席になっていたのだ。新名古屋で空いたので、この最前部の席に座ることができた。

名鉄の豊橋─新岐阜間は、東海道本線の豊橋─岐阜間と競合していた。新名古屋を出た高速は、すぐ地上に出て一級河川の庄内川を渡り、急カーブを曲がって東海道本線の線路をアンダークロスする。通過する駅に客の姿はなく、東京との都市規模の違いを実感させられた。それでも当時はまだ名鉄のほうが国鉄よりもダイヤが充実していて、利用客が多かった。

座席の上部に速度計が設置されていた。急カーブの区間ではスピードが出なかったのに、直線の区間に入るやグングン速度を上げ、一〇〇キロを超えた。名鉄の駅は跨線橋の側面に駅名が大きく記されていたので、前面を見ているだけで通過する駅の名称がわかった。

終点の新岐阜まで乗って行きたかったが、名鉄はワイド周遊券が使えなかったので次の停車駅、国府宮《こうのみや》で降り、すぐさま上りの高速豊橋ゆきに乗り換えてとんぼ返りで新名古屋に戻った。Nくんは鉄道趣味がなかったのではじめは嫌がっていたのに、いざ乗ってみたら面白がっていた。

翌三月二十四日。名古屋8時19分発の紀勢本線回り天王寺ゆき急行「紀州1号」に乗った。二年前に天王寺から従姉と一緒に乗った急行「紀州5号」とはちょうど逆のルートで天王寺まで行くディーゼルの急行だった。あのときはただ列車に乗っているだけだったが、今回は那智で途中下車して落差日本一の名瀑を見るつもりでいた。

前回同様、関西本線は電化されていなかったが、急行列車は紀勢本線の起点である亀山を経由せず、四日市の二駅先に当たる河原田で一九七三（昭和四十八）年に開通した伊勢線（現・伊勢鉄道）に入った。この方が津までの時間を短縮でき、方向転換する必要もないからだ。

途中の高架区間に当たる河芸―東《ひがし》一《い》身田《しんでん》間で、二年前に泊まった伯母の家が右手に一瞬見えた。田んぼのなかに建つ平屋の洋館風の建物だったので、農村風景のなかでもすぐに見つけることができた。

津で伊勢線から紀勢本線に入り、旧伊勢国と紀伊国の境に当たる荷坂峠を下って紀伊長島まで来たところで、左手に熊野灘が現れた。12時19分着の新宮で降りて普通列車に乗り換え、運転台の後ろから前面を見ると、翌年の新宮―和歌山間の電化を控え、単線の線路に沿うようにして電柱がもうきれいに立ち並んでいた。

那智では、降りたホームが熊野灘に面していた。熊野那智大社を模した社殿風の朱塗りの駅舎に目を奪われたが、町の中心は二駅先の紀伊勝浦にあった。紀伊勝浦から来たバスに乗り換え、那智滝に向かった。

落差日本一の名瀑はさすがに見ごたえがあった。中学一年の林間学校で見た日光の華厳滝とは異なり、滝壺のすぐ目の前まで近づいて迫力を体感できた。辺りにはマイナスイオンが立ち込め、滝そのものに霊威が宿っていた。

那智黒と呼ばれる黒い石の産地のため、売店には碁石が並んでいた。それだけではない。

男性器をかたどったものまであった。黒光りした男性器は、思わず目をそむけたくなるほど精巧につくられていた。安産祈願だか子宝祈願だか知らないが、一体どういう客が買うのかと思った。

紀伊勝浦から15時19分発の天王寺ゆき急行「紀州2号」に乗った。二年前の三月に乗った急行「紀州5号」とは異なり、乗客のほとんどは旅行を終えて大阪に帰る関西人のように見えた。しかし国鉄は東京から遠くに行くほうを「下り」としているから、この列車は「下り」になる。大阪に帰るにもかかわらず「下り」と言わなければならないことを、彼らはどう思うだろうか——。

紀伊半島を海岸に沿ってぐるりと回り、和歌山に着くころにはすっかり日が暮れていた。和歌山から阪和線に入り、終点の天王寺に着いたのは19時44分だった。そこには、二年前の三月にこの駅から急行「紀州5号」に乗ったときとは全く異なる光景が広がっていた。阪和線のほか大阪環状線、関西本線、南海天王寺支線（現在は廃止）、大阪市営地下鉄（現・Ｏｓａｋａ Ｍｅｔｒｏ）御堂筋線、谷町線などが乗り入れ、近鉄南大阪線の大阪阿部野橋駅が接する天王寺駅は、関西の国鉄では大阪駅に次いで乗車人員が多く、国鉄全体でもベストテンに入っていた。夕方のラッシュのピークは過ぎたとはいえ、依然として帰宅を急ぐ通勤客でごった返していた。

大阪環状線に乗り換えようと、客の流れに逆らうようにして歩いてゆくと、線路がどん詰まりになるあたりに湯気が立ち、大勢の客が集まっているのが見えた。

「あれは一体何だろう」

「わからんな。見に行こうか」

Nくんと一緒に近づいてゆくと、彼らは思い思いに発泡スチロールの丼を手に持ち、割りばしでうどんをすくったり、丼を傾けて汁を飲んだりしている。皆、立ち食いうどんを食べているのだった。

しかし肝心の店が見当たらない。よく見ると行列ができていて、その先に一人の男が寸胴でうどんを何玉か同時にゆでるのと同時に、ゆであがった麺を次々に手早く丼に入れ、汁をかけ、具や薬味をのせたかと思うと客に渡す代わりに現金をもらっている。

堂々と露天で商売をしているのだ。頭端式のターミナルで最も客が集まる一角を占拠している。もちろん東京では目にしたことのない光景だった。正式に許可をとっているのかもわからなかったが、大阪のエネルギーを感じた。まるで焼け跡に出現した闇市のような光景に吸い寄せられるように、Nくんも私も行列に加わった。

メニューは「かけ」と「たぬき」と「きつね」くらいしかなかった。二人ともきつねうどんを注文する。「けつねうどん、おおきに」という掛け声とともに渡されたうどんをすすると、関西特有の昆布だしがよく効いていて、すきっ腹に沁みわたってゆく。大きなお揚げが甘いのも新鮮だった。汁の一滴も残すまいと思った。

すぐ近くを、家路を急ぐ通勤客たちが邪魔だと言わんばかりにホームへと向かってゆく。その方向を見やると、19時52分発の和歌山ゆき快速電車が、すでに多くの立客を乗せて発車しようとしている。「この快速は紀伊中ノ島にも停まります」という関西なまりのアナウンスが聞こえる。

隣のホームには、区間快速や普通電車が発着する。途中から各駅停車になる「区間快速」という種別そのものが、東京にはなかった。阪和線は国鉄でありながら、戦前に開業した阪和電気鉄道を前身としていて、天王寺駅にも関西私鉄のターミナルの面影が残っていた。

うどんを食べ終わった客たちは、慣れた手つきで残り汁をドラム缶に捨て、発泡スチロールの丼と割りばしを巨大なゴミ箱に捨ててゆく。東京のように容器をいちいち洗う必要がないから、店員が一人でもどんどん客をさばけるわけだ。見てくれなどはどうでもいい。安くてうまいうどんを客に食べさせるのが一番大事という、大阪風の商売の哲学を感じずにはいられなかった。

天王寺から大阪環状線に乗り、大阪で降りた。今宵の宿は国鉄の芦屋よりも阪急の芦屋川のほうが近いらしいので、阪急に乗り換えることにした。

大阪駅の近くに阪急の梅田（現・大阪梅田）駅があるはずだが、何分初めてなのでどこにあるのかがわからない。案内板もないので通行人に尋ねると、駅前の歩道橋を渡ってすぐ向こう側に見えるビルの中にあるという。

あまりに近くにあるのでびっくりした。事実上、大阪と同じ駅ではないか――。

それなのに駅名が違う。歩道橋には屋根すらかかっていない。互いに存在を無視し合うかのような関係になっているのが不思議だった。こういう場合、東武、西武の池袋にせよ、小田急、京王の新宿にせよ、東急の渋谷にせよ、京急の品川にせよ、関東私鉄ならば国鉄の線路に並行してターミナルをつくるのに、国鉄の線路に直角に交わるようにしてターミナルがあるのも奇妙な感じがした。

帰宅のラッシュはまだ続いていた。自動券売機で芦屋川までの切符を買った。印刷されている「梅田」の「田」の「十」が、「メ」にしか見えなかった。

改札はすべて自動だった。確かに日吉にも自動改札があったが、有人の改札口もあった。しかしこの駅はすべて自動改札で、客が慣れた手つきで定期券や普通乗車券を自動改札に入れてゆく。職員の姿が見えないのだ。関東私鉄でこういう光景を見たことはなかった。

ターミナルもそうだ。京都線、宝塚線、神戸線の三線が乗り入れ、九本の線路と十のホームがずらりと並んでいる。これほど巨大な私鉄のターミナルが関東にあるだろうか。また同じ関西のターミナルでも、先に見た天王寺駅の阪和線乗り場とは明らかに雰囲気が違っている。ホームの案内は完全な標準語で、先ほど見た天王寺のような猥雑な雰囲気はなかった。客層も背広やスーツをきちんと着用した男性や女性が多いところが東急に似ていた。

神戸線のホームに停まっていた急行三宮ゆきに乗った。初めて見る阪急の車体は光沢があり、横浜線の旧型の車両の茶色に似ているようで似ていなかった。車内は木目調で、緑色の座席は客で埋まり、混んでいた。窓にはカーテンでなく鎧戸がかかっていた。中吊りの広告は少なかったが、宝塚歌劇団の公演の広告が目を引いた。

扉の上に掲げられた路線図を見ると、漢字の駅名ばかりであることに気づいた。「○○台」「○○が丘」「○○○野」といった東急でおなじみの駅名が一つもない。宝塚線の「雲雀丘花屋敷」という駅の「雲雀丘」は「ひばりがおか」と読むのだろうが、西武の「ひばりヶ丘」とは表記が違っていた。

各駅の駅名標も、漢字とローマ字だけで、平仮名はなかった。まず平仮名を大きく記し、その下に漢字とローマ字を小さく併記する国鉄やそれに追随する東急とは違い、漢字が一番大きかった。

梅田から十三までは、京都線、宝塚線、神戸線が並行して走った。十三は「じゅうさん」と読むのかと思ったら、駅名標のローマ字が「ＪＵＳＯ」とあるので「じゅうそう」と読むらしい。不思議な駅名だった。

十三を出ると、京都線や宝塚線と分かれて左に大きくカーブし、神戸方面に向かってゆく。ただすっかり暗くなっていたので、景色は見えなかった。

西宮北口という駅に停まった。宝塚と今津を結ぶ今津線との乗り換え駅で、どっと客が降りた。なぜ「北西宮」でなく「西宮北口」なのか。路線図を見ると、宝塚に向かう今津線に宝塚南口という駅があった。それなら東口や西口もあるのかと他の駅名に目を凝らしたが、見当たらなかった。

どこに今津線が走っているのかわからない。そう思っていたら、西宮北口を出てすぐに今津線の線路と交差した。なんと立体交差ではなく、平面で複線の線路どうしが交差しているではないか。「ダイヤモンドクロス」と呼ばれるこの交差には度肝を抜かれた。神戸線の電車がここを通るときには今津線の電車を待たせておくのだろうが、本数の多い朝のラッシュ時などはさぞかし大変だろうと思った。

西宮北口の次の夙川《しゅくがわ》からは、短い支線が分岐していた。路線図を見ると、苦楽園口と甲陽園という二つの駅しかない。そのどちらにも「園」が付いていることに気づき、やたらと遊園地の多い線だと思った。西武の豊島園や西武園、東急の二子玉川園や多摩川園前といった駅を連想したからだ。当時はまだ、関西の「園」が住宅地を意味することを知らなかった。

夙川の次の芦屋川で降りた。ホームの一部が文字通り芦屋川という川にかかっている。国鉄の芦屋駅よりは山側にあるようだが、位置関係がよくわからない。

持っていた地図だけが頼りだった。今宵の宿は、駅からかなり離れていた。もう午後八時を回っていた。家路につく客たちが散ってゆく。芦屋川にかかる橋を渡ると、すぐ道が上り勾配になった。

山手町という住宅地に入った。暗くてよく見えないが、マンションのような集合住宅はなく、道の両側によく似た一戸建ての家が建ち並んでいた。こんなところに旅館があるようには見えなかった。

「本当にこっちなのか」

Nくんに詰問される。

「うん、多分こっちだと思う」

自信はなかったが、こう答えるほかはなかった。道を尋ねたくても、人が歩いていない。道はゆるやかに曲がっていて見通しが利かない。どこまで歩いても、道の両側に見えるのは一戸建ての家ばかりだった。

さらに坂道を上ってゆくと、右手に「芦屋会館」という看板のかかった古そうな建物が現れた。今宵の宿が見つかったのだ。しかし同じ「会館」でも「名城会館」とは異なり、個人の家にしか見えなかった。

もし看板がなかったら、気づかずに通り過ぎてしまったに違いなかった。こんな旅館らしからぬ旅館に泊まったのは初めてだった。現在はもう廃業していて、一帯が「山手緑地」という名の公園になっている。

翌二十五日朝になって、この旅館が六甲の山麓に位置していることに気づいた。芦屋川駅に通じる坂道を下りてゆくと、昨夜はよく見えなかった道の両側の住宅街がはっきりと見えた。田園調布に勝るとも劣らない邸宅が建ち並んでいる。おそらく自分の生涯とはいっさい関わることのない生活が営まれているのだろう。駅まで夫を送る妻が運転しているのか、高級車が私たちを追い抜いていった。

ちょうど朝のラッシュ時で、芦屋川から乗った梅田ゆきの電車は混んでいた。西宮北口では、今津線の電車を先に通してからダイヤモンドクロスを渡った。終点の梅田で降りてまた歩道橋を渡り、大阪から東海道本線上りの新快速に乗って京都に向かった。十三で降りて京都線に乗り換えてもよかったのだが、阪急の烏丸《からすま》や河原町といった駅が京都のどの辺りにあるのか全くわからなかった。

京都には小学五年生だった一九七三年の八月に父、妹と一緒に来たことがあった。だがそのときは、京都駅からタクシーに乗り、SLが動態保存されていた梅小路蒸気機関車館（現・京都鉄道博物館）しか訪れなかった。由緒ある寺院の見学を目的とする本格的な京都観光は初めてだった。

京都駅中央口を出て、駅前から金閣寺前ゆきの市電に乗った。京都にはまだ市営地下鉄がなく、市電が走っていたのだが、車道と分離された専用レーンがないため、軌道敷にも容赦なく車が入ってくる。電車はしばしば渋滞に巻き込まれ、ノロノロ運転を繰り返した。

モータリゼーションが進むなかで、路面電車は時代遅れの感があった。すでに東京、横浜、大阪、名古屋などでは都電や市電がほぼ全廃され、京都でもいくつかの線が廃止されていた。このままだと、邪魔者扱いされている京都の市電が全廃される日も遠くないように思われた。

歴史の授業で教わった通り、京都の街並みは碁盤の目のようになっていた。電車は通りをまっすぐに進み、曲がるときは交差点を九〇度曲がった。カーブの区間がないのだ。停留所名は南北と東西の通りの名称を組み合わせたものが多かったが、地図が頭に入っていないので、どこを走っているのか見当がつかなかった。

結局、一時間以上かかって金閣寺前に着いた。金閣寺、龍安寺《りょうあんじ》、仁和寺《にんなじ》の順に見学した。金閣寺ではすぐ傍にいた外国人が「オー、ビューティフル」と声を上げたが、戦後に放火され、再建されてまだ二十年あまりしか経っていないことを知っていたので、金箔が輝いているのも当然という感じがした。

当時の私は、まだ個々の寺院に関する知識が十分でなかった。仁和寺と皇室の深い関係など知るよしもないまま、ただ漠然と観光地だからという理由で拝観料を払い、時間もかけずに一通り回るだけだった。

仁和寺に近い御室《おむろ》（現・御室仁和寺）駅から京福電気鉄道北野線に乗った。マッチ箱のような電車に一昔前の制服を着た車掌が乗っていた。終点の北野白梅町《はくばいちょう》で降りた。白梅町と銀閣寺道を結ぶ市電今出川《いまでがわ》線は前年に廃止されていたので、バスに乗って京都御所に行こうとした。だがどの系統に乗ってどこで降りたらよいかがわからない。たまたま近くにいた女性にガイドブックの地図を見せながら御所への行き方を尋ねると、「この地図おおまかやなあ」と言いつつ丁寧に教えてくれた。教えられたバスに乗って烏丸今出川で降り、砂利道を歩いてようやく御所にたどり着いたが、入ることができなかった。一般公開されていると思いきや、各門はかたく閉ざされており、御苑内を歩いている人もまばらだった。

次に訪れるべきは銀閣寺だった。烏丸今出川から再びバスに乗り、銀閣寺道に向かう途中、百万遍《ひゃくまんべん》というバス停を通った。右手の窓から京都大学のキャンパスが見えた。東京大学とは違ってバスでしか行けないところにあるのが不思議だった。地下鉄が発達し、たいていのところには鉄道でスムーズに行ける東京に慣れてしまうと、地下鉄がなく、国鉄と私鉄が全く接続していない京都の鉄道網は、不可思議にしか見えなかった。

京都に来たことがあるNくんは、銀閣寺の近くに「おめん」といううどん店がある、ここのうどんがうまいと言うので、行ってみたら休みだった。Nくんはひどく残念がっていたが、前日の夕方に食べた天王寺駅のうどんで満足していた私には、その理由がわからなかった。「おめん」はいまもあり、人気店になっている。Nくんの舌は、私よりもずっと肥えていたと認めざるを得ない。

銀閣寺の次は清水寺を訪れた。ひととおりの観光名所を見てまわってから市電で京都駅に戻り、夕方に出る新幹線で帰るつもりだった。

ところが京都駅に着いてみると、ATC（自動列車制御装置）の故障に伴い、新幹線のダイヤが大幅に乱れていた。予定通りに帰ることはできそうになかった。

Nくんは京都から近鉄奈良ゆきの近鉄特急で大和西大寺《やまとさいだいじ》に向かい、親戚の家がある奈良の菖蒲池《あやめいけ》に行くと言う。一緒に行くかと言われたが、さすがに会ったこともない他人の親戚の家に突然押しかけるのは気がひけた。

関西に親戚がいない以上、前日に急行「紀州1号」の車窓から一瞬だけ見えた、津の郊外にある伯母の家に再び行くしかないと思った。母に電話し、事情を説明してなんとか了解をとってもらった。

京都から津まで新幹線を使わずにできるだけ早く行くには、賢島《かしこじま》ゆきか鳥羽ゆきの近鉄特急で大阪線と名古屋線が接続する伊勢中川まで行き、伊勢中川で名古屋線の急行か普通に乗り換えるほかはないはずだった。当時は国鉄の京都駅中央口に居候するかのように、近鉄の切符売り場があった。京都発の近鉄特急の時刻表を見ると、17時15分発の鳥羽ゆきの特急が出たばかりだったが、ちょうど一時間後の18時15分に出る鳥羽ゆきの最終の特急がある。この特急は途中、伊勢中川を通るはずだった。

窓口で津までの乗車券と、伊勢中川までの特急券を購入しようとした。しかし窓口の職員は、鳥羽ゆきの特急は伊勢中川には停まらないと言う。津に行くなら伊勢中川ではなく、それより手前の大和八木で乗り換えるのがよい。大和八木で同じホームに近鉄難波（現・大阪難波）発近鉄名古屋ゆきの特急が入線するから、この特急に乗り継げば津まで特急で行けると

かわからなかった。

言うのだ。

一体どういうことか。癖のある京都弁でまくし立てられたので、余計に何を言っているのかわからなかった。

事情が呑み込めぬまま、職員に言われた通りに津までの近鉄の乗車券と特急券を買った。座席指定なので、特急券には大和八木までの座席番号と津までの座席番号が表示されていた。どちらも同じ号車、同じ番号だった。

国鉄の在来線ホームの南側にある近鉄の乗り場に行く場合でも、いったん国鉄の改札を抜ける必要があった。中央口から入ると、改札に面した1番線に17時36分発の客車列車が通勤客を乗せて発車しようとしていた。京都始発で、滋賀県の草津まで東海道本線を走り、草津から草津線に入って三重県の柘植《つげ》まで行く普通列車だった。

京都駅の1番線は、国鉄で最も長いホームとして知られていた。戦前から戦後にかけて東海道本線上り東京ゆきの名だたる特急や急行が、蒸気機関車に引っ張られてこのホームを次々に発車した。そうした面影を残すディーゼル機関車に引かれた客車列車が、由緒ある1番線からけたたましいベルの音とともに発車しようとする光景にしばし釘付けになった。

津に行くには、この列車に乗る方が距離的に近かった。関西本線に接続する柘植からは、持っていた南近畿ワイド周遊券を使うこともできた。しかし、非電化区間を走る客車列車と近鉄自慢の「ビスタカー」では、勝負にならないことははっきりしていた。たとえ遠回りでも、津には近鉄のほうが早く着くに違いなかった。

Nくんと一緒に跨線橋を渡り、近鉄の乗り場に向かった。新幹線のダイヤの乱れもあってごった返していた中央口とは対照的に、近鉄の乗り場は空いていた。ホームには、途中大和西大寺だけに停まる近鉄奈良ゆきの特急電車がもう入線していた。Nくんは18時ちょうど発のこの特急に乗り、一足早く京都をあとにした。

その十五分後、私が乗った鳥羽ゆきの特急が京都を発車した。すぐ右手に東寺が夕景をバックにたたずむ姿が見えると、一人になっても旅がまだ続いている感じがしてきた。大和西大寺を過ぎると京都線から橿原線に入り、大和八木に着く手前で橿原線から分岐する単線の線路に入った。そして大きくカーブを描きながら徐々に勾配を上り、上本町と伊勢中川を結ぶ大阪線に合流したかと思うと、高架になっている大和八木駅の1番線にすべり込んだ。

ほぼ同時に、同じホームの反対側に当たる2番線に近鉄難波発近鉄名古屋ゆきの特急が入ってきた。職員に言われた通り大和八木で降りると、ホームを数歩歩いただけでこの特急に乗り換えることができた。鳥羽ゆきの特急は19時5分に発車したが、その三分後には津に停まる近鉄名古屋ゆきの特急も続けて発車した。

京都から津、名古屋方面にも、大阪から宇治山田、鳥羽方面にもタイムラグなしで行けるよう、特急どうしが同じホームで接続していたのだ。あの職員が言おうとしたのは、こういうことだったのか。これほど巧みなダイヤは、関東私鉄には思いつかなかった。

大和八木を出た近鉄名古屋ゆきの特急は、大阪と名古屋を結ぶため新幹線から乗り換えた客が多かったせいか、鳥羽ゆきの特急よりも混んでいた。本来ならば新幹線に乗って東京に向かっているはずの時間に、津に向かっている。このトラブルを楽しむだけの余裕があった。

帰宅することは、また翻訳の作業を再開しなければならないことを意味する。その時間がいささかでも遠のいたことを喜ぶ気持ちもどこかにあった。

意外にも次の停車駅、名張でかなり降りた。名張は三重県西部の都市だが、大阪の通勤圏でもある。通勤帰りのサラリーマンが特急を利用しているのだろう。二年前に津から鶴橋まで近鉄特急に乗ったときに見た風景を思い出した。将来、もし就職して大阪に勤めることになっても、芦屋に住むことはできそうにない。その代わりに毎朝名張からこの特急に乗り、車窓から三輪山、大和三山、二上山を拝むことのできる長距離通勤を味わってみるのも悪くない気がしてきた。

伊勢中川の手前で短絡線を経由して大阪線から名古屋線に入り、津には20時7分に着いた。国鉄より遠回りになるにもかかわらず、待ち時間が全くなく、大阪からでも京都からでも津まで二時間かからないダイヤに舌を巻いた。前年の夏に横浜線のダイヤと格闘した体験から、ダイヤには敏感になっていた。

津では、駅前から出て伯父の家の前に停まるバスがもうなかったので、上りの普通電車に乗り換えて三駅先の白塚《しらつか》という駅まで行き、人の歩いていない真っ暗な道を二十分ほど歩いて伯父の家にたどり着いた。伯母は心配したのか家の外で待っていて、私の姿を認めるや手を振った。

突然の訪問だったが、伯父も喜んでくれた。「武史くんが来てくれて嬉しい」と言われ、こちらまで嬉しくなった。京都駅での顚末を話し、京都弁というのはよくわからないと言うと、よほどおかしかったのか大笑いされた。社交的で快活な人柄に救われる思いがした。

帰宅したのは二十七日だった。トラブルもあったが、いやトラブルもあったからこそ、この関西旅行は後の学者人生に影響を及ぼすほどのインパクトを残した。

一言で言えば、関東と関西では思想が違うということだ。確かに国鉄だけで比べれば、関西よりも関東の方が進んでいるのは明らかだった。首都圏では一部を除いて見かけなくなった客車列車が、関西ではまだ至る所で活躍していた。京都駅で見た柘植ゆきの列車もその一つだった。

一方、私鉄はどうか。今回、阪急に初めて乗った。阪急と東急はしばしば比較される。だがターミナルの位置、線路幅、駅名、駅名標、車内広告、放送……どれをとっても違う。自動改札の導入や冷房化率、電車の高速化、ダイヤの巧みさなどに関しては、総じて関東私鉄より関西私鉄の方が明らかに進んでいる。それは関東よりも関西の方に、国鉄と競合する区間が多いからだろう。「お上」への対抗意識が、関東よりも強いのだ。

しかし当時はまだ、阪急が慶應義塾出身の創業者、小林一三によるリーダーシップのもと、昭和初期の時点で梅田に百貨店をつくり、その名の通り梅田―神戸（現・神戸三宮）間をいまより早い二十五分で結ぶ特急を走らせていたこと、後発の東急は多くを阪急から学んでいながら、阪急ほどの反官思想はなかったこと、東急を名乗るようになったのは阪急よりもずっと遅く、五島慶太が現在の京急と小田急を合併した戦時中だったことを知らなかった。また同じ大阪でも、難波や天王寺に代表される「ミナミ」と、梅田に代表される「キタ」では、文化の違いがあることにも気づいた。頭端式のターミナルがある天王寺駅は一見上野駅に似ているが、露天のうどん屋など上野駅にはない。日本を知るためには関西を知ること、そして大阪を知ることが重要だと感じさせられた。

帰宅すれば、また元の日々が戻ってきた。翻訳の作業を再開しなければならなかった。「製作日誌」にはこうある。

1977年3月30日
3月23日から27日まで行ったN君との南紀、京都の旅の疲れもすっかり消えて、「いざよく遊び」から「いざよく学び?」へ心機一転する。その成果あって20ページを全部終わらせた。

「いざよく遊び」と「いざよく学び」は、佐藤春夫が作詞した「普通部の歌」をもじったものだが、気分転換の「成果」は長続きしなかった。

翌々日の四月一日、新年度になった。春休みはまだ続いていた。翻訳のペースは再び落ちてきて、一日は十三行、四日は十七行しか進まなかった。

始業式の二日前に当たる四月七日、東急の歴史を変える大きな出来事があった。六九年に廃止された東急玉川線、通称「玉電」の代わりに建設された東急新玉川線（現・田園都市線）の渋谷―二子玉川園間が、着工から約八年もの年月を費やしてようやく開通したのである。

12 慶應の「黒い霧」

世田谷区の池尻という地名には特別の響きがある。1節で記したように父方の祖父母と伯父の家があり、父も大学時代をここで過ごしているからだ。「池尻に行く」というのは、祖父母の家に行くことと同義だった。

私が小学一年生になったばかりの一九六九（昭和四十四）年五月までは、渋谷と二子玉川園を結ぶ東急玉川線の路面電車が、玉川通りを走っていた。玉川電気鉄道を前身とする玉川線は「玉電」と呼ばれ、祖父母もそう呼んでいた。池尻には「玉電池尻」という停留場があった。

物心ついたときには、渋谷から池尻まで玉電に乗っていた。二子玉川園ゆきの電車のほかに、三軒茶屋から分かれて下高井戸に行く電車も同じ線路を走っていた。行先表示板は二子玉川園ゆきが白地に黒、下高井戸ゆきは赤地に白だった。

玉電の渋谷停留場は、地下鉄銀座線と京王井の頭線の線路に挟まれた一角にあった。行きは山手線内回りの渋谷駅のホームに降りてからいったん階段を昇り、改札を出てこんどは階段を降り、渋谷東横百貨店（一九六七年九月に東急百貨店東横店と改称。現在は閉店）のなかを進んで行かなければならず、幼児の足には遠く感じられた。反対に帰りは、停留場に近い玉川口の改札からすぐ山手線外回りのホームに入ることができた。

私が乗った頃には、もう玉川通りは車であふれていた。玉電池尻は渋谷から三つ目の停留場で、停留場を降りてから道路を渡るのが怖かったことを覚えている。幼心にも、車の邪魔者扱いされているのがよくわかった。廃止は当然のように思われたものだ。

玉電がなくなってからは、渋谷から東急バスに乗り、池尻で降りた。そのうちに首都高速道路の建設が始まり、玉川通りの景観は大きく変わった。しかし玉川線の代替手段として開通することになっていた東急新玉川線の建設がどこまで進んでいるのかは、皆目わからなかった。地下鉄として建設されるため、地上からは進捗状況がつかめなかったからだ。

同線の渋谷―二子玉川園間が開通したのは、玉川線の廃止から約八年が経った一九七七年四月七日のことだった。一学期が始まる二日前に当たる。

待ちに待った同線の開通を、東急は大々的に宣伝した。宣伝の目玉にしたのは、一目でどの駅かわかるよう、ホームの壁面に貼られたタイルの色が各駅によって違っていることだった。それだけではない。ホームから改札に近づくにつれ、色のついたタイルの幅がしだいに太くなってゆく。このため酔っぱらっていても迷わず改札までたどり着けるという触れ込みだった。

開通当時はまだ六両編成で、日中は八分間隔の運転だったが、各駅のホームは当初から十両運転に対応した長さがあった。桜新町駅には、日本で初めて地下駅に通過線が設けられた。それは将来、新玉川線と田園都市線の相互乗り入れが行われ、十両編成の急行電車が走るようになることを暗示していた。

しかし当面、新玉川線の電車は渋谷と二子玉川園の間を往復するだけで、大井町を起点とする田園都市線のダイヤは変わらなかった。自由が丘から二子玉川園に乗換駅が変わっても、ターミナルの渋谷に一本で行けない状況自体に変化はなかったのだ。

開通当日の四月七日、二子玉川園から渋谷ゆきの電車に乗った。ホームは大変なお祭り騒ぎで、用もないのに往復する人たちであふれ返っていた。

期待して乗ってはみたものの、左手に玉川高島屋が見えたかと思うと、すぐにトンネルに入ってしまった。次の駅の用賀までの一・八キロが長く感じる。田園都市線でこれよりも長い区間はたまプラーザ―江田間の二・二キロしかなく、五月に同区間の中間地点にあざみ野駅が開業してからは一つもなくなった。

景色が見えない分、駅のホームが凝っている。用賀のホームの壁面は、東急が宣伝した通り、水色に塗られていた。次の桜新町は駅名に合わせてか桜色で、時あたかも満開になっていたソメイヨシノを思わせた。それを見た乗客から歓声があがった。

中間駅は用賀、桜新町、駒沢大学、三軒茶屋、池尻大橋の五つだけだった。玉川線の停留場の数よりは大幅に減ったが、駒沢が駒沢大学に、大橋と玉電池尻が合体して池尻大橋になったのを除けば、かつての停留場名がそのまま駅名に採られていた。田園都市線のように全く新しい駅名を付けることはなかった。

池尻大橋の壁面は柿色に塗られていた。降りてみたい衝動に駆られたが、この日は祖父母の家を訪れる余裕はなかった。終点の渋谷で降り、急いで行かねばならない場所があったからだ。

二子玉川園から十四分で渋谷に着いた。玉電と比べると半分以下の所要時間だった。新玉川線の渋谷駅は営団地下鉄の管轄だったので、ホームの壁面に新玉川線のような特徴はなく、将来の地下鉄11号線（現・半蔵門線）との相互乗り入れを想定して、壁面に設置された駅名標と同じ位置にラインカラーとなる紫色の帯が直線状に延びていた。

私が目指したのは、東急百貨店本店（現在は閉店）だった。新玉川線の開通に合わせて、不要となった東急の電車の部品や、ホームの駅名標、案内板などの即売会が開かれていた。本店に着いたときには、もう一階の入口に長蛇の列ができていた。ふだんは意識することのない同好の士がこれほどたくさんいることに驚かされた。売り場にたどり着いたときにはかなり少なくなっていて、もっと早く来るべきだったと後悔した。

四月九日、一学期始業式が行われた。正式に中学三年生になったわけだが、組替えはなく、教室も二階のどん詰まりから三階のどん詰まりにそのまま移っただけだった。

教科も社会科の地理が公民に、芸術科の技術が選択科目（音楽、美術、技術、文芸のうち一科目を選択。私は音楽を選択）に変わったほかは変わらなかった。ただし社会科と理科は二人の先生がともに交代し、数学や英語も二人のうち一人の先生が交代した。担任は二年の数学で幾何を教えたM先生になった。

中学三年の授業は、中学二年よりも教科書に根差したものがいっそう少なくなった。学習塾に通っていたわけではなかったから、中学三年で習得すべき基礎的な学力が落ちたと感じるようになった。

歴史の授業はようやく江戸時代に入った。先生が交代しても遅々として進まないのは一、二年のときと同じで、成績も向上しなかった。授業の内容には一向に興味がもてなかった。歴史というのは細かな知識を丸暗記しないといい成績が取れない科目という誤った先入見が刷り込まれた。９節で触れたように、まさか十年あまり後になって、東京大学大学院で近世から近代にかけての国学や神道をテーマとする修士論文を書き、この論文が評価されて同大学社会科学研究所の助手（現・助教）に採用されることになろうとは想像もできなかった。

公民の担当は、ある陸軍少将と同姓同名のＩ先生だった。残念ながら歴史と並び、普通部の授業のなかで最も面白くない授業として記憶されている。

いまでも不可解なのは、米国の経済学者、レオ・ヒューバーマンが一九三六（昭和十一）年に著した『資本主義経済の歩み〈上〉――封建制から現代まで』（小林良正・雪山慶正訳、岩波新書、一九五三年）を読まされ、レポートの提出を求められたことだ。封建制の解体からフランス革命に至る経済の歩みや経済思想の流れを解説したこの新書を読ませるからには、前提として先生自身による解説が必要だろう。しかし各自読んだうえで各章ごとにまとめろと言うだけだった。

経済史どころか世界史の基礎知識すらろくにない中学生に向かっていきなりこういう本を読ませるのがどれほど無謀なことか、この先生がわかっているとはとても思えなかった。普通部では大学並みの高度な授業をやっているとか、中学生に岩波新書を読ませ、レポートを書かせているなどと吹聴したいがために、聞いたこともない外国人が書いた新書を読ませているのではないか。

そう思うと、真面目にレポートを書くのがバカらしくなった。一発勝負の試験とは異なり、レポートは家庭教師が代筆しても見分けがつかない。もちろん私には家庭教師もいなければ、相談できる親兄弟もいなかった。抗議の意志を込めて、私の頭では理解できない箇所が多すぎてこんな拙いレポートしかできませんと書いた。成績がよくなかったのは言うまでもない。

Ｉ先生の授業で一番強く印象に残っているのは、「私たちは皆死に向かっている」と話したときだ。一年後か数年後か数十年後かわからないが、私たちは必ず死ぬ。こう話している瞬間にも、秒単位で残り時間は減りつつある。タイムリミットは着実に迫っている。どうだ、怖いだろうと脅したときだ。

すぐ前に座っていたＨくんがＦくんと顔を合わせ、「考えたこともなかったけれど、言われてみれば怖いな」とつぶやいた。しかし私には別の疑念が膨らんだ。どうせほかのクラスの授業でも同じことを言って、皆が動揺するのを見て楽しんでいるのだろう。その魂胆になじめないものを感じてしまった。

数学は、担任のＭ先生が代数を担当し、「はじめちゃん」ことＨ先生に代わってＹ先生が幾何を担当した。Ｙ先生は、見事なほど頭が光っていたことから、尻が光るホタルの逆という意味の「逆ボタル」、略して「ギャボ」と呼ばれていた。

「ギャボ」先生の授業も、Ｉ先生に劣らぬほど無謀なものだった。教科書の代わりに自作のテキスト『計算機の使い方　FORTRAN の組み方』を用い、コンピュータのプログラミングについて講義した。生徒たちは授業中や放課後に日吉駅の東口にある日吉キャンパス内の「工学部情報科学研究所」に通い、パンチカードに情報を入力して数本のプログラムを作成し、一学期の授業終了後に提出するよう求められたのである。

プログラムに間違いがあると、コンピュータにパンチカードを入れても ERROR の表示が出た。やり方が呑み込めぬまま、ピタゴラスの定理を応用して最短距離を計算させるプログラムを作ってみたところ、予期せぬほど膨大なデータが出てきて戸惑った。縦長の紙に記された数字の列が何を意味するのかはわからなかった。

これもまた、普通部で大学並みの授業が行われていると「ギャボ」先生が吹聴したいがためにやらされている感は否めなかった。「慶応義塾普通部におけるコンピュータ教育」と題する文章（『教育と情報』２９６号、一九八二年所収）で、先生自身はこう述べている。

計算機の教育が大学に入学してからでなければ実施不能、または、その方が適当である、というならばそれでよいであろう。しかし、私の経験によると、一番に計算機に興味を示し、プログラムの入門の講座を受け進歩の早いのは、中学生三年か高校一年の時期と考える。計算機の入門の講座をその時期に受けて何も問題はないし、その後の教育を受けていく上に良いとの経験こそあれ、悪い点は何も見いだせない。とすれば、可能の場面においては早期教育を実施すべきといえる。

言わんとすることはわかる。しかし生徒全員が「計算機に興味を示」すわけではない。「進歩の早い」一部の生徒のために、仕組みがよくわからないプログラムを全員が作成しなければならないのだとしたら、ほかの生徒はたまったものではない。

渋々授業に付き合っていただけなのに、なぜか「ギャボ」先生の数学の成績は三学期通してA評価だったが、試しに前年度の慶應義塾高校の数学の入試問題を解こうとしたところ、全く正答できずに愕然とした。いかに世間一般の中学三年生とはかけ離れた教育を受けているかを、まざまざと思い知らされた。

学力を補うために始めたのが、毎週月曜日と木曜日の午後九時半から十一時にかけて、NHKの教育テレビで放映されていた数学の通信高校講座を見ることだった。九時半から十時まで「数学Ⅰ（第1部）」、十時から十時半まで「数学Ⅰ（第2部）」、十時半から十一時まで「数学ⅡA」と、数学に関する番組が三本立て続けに放映されていた。高校講座ではあったが、中学三年生にも十分理解できる内容だった。

「ギャボ」先生が普通部長だった一九八七年五月、慶應義塾は評議員会を開き、ニューヨーク州に高校を開設する計画を了承した。当時、私は日本経済新聞の東京本社社会部の記者だったが、情報を伝え聞いたデスクからこの件を取材するように命じられた。評議員のなかには、「ギャボ」先生も含まれていた。

普通部の名簿で「ギャボ」先生が目黒区の大岡山に住んでいた記憶があったので、NTTの104番に電話し、住所と名前を告げたところ、電話番号がわかった。電話すると先生本人が出てきた。全く変わらない声だったので、すぐにわかった。

おそるおそる「普通部で数学を教わった原武史と申します」と名乗り、用件を伝えると、どうやら覚えていてくれたらしく、こちらの質問に応じて評議員会の内容をどんどん話し始めた。手元にノートを開き、話の中身をメモしていった。

そのやりとりを横で聞いていたデスクが色めきたった。「これは特ダネになるからできるだけ詳しく聴け」という走り書きが机の上に置かれた。洗いざらい聞き出した情報をもとに、先輩の記者が記事を書き上げた。

この記事は、「慶応義塾NYに開校」という見出しとともに、翌日朝刊の社会面トップで掲載された。ほかの新聞には出ておらず、日経の社会部にしては珍しいスクープだった。高校は「慶應義塾ニューヨーク学院」として、三年後の一九九〇年に開校する。

英語はT先生が二年から引き続き担当し、江藤淳と親しかったN先生はS先生に代わった。教科書に忠実だったN先生とは異なり、S先生は米国のリーダーズダイジェスト社が出していた本を教科書にした。日頃の翻訳の成果が発揮されたのはこの授業で、文章自体は難しかったものの無理なくついてゆけた。

授業と全く結びつかなかった鉄道の研究とは異なり、翻訳に実用性があることだけは確かだった。学校の勉強と連動し、成績が上がれば、鉄道の研究を続けることに反対した父も喜ぶだろう。そんな読みもあった。しかし前年に国鉄本社で体験したアカデミアの影は、しだいに遠ざかりつつあった。

中学三年生になっても、翻訳の作業は相変わらず続いていた。四月十二日の「製作日誌」にはこう記されている。

1977年4月12日

今日で「Pioneer Locomotives」の項を終わり、「Early American Locomotives」へ入る。ほほう、この本はイギリスの機関車だけが書かれてあると思ったらアメリカのことも書いてあるのか、などと感心し、又少なからずの期待をいだきながら、この新しい項へ入ったとたん！　4行目のSheが何くわぬ顔して印刷されているのを見て一瞬ハッとしたような感じがしましたが、ハッとしたままでもいられないのでズーッと考えていたが、全く意味が通じない。Sheは「彼女」と決まっているが、なぜこんなところに出てくるのだろうと考えていましたが、とうとうこの謎は解明できませんでした。

これが解明できたのはやはりT先生の授業。先生が「Sheというのは船や国家にも使うんだヨ」というのを聞いてピンときました。

T先生から解説されるまで「She」をどう訳すべきかわからなかったと書いているのだから、たとえ普通部での英語の成績がよくても、当時の英語力がどの程度だったかがうかがえるというものだ。

それにしても、こんな文章を書いていたことに我ながら驚かされる。普通部に入ってから読まされた『福翁自伝』のなかで、幕末の福澤諭吉がそれまで習得したオランダ語を捨て、字引一つで英語と格闘した日々につき、「サアもうこれで宜しい、この字引さえあればもう先生は要《い》らないと、自力研究の念を固くして、ただその字引と首っ引きで、毎日毎夜独《ひと》り勉強。またあるいは英文の書を蘭語に翻訳してみて、英文に慣れることばかり心掛けていました」と回想するくだりに共感したのか、文体まで敬体と常体が混在する『福翁自伝』を気取っていたように思えてくる。

もちろん春闘要求実現のためのストはこの年にもあった。けれども国鉄、私鉄の組合ともにストは例年に比べて小規模にとどまり、学校が休みになったのは東急がストに突入した四月十六日の土曜日と、国労と動労のストにより国電が止まった四月二十日の水曜日だけにとどまった。国民の反発を招いた一九七五年十一月のスト権ストのような大規模なストはもう打てなくなっていた。二十日の「製作日誌」には、「32ページの12行目から始める。ナポレオン戦争のことが書いてあり少々驚く。16行訳しただけ」とある。

五月の連休明けには、例年通り遠足の予定が組み込まれていた。ただ今回の遠足は、先生が計画して全クラスが同じ場所に行くのではなく、組ごとに生徒自身が計画し、別々の場所に行くことになった。

わがE組では、鉄道に詳しいという理由から、私が計画を立てることになった。一年と二年の遠足がそうだったように、鉄道でなくバスを使えば時刻表は要らないはずだった。だがこのころには、運動部の遠征で地方に行く場合ですら、まるで旅行代理店のように私が計画を立てさせられるようになっていた。

やむなく思いついたのは、小学六年に当たる一九七四年のゴールデンウイークに家族で行った山梨県南都留郡鳴沢村の紅葉台というところだった。「台」と言ってもれっきとした「山」で、国道から少し登っただけで南側に富士山が、北側に青木ヶ原の樹海や富士五湖の西湖《さいこ》などが眺められる絶景が印象に残っていた。

遠足は五月十一日の水曜日と決まっていた。天皇誕生日の四月二十九日に下見に行こうとしたが、三年前の混雑ぶりを思い出してやめた。鉄道と路線バスを使った前回とは異なり、今回は貸し切りのバスで融通が利くため、紅葉台から樹海を経て路線バスの便がない西湖に抜けるコースを考えた。大半が歩いたことがないコースだったが、ぶっつけ本番でも大丈夫だろうと高を括っていた。五月八日には遠足の概要を記した紙を肉筆で作成し、コピーしてクラスの全員に配付した。

遠足当日の五月十一日は快晴だった。担任のM先生とクラスメート全員が、田園調布駅前に待機していた観光バスに乗った。私はツアーコンダクターよろしく最前部の席に座り、バスが動き出すや備え付けのマイクを使って一日の行程を説明した。

バスは環状8号を経由し、高井戸インターチェンジから中央自動車道に入った。富士山が前面にどんどん迫ってくる。河口湖インターを出ると国道139号を経由し、紅葉台入口のバス停のあたりで全員が降り、紅葉台を目指して登り始めた。空になったバスは、西湖レストハウスに先回りする手筈になっていた。

現地ではグループ別に分かれて行動した。前年五月の遠足で芦ノ湖畔を歩いたときと同じメンバーだった。標高一一〇〇メートルを超える紅葉台からの眺めは予想通り上々で、いいところに連れてきてくれたと感謝されたが、地図にあるはずの西湖へと下る道が見つからない。やむなく木々の間のわずかに地面が露出している急勾配の崖を、転げ落ちるようにして下りた。怪我はなかったものの全員が泥だらけになってしまい、もらったばかりの感謝の言葉が帳消しになった。

西湖レストハウスにたどり着いてから、ほかのグループの連中に紅葉台からどう下山したか訊いてみると、道はあったと言う。下見をしておけばよかったと後悔したが、なぜ自分たちだけが道を見つけられなかったのか。いまなお大いなる謎として残っている。

翌日は休みになった。丸の内の国鉄本社に行った一年前を思い出したが、この日は全く違う一日になった。

1977年5月12日

遠足の「お疲れ休み」を終日労作展に活用した。

the Baltimore and Ohio Railroad という語があったが、これはもちろん「ボルチモア&オハイオ鉄道」というのだが、「ボルチモア」は都市名、「オハイオ」は州名なのだ。日本では「東京—名古屋間」を「東京—愛知間」とは絶対に言わないのに面白い鉄道（会社）名だと思った。進んだ行21行。

前年とは対照的に、今年の「お疲れ休み」は終日家にこもり、翻訳の作業に専念したわけだ。しかし作業は思うように進まなかった。

このころになると、自らの英語力を棚に上げて、翻訳が進まないのは英語の文章自体がいささか古風だからではないかという疑念も芽生えてきた。

1977年5月15日

今日は馬力を上げて28行訳した。今日感じたことは、この文章は簡単なところも中にはあるが、文章全体が難しい単語（文語的な単語）ばかりを並べてあり。随分かたくてのみこみにくいということだ。これを書いたF・George Kayという人は1911年に生まれ、鉄道の面（もちろんイギリスの）で戦前戦後を通し活躍したそうだが、今年でもう60歳になるのだから、使うことば自体がいくらか文語的なのだろうか。

その後もペースは上がらなかった。五月十六日は十八行、十七日は七行、十八日は十一行、十九日は七行、二十日は十一行、二十一日は十七行という具合に、毎日訳してもまだ八〇頁あまりを残していた。果たしてこのペースで、夏休み明けの九月の提出日までに間に合うのか。暗雲がしだいに立ち込めてきた。

五月二十四日、慶應義塾にとって一大汚点となる出来事があった。一九七七年度の慶應義塾大学商学部の入試で、数学と世界史の問題が十七名の受験生に漏れていた事実が発覚したのである。

商学部長の白石孝が会見を開き、教授の本郷広太郎を懲戒解職に、教授の後藤照彦を解雇による退職にするとともに、白石自身も責任の一端として、商学部長を辞めることを明らかにした。

商学部はもともと定員割れしていたうえに、不正入試まで行われていたことが明らかとなり、慶應全体のイメージが著しく傷ついた。普通部の数学や公民の授業がいくら大学並みだと誇ったところで、当の大学がこれではどうしようもないではないかと思った。

このニュースには母も重大な関心をもっていた。通学の途中に駅の売店で『週刊文春』六月九日号を買ってくるよう言われたのは、新聞広告で見た「ロッキード、日韓につながる慶大不正入試事件の黒い背景」と題する記事が読みたかったからだった。

私も読んだその記事には、不正受験したとされる十七名の受験生を商学部がどう扱ったかにつき、次のように記されていた。

3月2日、「緊急教員会議」が開かれ、この十七人の受験生をとりあえず、選考からはずすことに決定した。

この段階で綜合得点が合格点に達していたのが十七人のうち十五人。商学部の試験は英語二百点、数学百点、社会（日本史、世界史、政経、人文のうちから一課目選択）百点の計四百点満点である。したがって、問題を洩らされていたと見える、十七人は総得点のうち半分はほぼ〝保証〟されていたのである。

それでも十七人のうち二人は、この絶対的なアドバンテージをもらいながら、合格点ラインに達しなかったのである。

Y子さんはそのなかにいた。

この「Y子さん」とは、「ロッキード事件の黒幕・児玉誉士夫の三女」だった。思わぬところから、ロッキード事件と今度の慶應の不正入試事件との接点が明るみに出たのである。児玉誉士夫という名前を見たのは久し振りだった。前年にテレビで何度も見た、五分刈りの頭に眼光鋭く睨みつけるような表情が、脳裏によみがえった。まさかあの人物が慶應と関わりがあったとは……。世界史と数学で点数を稼いでも「Y子さん」の点数が合格点に達しなかったというのは、英語の点数がよほど低かったのだろう。つくづく、こんな学生が入ってこなくてよかったと胸を撫でおろしたものだった。

『週刊文春』の追及はこれだけで終わらなかった。次の六月十六日号では「教育ロッキード事件の構造」と題し、慶應と右翼や暴力団との浅からぬ関係をさらにあぶり出した。

右翼系暴力団が介在したという話は、今年入試問題を教えられたとされる17人の中に児玉誉士夫の三女（18）が混じっていたことによって、にわかに信憑《しんぴょう》性を帯びてくる。

私たちはそこで、一つのリストを作ってみた。その結果は、次のようなものである。

〈父・児玉誉士夫〉
長男・博隆（35）慶大商卒
二男・守弘（34）慶大法卒
長女・雅世（31）青山学院卒
二女・H子（19）慶大法在
三女・Y子（18）不正発覚で不合格

………………………………………………

・義昭（35）慶大法卒
〈父・萩原吉太郎〉
長女・和子（46）青山学院卒
二男・次郎（40）慶大経卒
…………………………………………
・S男（21）慶大文在
・Y子（20）慶大文在
〈父・町井久之〉
長女・A子（17）慶応女子高在
〈父・太刀川恒夫〉
長男・B男（9）慶応幼稚舎在
（注＝点線で分けた子供は母親が違う）

これは全くの偶然であろうか。ロッキード事件の中心人物・児玉、その〝右腕〟の太刀川、児玉と親しく、日韓のパイプ役といわれた町井氏、それに萩原氏（慶大ＯＢで、慶応義塾の評議員）らの子弟が軒並み慶応大学、高校、幼稚舎の卒業生または在校生なのである。

萩原吉太郎は児玉と親しく、北海道炭礦汽船（北炭）グループの総帥だった人物、町井久之は本名を鄭建永と言い、児玉が会長を務めた「東亜相互企業」（一九七七年六月倒産）の社長だった人物、太刀川恒夫は児玉の秘書だった人物である。

児玉誉士夫およびその周囲に見られるこうした「慶應人脈」は、慶應の不正入試が今年だけたまたま起こったのではなく、不正入試を生む構造的土壌が慶應に存在することを物語っているとした。

児玉を通して、ロッキード事件と慶應の不正入試事件がつながっていたのだ。それだけではない。二つの事件には、よく似た汚職の構造があった。

あえて類推するならば、子供はトライスター。新興成金の親は後発メーカー・ロッキードのコーチャン、クラッターや物産、商事のようなエスタブリッシュメントの仲間入りをあせる丸紅。本郷、後藤両教授はさしずめわずか200万円と300万円で逮捕された佐藤孝行と橋本登美三郎。恒常的赤字に悩む慶応義塾そのものは、選挙と派閥維持に湯水のごとく金を必要とした田中角栄――ということになろうか。

これは強烈な皮肉である。解雇された商学部の教授はロッキード事件の「全日空ルート」

の中心人物とされた佐藤孝行や橋本登美三郎ほどの「小物」にすぎず、慶應義塾そのものが田中角栄に匹敵するとするこの文章には、しかしながら妙な説得力があった。

慶應を糾弾する『週刊文春』のキャンペーンはさらに続いた。六月二十三日特別号では、「商学部よりもっと根深い幼稚舎・中等部の黒いルート」と題して、普通部の兄弟校である中等部についても商学部と同様の噂があることに触れている。

またしても〝右翼の有力者の子弟〟なのだが――それが中等部を受けるにあたって、塾監局のある職員が、口をきいてやる、といってカネを受けとった。むろん、職員にそんな力があるはずがなく一次試験で落ちた。どうしてくれる、と脅された。その職員は上司に泣きついた。やむなくその上司は、右翼有力者子弟を復活させ、入学させた――というもの。

もしこれが週刊誌に基づいた噂でしかなかったとすれば、無視することもできたかもしれない。だが実際にはそうはならなかった。六月十二日の『朝日新聞』朝刊社会面トップに「慶応中等部でも不正入学?」という見出しが掲げられ、大きく報道されたからだ。

大学入試問題漏えい事件で揺れている慶応義塾で、「昨春の中等部の入試の際にも、一度不合格になった右翼有力者の長男A君が、一転合格した」という疑惑が同学内外に広がってきた。中等部当局は「そんなことは絶対にあり得ない」と真っ向から否定しているが、中等部教職員、大学関係者、A君の小学校関係者たちは一様に不正入学の疑惑を知っており「今度の商学部の不正入試も、中等部の不正入学も根は同じだ。中等部の時に、こんなごまかしをやったから今度もつけ込まれたのだ」という声が強くなっている。(『朝日新聞』一九七七年六月十二日)

私が普通部を受験した翌年の一九七六年二月に行われた中等部の入試で、不合格のはずだったある右翼有力者の長男が合格し、不正入学をしたまましいまも在籍しているというのだ。全国紙が大きく記事にしたことで、噂の信憑性は一気に高まった。『週刊文春』の先の記事に「右翼有力者の長男A君」が誰を指すのかはわからなかったが、この「右翼有力者」が児玉でないあるように、児玉の長男、博隆はもう三五歳だったから、この「右翼有力者」が児玉でないことははっきりしていた。つまり慶應には、児玉以外の右翼も不正入学している可能性があることになる。

普通部にも成績が悪いため落第し、同級生から「さん」付けで呼ばれている、正体不明の怖そうな生徒が何人かいるのが思い出された。中等部で起こったことは、普通部にとっても「対岸の火事」ではなかった。

翌日の「製作日誌」にはこうある。

1977年6月13日

ほぼ同じ時間に同じ6畳のせまい部屋で同じようなことをほぼ1ケ月続けてやっていたので、どうしても「どこかへ閉じこめられている」というような錯覚が起こってしまう。すなわち、一種のノイローゼにかかってしまうので、毎日やることは今日でやめにした。

こういう文章を書いた背景として、翻訳の作業に耐えられなくなったという個人的な事情に加え、週刊誌や新聞などで連日のように報じられた不祥事がもたらした慶應に対する幻滅感があったことは間違いない。

六月三十日、塾長の石川忠雄は幼稚舎の講堂「自尊館」に教職員を集め、商学部と中等部の入試問題に関する所信を表明している。

慶應義塾が、もし現在のような状況の中で、慶應義塾の中の一体性と団結が崩れ、学生はこうべを垂れ、塾員が塾をはなれるというような状態になるとすれば、慶應義塾は実はそれだけの学校であったといわざるをえません。しかし私は、そうは考えないのでありま す。必ずこれを機会に教職員は一致団結してその綱紀を正し、学生はこうべを上げて歩き、塾員は慶應義塾の周囲に集まってくる。そして、再び慶應義塾の新しい前進、新しい研究・教育の体制をつくり上げていくに違いない。私はこう信じておりますので、どうか皆さま方のご理解とご協力とをお願いしたいと思います。（「慶應義塾社中に訴える――商学部・中等部入試問題をめぐって――」）

マスメディアにあれほど叩かれたにしては、いま一つ危機感が伝わってこないと言わざるを得ない。この楽天的ともいえる文章は、慶應義塾というブランドに対する無上の信頼に支えられていたのだろうか。

石川塾長は、七六年度の中等部の入試関係書類が焼却されていたことを知り、事の重大さを認識したという（同）。七月十一日に開かれた慶應義塾の常任理事会臨時会では、中等部の横川克男・前部長の解雇による退職を含む三人の処分と、加藤一男・現部長の譴責処分が決まった。結果として中等部でも、商学部と同様の不正入試があったことを認めたのだ。

具体的な日付は覚えていないが、石川塾長がわざわざ普通部を訪れ、体育館に全生徒を集めて普通部生のあり方につき講話したのは、生徒の間に動揺が広がるのを抑えるためだったろう。

この問題について熱心に語るクラスメートがいる一方で、私は冷めていた。普通部の入試は本当に大丈夫なのか、不正で入学している生徒は本当にいないのかという疑念を払拭することはできなかった。具体的な名前は控えるものの、あいつも実は金を積んで入ったんじゃないかという疑心暗鬼に駆られた。

日吉が「アカデミア」の地ではないことは前年の労作展の段階でうすうす気づいていたが、不正入試が発覚したことでますます明らかになった。石川塾長の言葉に反して、「塾員が塾をはなれる」という選択をしたい気持ちが高まった。だが、文部省の学習指導要領を全く無視した普通部の授業を受けている限り、実現不可能だった。うがった見方をすれば、外部受験をさせないために独自の授業をしているようにも思えてきた。

石川塾長の楽天的な姿勢は、普通部の教員にも共有されていたようだ。担任のM先生は、慶應義塾の機関誌である『三田評論』の一九七七年十二月号に「提言・慶應義塾明日への志向：一貫教育の課題」という文章を寄稿しているが、そこには「現状における問題点」が具体的に挙げられているにもかかわらず、不正入試の問題については一言も触れられていない。石川塾長の言う「皆さま方のご理解とご協力」の賜物と見なすのはうがち過ぎだろうか。

ここで一つ思い出すことがある。

一学期の終業式の翌日に当たる七月二十日に開かれた保護者会のあとだったと記憶している。出席した母から、M先生とIくんの母親の間にすさまじい口論があったと聞いた。母はIくんのことを、慶應と関係の深い名家の子孫ではないかと言っていた。Iくんが後に三井物産に就職したことを踏まえれば、母の推測は当たっていたように見える。

母は口論の具体的中身について語らなかったが、いまから思えば、不正入試の問題にきちんと向き合おうとしないM先生や石川塾長に対する不満が爆発したのではないかという気がしている。福澤諭吉以来の慶應の歴史を重んじれば重んじるほど、彼らの態度は不可解に映ったはずだ。二学期になってから席替えがあり、Iくんは一番後ろの隅っこの席へと追いやられた。彼自身、自虐的に「島流しにあった」と言っていたが、権力を使ってずいぶんとひどいことをするものだと憤慨した。M先生に対する信頼感が揺らいだゆえんである。


七月十日の参院選が迫っていた。七月一日に新自由クラブの河野洋平代表は、「与野党逆転は必至」との見通しを述べるとともに、その場合は自民党の福田赳夫内閣に総辞職を迫ることを明らかにした（『読売新聞』一九七七年七月一日夕刊）。

だが、投票の結果は全く違っていた。自民党は六十三議席、追加公認を含めると六十六議席を獲得し、改選議席を上回ったため、参院選での与野党逆転はならなかった。新自由クラブは地方区、全国区合わせて三議席しか獲得できなかった。前年十二月の衆院選で新自由クラブに吹いた風は、もはや吹かなかった。

即日開票で一つのバラもつかなかった新自由クラブは、大都市票に地方区や全国区の伸びを期待したが、状況は一向に好転せず、終始沈痛なムード。神奈川地方区で推薦の河野謙三氏が当確となったが、自民党との〝共同推薦〟だけにバラはつかず、午後一時過ぎに埼玉地方区でようやく当確第一号が出て、山口選対委員長が照れながらピンクのバラをつけた。その時、一瞬笑いと拍手がわき起こったが、昨年の総選挙の時の熱狂的なものとはほど遠い。（『読売新聞』一九七七年七月十一日夕刊）

河野謙三は河野洋平の叔父で、神奈川地方区から無所属で出馬していた。新自由クラブは独自の候補を立てず、自民党と一緒になって河野を推薦した。前年の衆院選で新自由クラブの工藤晃がトップ当選した神奈川一区に属する横浜市緑区では、これに反発して棄権に回った有権者が多かった。

十日行われた参院選で、区内有権者の投票率は、五七・九パーセントでこれまでの五回の国政選挙の最低を記録して、市全体の五九・五三パーセントを下回った。

選挙当日の区内の有権者は、十六万三千五百二十五人。このうち投票した人は九万四千六百七十二人（五七・九パーセント）。約六万九千人の有権者が棄権した。支持政党なし層や、浮動層の大量の人が棄権にまわったと見られている。（『みどり新聞』一九七七年七月十五日）

新自由クラブの本拠地と言っていい神奈川県で同党が独自の候補を立てなかったのは、有権者に対する裏切りと受け止められても仕方がなかったのだ。

慶應の「黒い霧」の背後に児玉誉士夫ら右翼の存在が浮かび上がる一方で、ロッキード事件自体の記憶は薄らぎつつあった。河野洋平が描いた与野党逆転の夢は遠のいた。これ以降も、新自由クラブは路線をめぐる党内の対立が激しくなるばかりで、党勢を回復させることはできなかった。

13　再び第一校舎へ

一九七七年八月十五日正午。

両親、私と妹の一家四人は、自宅から鉄道、タクシー、フェリーとバスを乗り継ぎ、千葉県館山市の西岬海岸にある厚生省の保養施設「なぎさ荘」にちょうど着いたところだった。

ここは中学一年のときに参加した普通部の水泳学校の宿泊場所になっている国民宿舎「鳩山荘」の東隣に当たり、同荘と同様、波穏やかな館山湾に面した海辺にあった。七月二十六日から三十日まで開かれた水泳学校にはまたしても参加しなかったから、西岬海岸を訪れたのは二年ぶりだった。

家族旅行の目的はもちろん海水浴だった。一家四人でここを訪れたのは、一九七一年夏、七二年夏に次いで三度目で、我が家で海水浴といえば館山と決まっていた。

狭いロビーに設置されたテレビのチャンネルは、ＮＨＫ総合テレビを示す「１」になっていて、東京の日本武道館で開かれた「全国戦没者追悼式」を中継していた。「全国戦没者之霊」と記された白木の檜柱の前に、七十六歳の昭和天皇が直立不動の姿勢で立っていた。香淳皇后の姿はなかった。

正午の時報が鳴り、それを合図として天皇をはじめ、会場を埋め尽くした参列者がいっせいに一分間の黙禱を行った。私たちもつられて黙禱した。

そのあと、天皇が「おことば」を読み上げた。

終戦以来ここに三十二年、さきの大戦において戦陣に散り、戦禍にたおれた数多くの人々とその遺族を思うとき、今もなお、胸のいたむのを覚える。
本日、親しく全国戦没者追悼式に臨み、往時をしのび、また、内外の現状を見て、感慨誠に深いものがある。
ここに全国民と共に、世界の平和とわが国運の進展を祈り、心から追悼の意を表する。

内容こそ違うが、正午の時報に続いて独特の抑揚をつけた昭和天皇の肉声がマスメディアを通して流れてくるという展開そのものは、三十二年前の八月十五日を忠実に踏襲していた。この日に全国各地で見られたのと同じ光景が再現されたのだ。

東京湾の入口に当たる館山には、太平洋戦争末期に本土決戦が叫ばれると、軍事施設が多くつくられるようになった。「なぎさ荘」がある西岬海岸にも、同荘より西側に位置する波《は》左間《さま》に一九四五年七月十四日、水上特攻艇「震洋」の基地がつくられた。

「震洋」とは、太平洋を震撼させることを意味した。波左間につくられたのは、総員百七十六名からなる「第五九震洋隊」で、艇格納庫、燃料庫、兵器庫、糧食庫などが掘られた。ここ館山では、本土決戦の準備が着々と進められていたのである。

すぐ近くに戦跡が残っている点では、日吉と変わりがなかった。しかし日吉地下壕の存在に気づくことがなかったように、第五九震洋隊の存在に気づくこともなかった。一九六二年生まれの私にとって、たとえ世界のどこかで戦争や内乱が起ころうが、平和は所与のものだった。三十二年前の八月十五日といささかも変わらない天皇の声を除けば、戦争との接点を感じさせるものはどこにもないように見えた。

「なぎさ荘」は二階建ての建物で、海岸に通じる道をはさんで二つの古い棟からなり、道の上につくられた連絡通路を通して両棟の二階がつながっていた。各部屋には「さんご」や「はまゆう」といった海にちなむ生物の名称がつけられていた。

私たちは一階の部屋に通された。和室なのに屋外にテラスがあり、ベンチが備えられていた。庭にはソテツの木々が植えられていて、その向こうに館山湾が広がっていた。窓からの風景を眺めていると、まるで南国に来たような気分に浸ることができた。

しかしこの日は雨が降ったりやんだりしていて、気温も二十五度くらいしかなかった。東京では八月六日からずっと雨が降る日が続いていた。

それでもせっかく来たのだからと水着に着替えて海岸に向かった両親と妹を見送り、一人部屋に残ってリュックから『Steam Locomotives』と大学ノートと英和辞典、そして筆記用具を取り出し、テーブルの上に置いた。わざわざ持参したのは、翻訳の作業を続けないと間に合わないと考えたからだ。

場所を変えることで能率が上がるかもしれないという期待はあったが、実際にはあまり気分転換にならず、三十行訳しただけにとどまった。東京南鉄道管理局と東神奈川電車区で部外秘の資料を入手し、それらをもとに八月の横浜線のダイヤを解読していった前年の夏のような知的興奮は望むべくもなかった。

翌十六日にも雨がぱらついた。気温は上がり、三十度近くに達した。海水浴には身が入らず、少し海に入っただけですぐ部屋に戻ったが、二十四行しか進まなかった。期待したほどの成果を上げられないまま、翌十七日に家族そろって帰宅した。

その後も雨の日が続いた。最高気温が三十度に達したことはなく、最低気温が二十度を下回る日もあった。だがそのことで、かえって調子が上がった。八月十八日に六十四行、十九日に九十六行、二十日に九十五行、二十一日に六十六行訳した。二十二日の「製作日誌」には、「こう雨が続くと涼しいし頭がさえる。もっと続いてほしいものだ」とある。

まるで梅雨の延長のような、全く夏らしくない天気が続いたことになる。暑いと感じた日は一日もなかった代わりに、雨の日が八月二十七日までずっと続いた。東京では八月に二十二日連続で雨が降ったことになる。この記録はいまだに破られていない。

八月二十三日。一〇七頁まで訳したところで、初めて日本の蒸気機関車に関する記述が出てきた。同日の「製作日誌」には「やった！　出ました！　ついに！　日本国が！」とあるが、その箇所はこう訳されている。

一八九七年には、日本がボールドウィン機関車工場に4—6—0形外側シリンダー式機関車を増やすため、貨物用機関車を設計するよう求めたことがあった。その貨物用機関車はイギリスが建設した区間である東京—横浜間で使用されたが、ボールドウィン機関車工場が製造したのは4—6—0形でなく2—8—2形で、「ミカド」と名付けられた。早速「ミカド」はアメリカ合衆国の全主要幹線に現れ、それから数代にわたってすべての機関車のなかで最も多い貨物用機関車となった。

一八九七年は明治三十年。ボールドウィン機関車工場は米国ペンシルバニア州のメーカー「ボールドウィン・ロコモティブ・ワークス」の工場、「4—6—0形」「2—8—2形」はそれぞれ車輪の配置を意味し、前者は動輪の前の先輪が2軸、動輪が3軸の機関車、後者は先輪が1軸、動輪が4軸、動輪の後ろの従輪が1軸の機関車であることを意味する。

しかし「4―6―0形」や「2―8―2形」というのはあくまでも米国の機関車の形式であり、日本の蒸気機関車のうち、どれがこの形式に当てはまるのかは判然としなかった。だから訳していても、具体的なイメージが全く湧いてこなかった。

「ミカド」はもちろん天皇のことだ。日本ではなく米国で、「ミカド」と名付けられた機関車が数多く走っていたことを初めて知った。米国では機関車を通して、日本に天皇がいるという事実が広く知られるようになったと言えるのだろうか……。

日本の蒸気機関車に関する記述は、たったこれだけだった。行数で言えば、五行分しかなかったのだ。しかも「新橋―横浜間」とすべきところが「東京―横浜間」になっている。ロンドンのターミナルを「キングスクロス」「パディントン」などと正確に記しているのとは対照的ではないかと思った。

もちろん、昭和になって東海道本線で日本最速の特急「燕」を引っ張った「C62」も、「満州国」の南満洲鉄道で世界最速レベルの時速一三〇キロを記録した特急「あじあ」を引っ張った「パシナ」も出てこなかった。ここには鉄道発祥の国で、明治期には直接日本を指導した英国から見た日本の「遅れた」イメージが踏襲されているように思われた。

九月に入って早々に脱稿し、余裕をもって作品を提出した前年とは異なり、いくら調子が上がったところで、完成までにはなお時間を要した。八月二十七日に下書きを終えてもまだ清書が残っていた。改めて下書きの文章を見直すと、あまりにもひどい。事実上、翻訳し直さなければならない箇所も少なくなかった。

夏休みは九月九日で終わり、翌十日に二学期の始業式が行われた。しかしこの日は集中豪雨のため、田園都市線の鷺沼―宮前平間にあった鷺沼検車区（現・東京メトロ鷺沼車両基地）ののり面が崩れ、土砂がのり面の下に敷かれていた線路に覆いかぶさり、鷺沼―梶が谷間が不通になった。八月から九月にかけて雨天が続いて緩んでいたところに豪雨が重なり、一気に土砂が崩れたのだ。代行バスもなかったので、やむなく傘をさしながら三駅分を歩く羽目になった。始業式には間に合わず、不吉な予感に襲われた。

作品を完成させたのは、提出の期限を過ぎた九月十七日の午前一時だった。完成させたと言うより、すべての修正を諦めたと言ったほうが正確だろう。原本のほかに提出したのはいずれも大学ノートで、「単語帳」が二冊、「下書き」が三冊、「清書」が二冊、「製作日誌」が一冊、合わせて八冊となった。

「製作日誌」の最後にはこうある。


今はただ「終わった」という感じがあるだけで、頭の中ではまだうずのようなものがもうろうとしているだけだ。

予想をはるかに上回る文型、単語のむずかしさ……。日本語の「てにをは」の難しさ……。孤独との戦い……。本当に神経が弱りきってしまった。

まさに精根尽き果てたという感じだったのだろう。英語自体の難しさもさることながら、「日本語の「てにをは」の難しさ」とあるように、翻訳には英語力に劣らず国語力が必要なこともまた痛感させられた。

結局、何が得られたのか。内容に共感するどころか、難しい鉄道用語が多く、十分な理解すらできなかったというのが実情ではなかったか。前年の『横浜線』のような充実感や満足感からはほど遠かった。

今回のテーマを選んだときには、日本でまだ翻訳されていない英国の本を初めて翻訳すること自体に意味があるように思われた。幕末に横浜でオランダ語が通用しないことに落胆し、英語の勉強に腐心した若き日の福澤諭吉を意識しないわけでもなかった。

言うまでもなく明治以降の日本では、外国語で記された多くの文献が翻訳されてきた。中江兆民が訳したルソーの『社会契約論』や高畠素之が訳したマルクス＝エンゲルスの『資本論』のように、多くの知識人や学生に読まれ、大きな影響を与えた翻訳書もあった。戦後もなお、フランスの実存主義や構造主義やポスト構造主義などがいち早く翻訳され、一世を風靡してきた。

もちろんこれらとは比較にならないものの、自分の翻訳によって日本で必ずしも知られていない鉄道史の一端が明らかになるならば、少なからぬ意義があるように思われた。前年のような一次史料から事実を発見してゆく喜びがなくても、別の形で「アカデミア」たり得るのではないかという淡い期待があった。

だが実際に翻訳してみると、『Steam Locomotives』はきわめて専門的な内容だった。ほとんどの日本人にとっては、どうでもいい内容しか記されていないと言っても過言ではなかった。当然ながら、同書の翻訳本が日本で出版されることはなかった。

ほぼ唯一の収穫は、英国から見た鉄道史というのは英国を中心とする欧州と米国、そしてインドやオーストラリアのような英国の旧植民地しか対象とされないのがわかったことだった。八月六日の「製作日誌」には、「37行訳して Rails Worldwide の章が終わった。しかしイギリス、アメリカ、フランス、ドイツ、カナダ、インド、ロシア、オーストラリアだけで〝全世界〟と決めてしまうのはどうも……」とある。著者には、世界最速クラスの新幹線が走っているいまの日本の鉄道をどう思っているのか、尋ねてみたい気分になった。

九月二十一日に作品が各教室に搬入され、二十四日から二十五日にかけて労作展が開かれた。科目別では、三年のどのクラスも英語が一番多かった。しかしほとんどは『老人と海』『星の王子さま』『ドン・キホーテ』など、すでに翻訳が出ている欧米の有名な小説を訳したにすぎなかった。これでは、はじめから答えが出ているようなものではないかと思った。

『Steam Locomotives』は前年の『横浜線』と同様、入賞はしたものの特別展示にはならなかった。翻訳自体の出来がよくないと思っていたので入賞しただけでもありがたかったが、これが本邦初の同書の翻訳に相当することを、果たして英語科の教員はわかっているのかという疑問もないわけではなかった。

ライバルとして意識していたC組の野口聡は、今回も『天守─その変遷』という作品を提出した。一年のときから三年連続で日本の城に取り組み、三年連続で入賞したことになる。その一貫した姿勢が見事だと思った。たとえ『横浜線』を上回る作品ができなくても、あるいは教員から正当な評価を得られなくても、東京南鉄道管理局で築いた人脈を頼りに、もう一度首都圏の国鉄をテーマにするべきだったのではないか。そんな後悔の念が、ひたひたと押し寄せてきた。

労作展が終わって二日後の九月二十七日。

この日は火曜日だった。昼食後の五時間目、社会科教室での公民の授業の最中、窓の外で聞きなれない飛行機の音が聞こえたように感じた。日吉の上空は旅客機の飛行ルートからも米軍機の飛行ルートからも外れていたので、飛行機の音はめったに聞こえなかった。あれは一体何だろうとは思ったが、それ以上は深く考えることもなく家路についた。

帰宅してから見たテレビのニュースで、厚木基地を飛び立ち横須賀に向かおうとした米軍機が、東急の造成地に当たり、帰宅途中に通ったばかりの田園都市線の江田駅に近い横浜市緑区荏田町（現・青葉区荏田北三丁目）に墜落し、民家二棟が全焼して複数の死傷者が出ていることを知った。社会科教室で一瞬聞こえたのは、米軍機が墜落するときに発した爆音だったのだ。

東急が造成した多摩田園都市に米軍機が墜落するとは、想像もできなかった。緑区の上空が米軍機の飛行ルートに当たっていること自体、初めて知った。

自宅にいた母は、事故の直前に耳にしたことのない轟音が聞こえてきたと言った。江田は青葉台から三駅分しか離れていない。もし青葉台に米軍機が落ちていたらと想像すると、ぞっとした気分になった。

緑区の空は、厚木基地のいわば〝お屋敷内〟にありその〝玄関口〟の通路にあたると言えるだろう。米軍機は、海上の空母と厚木基地の間をピストン飛行してタッチ・アンド・ゴー（離発着を同時に行なう訓練）などを実施しているという情報もあるが、軍用機の訓練基地ならごく当たり前のこととも言えよう。

とすると訓練機の発進、進入のコース圏内にあたる緑区の空は、地上ののどかな田園地帯とは裏腹に、なんとも危険な空域である。荏田の墜落事故は、けっして不思議なアクシデントではなく、いつかは起きる出来事であったと言った方が適切であるかもしれない。

（『みどり新聞』一九七七年十月五日）

しかし東急沿線では、立川基地や横田基地に直結する中央線沿線のような反米運動は起こらなかった。同じ東急沿線にある慶應でも、そうした運動は起こらなかった。それどころかいまでは、米軍機が墜落した現場のすぐ近くに当たる横浜市青葉区あざみ野南三丁目に、慶應義塾横浜初等部が建っている。

この日には飛行機に関わる事故がもう一つ起こっている。マレーシアの首都クアラルンプールで日航機が墜落し、乗員八人と乗客二十六人、合わせて三十四人が死亡したのだ。死者数の多さから、翌日の朝刊ではこちらの事故のほうが大きく報道された。

翌九月二十八日にも、飛行機に関わる事件が起こった。日本赤軍グループ五名による「ダッカ日航機ハイジャック事件」と呼ばれる事件がそれだ。パリから羽田に向かっていた日航機がインドの上空でハイジャックされ、バングラデシュの首都ダッカに着陸すると、彼らが日本で服役ないし勾留中の日本赤軍メンバーおよびシンパの釈放を要求したのだ。彼らの要求に応じる形で、服役ないし勾留中の六名が釈放された。「人命は地球より重い」と述べた福田赳夫首相による「超法規的措置」であった。

釈放されて日本赤軍に合流した六名のなかには、一九七四年八月に丸の内の国鉄本社の近くで「三菱重工爆破事件」を起こした「東アジア反日武装戦線」の大道寺あや子が含まれていた（夫の大道寺将司は釈放を拒否）。七五年、七六年と二年続けて丸の内の国鉄本社に通ったことから、同じ丸の内で起こった三菱重工爆破事件の首謀者の一人である大道寺には強い関心をもっていた。その写真を久しぶりに見た。

九月二十七日と二十八日に続けて起こった事故と事件は、独立を回復したはずの戦後日本が実はそうとも言い切れず、ソ連と世界を二分する米国の防衛力によって支えられているという現実を改めて国民に突きつけた。我々はこの現実を甘受すべきなのか、それとも革命によって体制を根本的に倒すべきなのか……。本来ならば公民の授業で議論してもおかしくないテーマのはずであったが、何の話題にもならなかった。

奥日光に行った中学一年の林間学校と、志賀高原に行った二年の林間学校は、いずれも七月の夏休み前に行われた。一方、三年の修学旅行は十月に行われた。十月二十四日から二十八日まで、金沢や能登半島や飛驒高山などを回ることになっていた。

林間学校と同様、すべてのルートは教員が決めていた。グループ別に行動する高山での一日を除き、生徒はただそのルートに従って移動していればよかった。主体的に考える必要は何もなかったのだ。

修学旅行に関連した話を授業中にしてくださったのは、国語の「ハムイチ」先生だけだったと記憶する。金沢ゆかりの作家として室生犀星と泉鏡花がいること、犀星の「犀」は金沢市内を流れる犀川に由来していることなどを教えてくださった。

交通手段は、東京から金沢までが新幹線と在来線の特急。金沢から能登、高山を経て名古屋までが貸切バス。名古屋から東京までが新幹線だった。

当時、鉄道を使った東京から金沢までのルートとしては、新幹線で米原まで行って北陸本線の特急「しらさぎ」ないし「加越」に乗り換えるか、上野から信越本線回りの金沢ゆき特急「白山」ないし上越線回りの金沢ゆき特急「はくたか」に乗るのが一般的だった。

しかし修学旅行のルートはどちらでもなかった。東京から新幹線の「ひかり」でいったん米原よりも遠い京都に出て、京都から湖西線、北陸本線経由の特急「雷鳥」に乗ることになっていたからだ。

十月二十四日、普通部の三年生全員と教員らが、東京7時38分発の新大阪ゆき「ひかり191号」に乗った。多摩川を越えると神奈川県に入り、間もなく短いトンネルを通り抜けると、右手に慶應の日吉キャンパスが一瞬だけ見えた。二年前の二月九日の朝、あの丘の上から新幹線がトンネルを突っ切るのを発見したときの興奮をありありと思い出した。しかし車窓に注目するクラスメートは誰一人としていなかった。

「ひかり191号」にははっきりとした記憶があった。前年の七月一日のダイヤ改正で、初めて名古屋、京都のほかに新横浜、静岡、米原の各駅に停まる新大阪ゆきの「ひかり」として登場し、同日にわざわざ新横浜駅の新幹線ホームまで見に行った、あの「ひかり」にほかならなかったからだ。この「ひかり」に乗るとわかっていたならば、東京よりも日吉に近い新横浜から乗るほうがよかったのではないか——。

「ひかり191号」は、米原で始発の富山ゆき特急「加越1号」に接続していた。この特急に乗れば、金沢には12時32分に着けた。「加越」に乗り換えると思われる多くの客が、新幹線のホームを歩いて在来線のホームに向かっているのが見えた。

京都で降りると、また五月の遠足のときのように、私が添乗員役となって生徒たちを先導し、一番南側に当たる新幹線の13番ホームから、一番北側に当たる中央口に面した1番ホームへと案内した。

多分称賛を込めてだろう、全く迷わずに案内する私の様子を見たIくんが、「ザ・旅人って感じだな」と声をかけてきた。三月に京都見物からの帰りに見た1番ホームの記憶はまだ脳裏に鮮やかだった。

中央口の向こうに京都タワー（現・ニデック京都タワー）が見えた。京都市電もまだ走っていた。いまなら、場所によっては紅葉が見られるかもしれない。せっかく京都まで来たのに、ただ素通りするだけなのはいかにも勿体なかった。

まもなく大阪発富山ゆきの特急「雷鳥3号」が1番ホームに入線してきた。制服姿の男子中学生が大勢乗り込む光景を何も知らない人が見たならば、京都の洛星中学校のような、関西の私立の男子中学校が北陸に団体旅行するものと勘違いしたに違いない。

「雷鳥3号」は京都の次の山科《やましな》から湖西線に入った。初めて乗った湖西線の車窓は見ごたえがあった。滋賀県の西大津（現・大津京）から近江塩津の手前まで、ずっと右手に琵琶湖が見え隠れした。とりわけ近江舞子付近では、車窓いっぱいに琵琶湖の湖面が映し出された。わざわざ遠回りしたのは、関東で決して見ることができないこの雄大な景色を生徒に見せようとしたからではないかと思わせるほどだった。だが二年の林間学校のときと同様、生徒たちは車窓には目もくれず、席を向かい合わせにしてトランプに熱中していた。

次の停車駅、敦賀で名物の「鯛鮨」が車内に運び込まれたが、数人分が足らなかった。添乗員役としては、他の生徒に譲らざるを得なかった。菱形の容器いっぱいに詰められた鯛のピンク色が目に鮮やかだった。Nくんが「食べるか」と声をかけてくれたが断った。追加分の駅弁が運び込まれる次の停車駅、福井まで我慢した。

金沢には13時46分に着いた。米原で乗れた「加越1号」より一時間以上も遅かった。

駅前から北陸交通の貸切バスに分乗し、まず兼六園を散策した。京都で見られなかった紅葉を期待したものの、まだ早かった。次いで砂浜が道路になっている「千里浜《ちりはま》なぎさドライブウェイ」を経由し、能登半島の付け根に位置する石川県羽咋《はくい》市の国民休暇村（現・休暇村能登千里浜）に向かった。

夕食後に地元の語り部による講話があった。能登というのは文字通り半島にある。島ではないが、三方を海に囲まれている。江戸時代は加賀藩の領地で、明治以降、石川県ができても金沢に従属する関係は変わっていない。しかしもともとは、日本海を通して出雲とつながっていた。この休暇村の近くにある能登国一宮の氣多《けた》大社は出雲大社と同様、オオクニヌシ（大国主神）をまつっている……。

どうせ眠くなるような退屈な話だろうと思いきや、歴史的想像力をかきたてられる話で、非常に興味深く聞いた。氣多大社に行ってみたいと思ったが、翌日のコースには入っていなかった。

翌二十五日は三つのコースに分かれて行動することになっていた。バスで半島の観光名所を回るコース、半島の突端にある岬自然歩道を歩くコース、鳳至《ふげし》郡門前町（現・輪島市）にある曹洞宗元大本山の總持寺祖院で座禅を組むコースのうち、私が選んだのは希望者が最も多かった一番目のコースだった。愛読していた松本清張の推理小説『ゼロの焦点』の舞台となった海岸の景勝地「能登金剛」がコースに入っていたのが決め手となった。

能登金剛は想像した通りの断崖絶壁で、奈落の底に日本海の波濤が渦を巻いていた。ここから飛び降りたら一瞬にして命を落とすだろう。犯人の室田佐知子が小舟に乗り、荒海の彼方へと消えてゆく『ゼロの焦点』の最後の場面がよみがえった。

そのあとバスに乗って總持寺祖院を見学したが、座禅は組まなかった。再びバスに乗って珠洲《すず》方面に向かい、「軍艦島」の別名をもつ見附島、能登の豪農の生活が再現された記念館「喜兵衛どん」などを見学し、真浦海岸にある旅館「海楽荘」に泊まった。その名の通り、すぐ目の前が日本海で、夕食には獲れたばかりの魚をおろした刺身や焼き魚が並んだ。

夜には海岸で地元の伝統芸能「御陣乗太鼓《ごじんじょ》」の実演を見学した。太鼓をたたく男性のお面が数学の「ギャボ」先生の顔に似ていて、たまたま先生がこの男性の横に並ぶようにして写真を撮っていたことから、生徒たちの間に笑い声が起こった。この旅館はいまも同じ場所にあるが、二〇二四年一月の地震で被災し、九月の豪雨では経営者が亡くなられた。

翌二十六日は、まず国の重要文化財に指定された古民家「時国家《ときくにけ》住宅」に立ち寄った。時国家は平家の子孫に当たる。当時は全く気付かなかったが、後に網野善彦がここで史料を発掘し、日本史を読み直すきっかけとなった場所であることを知り、あのとき立ち寄った古民家だったかと感慨を新たにした。

そのあとは輪島の朝市を見学した。時間がやや遅かったせいか、新鮮な魚介類が少ないように感じられた。父親が国鉄の幹部だったIくんを誘い、いまはなき国鉄七尾線の終点、輪島駅を急いで見に行った。

あとはただ貸切バスで移動するだけだった。途中で昼食や休憩をはさみつつ、石川県の穴水、七尾、富山県の氷見《ひみ》、高岡、富山、八尾《やつお》、岐阜県の神岡、数河《すごう》を経て、夕方に高山に着いた。高山には大きな旅館がなく、三つの旅館に分かれて二泊した。E組にあてがわれたのは、高山駅に近い和喜本旅館（現在は廃業）だった。

翌二十七日は終日、グループ別に高山市内を見物することになっていた。遠足のときと同様、Nくん、Kiくん、Kuくん、Iくんと同じグループになった。午前は高山陣屋や古い街並みの残る上三之町《かみさんのまち》を、午後は郊外にある飛驒民俗村・飛驒の里を訪れるつもりだった。見物のルートは私が考えた。

　朝食を済ませるや、市内の観光名所を回るつもりで旅館を出ると、自転車で通学する女子高校生たちと鉢合わせになった。この日は木曜日で、一般の学校は朝から授業があることを忘れていた。

　彼女らは、岐阜県立高山高校（現・飛驒高山高校）に通っているようだった。この日の高山の最低気温は二・三度と冷え込んだ。盆地特有の朝靄が立ち込めるなか、白い息を吐きながらセーラー服を着用し、スカートの裾をひるがえして自転車のペダルを踏む彼女らに、目を奪われないはずがなかった。

　Ｋｕくんが、この一団について行こうと言った。予定が滅茶苦茶になると言って反対はしたものの、ほかの三人もすっかりその気になっていた。

　私たちは、ハイキング主体だった一年と二年の林間学校では見ることがなかった地方都市の朝の風景を、初めて目にしたのである。それは電車通学が当たり前な東京や横浜ではめったに出会えない風景であった。古い街並みが残る高山の街中を颯爽と通り過ぎる女子高校生の姿に都会で失われた美しさを感じたのは、私とて同じだった。少年の理性よりも思春期の感性の方が勝ったのだ。足が自然と動き出していた。

　高山高校まで追いかけて行ったが、校門に入れるはずもなく、へとへとになってその場に座り込んだ。もう市内見物はやめて、どこかで休もうじゃないかとNくんが言った。どこで休むんだと訊き返すと、持っていた高山市内の地図を取り出し、目を閉じながらボールペンを地図に向かって突き立て、先が当たったところにしようと言う。冗談を言っているのかと思ったら、ほかの三人もそうしようと賛成したので驚いた。

ボールペンの先が当たったところは、一本杉白山神社という、旅館からも比較的近い無名の神社だった。その名の通り、杉の大木が御神木としてそびえていたが、それ以外は特に見どころはない。ここにしばらくいようと言うのだ。ひょっとして女子高校生が自転車で帰ってくるまでずっと待つつもりなのか。さすがに付き合いきれないと思い、一人憤然として旅館に戻った。

もう市内見物どころではなかった。半ばやけくそな気分になり、旅館の従業員から交通公社の『時刻表』を借りた。高山駅から乗ったことのない高山本線に乗り、夕方までに帰ってくればバレることもないだろうと考え、どこまで行けるか確認しようとしたのだ。

だが支度をして出ようとしたとき、運悪く「ギャボ」先生に見つかってしまった。「どうしたんだ」と言われたので、「グループのメンバーとはぐれてしまいまして」ととっさに嘘をついた。先生は疑うことなく、「そうか、それならちょうどほかのグループがいま旅館に戻ったばかりだから、入れてもらえ」と言った。集団行動から自由になる計画は失敗に終わった。

あまり仲のよくないクラスメートと一緒に市内を回っても、面白いはずがなかった。高山本線への未練が残っていた。早めにグループから離脱すると、高山駅の改札口に向かった。せめて列車が発着する風景だけでもしっかり見ておきたいと考えたからだった。

すっかり日が暮れた17時50分、名古屋から来た下りの高山止まりの列車が到着した。定時到着を告げる駅員のアナウンスが流れた。パラパラと客が降り、跨線橋を渡って改札口に向かってくる。

名古屋から父親が帰ってきたのだろうか。家族とおぼしき母親と子どもたちが迎えに来ていた。再会を喜び合う情景を目のあたりにして、列車に乗れなかった無念さが幾分か和らいだ気がした。

旅館に戻る途中、一人で歩いていたTくんにばったり会った。彼は九州のある藩主の子孫で、名前に「顕」という漢字が付いていた。三島由紀夫の小説『春の雪』の主人公、松枝清《まつがえきよ》顕《あき》を思わせる美少年だった。

たまたま通りかかった男性の外国人が、英語で「高山の中心はどこか?」と話しかけてきた。だが「センター」が「セントル」としか聞こえず、私が黙っているとTくんが物おじせずに英語で「セントルって何ですか」と訊き返した。外国人は「セントルはセントルだ」と言って笑った。『Steam Locomotives』の翻訳によって鍛えられたと思っていた英語力は、実際には何の役にも立たないことを認めざるを得なかった。

旅館に戻ると、もうNくんたちが帰っていた。結局、どこにも行かず、ずっと一本杉白山神社にとどまっていたと言うので呆れてしまった。自転車で家路につく女子高校生たちには出会えなかったらしい。

この日の夜のことはあまり思い出したくない。修学旅行最後の夜ということで、お調子者のOくんを中心とした連中が深夜まで大騒ぎしていて、寝ていたところを起こされた。翌朝になって知ったが、どうやら夜明けまで館内を暴れ回っていたようだ。

これには旅館も堪忍袋の緒が切れたのだろう。帰京したあとの授業で、担任のM先生から高山の和喜本旅館が来年以降の宿泊を断ると連絡してきたことが報告された。普通部の修学旅行ではずっとこの旅館にお世話になってきた、それなのにお前たちがバカ騒ぎをして、長年の恩を仇で返してしまった、器物を壊した損害賠償も請求されている、どうしてくれるんだ……。こんな調子で長々と説教された。皆黙って聞いていたが、M先生の怒りはもっともだと感じた。

睡眠不足がたたったせいか、最終日に当たる翌二十八日の記憶は朦朧としている。高山から岐阜県美濃加茂市の日本ライン下り乗船場まで国道41号で向かう途中、バスガイドが一九六八(昭和四十三)年八月、飛驒川にバスが転落し、百四人が死亡した現場付近で事故について解説し、そんな大事故があったのかと驚いたこと、バスが名古屋駅に着く直前に「河合塾」の巨大なビルを見つけ、名古屋にはすごい予備校があるものだと思ったこと、名古屋から乗った帰りの新幹線の車内で熟睡しているところを写真に撮られ、寝顔をからかわれたことくらいしか覚えていない。最後の一夜によって、後味の悪い旅行になってしまったのは残念としか言いようがない。

修学旅行をきっかけとして、高校受験したい気持ちがいっそう強まった。だがいかんせん、慶應に匹敵する高校を受験するだけの学力が足りない。現実的には、無試験で推薦される日吉の慶應義塾高校か、埼玉県志木市にある慶應義塾志木高校に進学するかの選択しかなかった。どちらも男子校であった。

志木高校は滝山団地に比較的近いけれども、滝山から青葉台に引っ越した以上、わざわざ自宅から遠い高校に通う理由はなかった。結局消去法で、日吉の高校に進学するしかなかったのである。

修学旅行が終わった一九七七年十月から、普通部を卒業する七八年三月までの半年間の記憶は、万事においてやる気が起こらなかったせいか、三年間の中学生活のなかで最も曖昧模糊としている。

そのなかで覚えていることの一つは、二学期が終わる二日前に当たる十二月十七日に音楽鑑賞会が開かれた幼稚舎に行ったときのことだ。普通部生のほぼ半数が幼稚舎出身だったが、渋谷駅から都営バスに乗り、天現寺橋という停留所で降りて幼稚舎を訪れたのは、このときが初めてだった。

音楽鑑賞会の会場となった講堂「自尊館」の入口には、福澤諭吉の巨大な肖像画が掲げられていた。後に一万円札で印刷されるのと同じ肖像画だった。普通部の体育館の入口に同様の肖像画はなく、違和感を覚えた。一年前の九月に毛沢東が死去したとき、毛沢東の肖像画が掲げられた北京の天安門の映像がテレビでさんざん流れていたのを思い出した。6節では慶應独自のカレンダーから福澤を天皇にたとえたが、福澤の肖像画はさしずめ「御真影」に相当するだろう。

小学校時代に日々この肖像画を見ながら育っていたら、どうなっていたか。「滝山コミューン」の舞台となった東久留米市立第七小学校とは別の意味での洗脳教育を受けていたのではないか。

一方は団地という下部構造が上部構造を規定する形で、社会主義的な思想が浸透し、きわめて同質的な児童の集団が創り出された。他方はこの肖像画を通して、児童たちが知らず知らずのうちに感化され、福澤を偉大な「先生」として仰ぐ同質的な児童の集団が創り出されたのではないか。ふだんはバラバラに見えながら、中学一年のときに神宮球場で体験した早慶戦の応援のように、「敵」を眼前にすると一つにまとまるのは、慶應全体のなかで幼稚舎出身者が占めるウエイトの高さを反映しているからではないか……。

幼稚舎出身の同級生にどうしてもなじめないのは、普通部に入る前の六年間の環境が全く違うからだというのが改めてよくわかった。彼らにとって、普通部は幼稚舎の延長線上にある。日吉に「アカデミア」があると思ったのはとんでもない間違いで、実態は「コミューン」と変わらないかもしれないのだ。

もう一つ覚えているのは、三学期の一番最後の歴史の授業で、ようやく明治に入ったことだった。おそらく普通部三年間の授業のなかで、これほど血沸き肉躍る興奮を味わった時間はない。王政復古、廃藩置県、自由民権運動。西南戦争、大日本帝国憲法……。これら一連の言葉を耳にする授業を、どれほど待ちわびていたことか。このときばかりは、時計をにらみつつ、一分でも長く授業を続けてくれと祈ったほどだ。

しかし五十分間で話せる内容など、たかが知れていた。高校でも日本史を学ばなかったから、慶應でまともに日本の近現代史を教わったことはなかったことになる。この点は1節でも触れたが、福澤諭吉が「専ら勤むべきは人間普通日用に近き実学なり」（『学問のすゝめ』）と言う場合の「実学」、すなわちサイエンスが、ややもすれば数学や理科のような理系の科目と同一視され、大学進学の際にそれらが役立つ医学部や経済学部に推薦されるのが優秀な生徒とされたこととの負の側面があらわれていたとは言えないだろうか。早稲田では最難関だった政治学科が慶應では全く逆に位置づけられたのも、故なしとしないのだ。

歴史が暗記科目だという先入見が根本的に覆えされたのは、高校二年の倫理社会の授業で課題図書の一冊に挙がっていた丸山眞男の『戦中と戦後の間』（みすず書房、一九七六年）に収められた「明治国家の思想」を読んだときだ。明治時代の個別具体的な出来事が因果関係でつながっていることを初めて知った驚きは、実に大きかった。もちろんこれもまた先生から直接教わったわけではなかった。

七八年三月七日、高等学校入学許可名簿が発表された。E組は四十九人のうち、日吉の高校に進学した生徒が私を含めて四十七人、志木高に進学した生徒が一人、成績の関係で進学できなかった生徒が一人だった。三月十八日に体育館で開かれた卒業式にはE組から四十八人が出席し、一人ずつ壇上に上がってK部長から卒業証書を受け取った。部長の祝辞、在校生代表の送辞、卒業生代表の答辞、校歌斉唱などがあったが、三年前の入学式と同様、あっさりとした儀式だった。

来賓席では、女優のように着飾った誰かの母親が息子の門出に感激したのか、ハンカチで涙をぬぐっていた。しかし私の母は、前年七月の保護者会での一件以来、普通部に対する印象が悪くなったのか、あるいはどうせ同じ系列の高校に進学するのだし、元服に相当する年齢にもなっていちいち親が付き添うこともあるまいと思ったのか、出席しなかった。

卒業式が終わり、教室に戻ってきたとき、担任のM先生から、最後に出席番号順に一言ずつ、前に出て何か話すように求められた。私は三年間お世話になりましたと通りいっぺんの挨拶をした。

私の心根を見抜いたように、Sくんが「どうせ口だけだろう」と茶々を入れた。Nくんはたった一言、「きれいさっぱり別れましょう」と言った。中学一年の奥日光での林間学校のときからずっと抱いてきた思いを吐き出したのだろう。最後にこういう本音を堂々と口にしたＮくんを見直したくなった。

一九七八年四月一日、私は慶應義塾高等学校に入学した。普通部、中等部のほか、外部受験で入った生徒を合わせて一学年が十八クラス、Ａ組からＲ組まであった。私はＭ組になった。普通部時代のクラスメートで同じクラスになったのは一人しかいなかった。

四月三日、午前に入学式が、午後に生徒会主催の新入生歓迎会が、いずれも高校の体育館に当たる「日吉会堂」で行われた。日吉会堂は普通部の体育館よりもずっと大きく、八百人あまりの新入生とその父兄をゆうに収容することができた。

新調したばかりの高校の制服を着用し、日吉駅で降りた。通学のルート自体は、普通部時代と全く変わらなかった。だが改札口を出て右に向かっていたのが、この日からは左に向かうようになった。

四月とは思えない寒い日だった。朝から氷雨が降り、最高気温は十度にも達しなかった。三年前の二月九日、普通部を受験した日の朝も冷気が漂っていた。あの日も改札口を出て左に向かい、葉を落としたイチョウ並木が続く遊歩道を上っていったのだ。坂を上りきったところで視界が開け、巨大な広場を中央にして前方に日吉記念館が、右側に第一校舎が現れる展開は、三年前と変わっていなかった。

記念館の裏手は崖になっていて、地形が谷状に落ち込んでいた。前年の十月の修学旅行で乗った東海道新幹線が走り去る音が聞こえてきた。ふと足元を見ると、よほど冷え込んだのか、四月だというのに霜柱が立ったと思われる痕跡が残っていた。

そうだ、あの日も試験会場だった第一校舎に入る前、同じ場所で霜柱が立っているのをしかと見たのだ。けれども試験が終わって第一校舎から出てきたときには、もう霜柱は溶けてなくなっていた。

大きな白亜の円柱が立ち並ぶ第一校舎を初めて見たとき、まるで古代ギリシャの神殿のようではないかと感動したことも思い出した。いまならその感動を、ギリシャのアテネでプラトンが創設した「アカデメイア」に置き換えることができる。

だが普通部で過ごした三年間というのは、まさにあの日に見た白亜の円柱に象徴されるように、日吉にあると思い込んだアカデミアが、労作展に打ち込んだ一九七六年の夏を頂点として、あたかも霜柱のごとくしだいに溶けてゆく過程にほかならなかったのではないか――。

新入生歓迎会で配られた冊子『ひよしの丘』には、堀内敏夫校長の次の言葉が掲載されていた。

大多数の諸君は、勉強をしに来たと答えるでしょうが、此の答えには殆んど意味が無いと私は考えています。なぜならば、これから諸君がやって行かねばならない勉強とは、受験勉強とは全くちがったものでなければならない。さらに、中学時代の勉強とも質的に異るものでなければならないからです。一番大きく変るのは、学ぶことを学ぶ勉強になる点であり、学ぶ意欲を知ろうとする態度が諸君の人格の大きな部分を占めなければならなくなる点です。今後は、知らないことを恥じるのではなく、知ろうとしないことを恥じる人間になることが絶対に必要になるのです。

中学校の強制された勉強と、学びたいことを学ぶ高校の勉強の違いを強調する堀内校長の言葉には、高校と大学が同じ日吉キャンパスにあり、高校の前身が大学予科であり、ほぼ全員が同じキャンパス内の大学に進学する慶應義塾ならではの実情が反映していた。一言で言えば、慶應義塾では高校と大学が事実上連続していて、高校の段階から大学並みの恵まれた勉学の環境が用意されているということだ。

では今度こそ、真のアカデミアに出会うことはできたのか。大学受験とは無縁の高校で、『学問のすゝめ』が言うところの「学問」に打ち込むことができたのか――。それについてはもう触れなくてよいだろう。高校三年のとき、大学推薦を辞退する「推薦辞退書」を書いたことをもって、答えは出ているのだから。

あとがき

本書は、講談社の月刊誌『群像』の二〇二四年一月号から二五年一月号まで十三回にわたって連載した「日吉アカデミア一九七六」を加筆修正して一冊にしたものである。

もう二十年近くも前になるが、同じ『群像』の二〇〇六年十一月号から〇七年一月号まで三回にわたって「滝山コミューン一九七四」を連載し、〇七年に単行本として出版した。東京都東久留米市の滝山団地に隣接する第七小学校（七小）での体験を記したものだった。タイトルからもわかるように、本書はその続編に相当する。

私は中高の六年間を日吉の慶應義塾普通部と慶應義塾高校で過ごしたが、慶應時代の体験についてはたとえ覚えてはいても書くつもりがなかった。七小での体験が団地という空間や一九七〇年代という時代と響き合っていて、同じ時代に大都市近郊の団地の小学校に通っていた世代から共感の声が多く寄せられたのに対し、慶應での体験はあまりに特殊で、プライベートなものにしかならないと考えていたからだ。

しかし二〇二三年の夏の高校野球に神奈川県代表として慶應義塾高校が出場し、まるで神宮球場での早慶戦を再現させたかのような応援を毎試合繰り広げて優勝したのを機に、慶應義塾に対する社会的関心が高まった。『文藝春秋』同年十一月号の特集は「慶應義塾の人脈と金脈」で、大学同窓会に当たる「連合三田会」という組織や、幼稚舎から大学までエスカレーター式で進学できる一貫教育などに焦点が当てられ、なぜ日本で最強の私学になっているのかが分析されていた。中高六年間を慶應義塾で過ごした一人として、また日本政治思想史の重要人物である福澤諭吉に関心をもつ研究者として、改めて慶應が日本社会に及ぼす影響力について考え込まざるを得なかった。

そのときに思ったのは、「滝山コミューン一九七四」の続編を書く必要があるということだった。普通部での三年間とは一体何だったのか。学者が研究対象にするような外在的な視点ではなく、あくまでも当時の中学生の目線に立ち返り、幼さがまだ抜けきれない当事者の視点から内在的に描くことができれば、慶應義塾の一貫教育の「光と影」がより具体的に浮かび上がるのではないか――。

そんな思いで『群像』に連載を始めたのだが、「滝山コミューン一九七四」のときと同様、連載中はしばしばタイムマシンに乗って中学生に戻ったかのような、奇妙な感覚に襲われるようになった。あのときにうまく言葉に表現できなかったことが、半世紀近い歳月を経て肉付けされてゆく。プラトンの言葉を借りれば、「目がそのようにそこに慣れるためには、少なからぬ時間を必要とする」(『国家』下、藤沢令夫訳、岩波文庫、二〇〇八年)のである。

老境にさしかかった頃に来し方を振り返り、影響を受けた恩師として中学時代に出会った先生の名前を挙げる人は少なくない。けれども本書で記したように、普通部の三年間を通して私はそのような恩師に出会うことがなかった。確かに文部省の学習指導要領を完全に逸脱した、良くも悪しくも個性的な授業はいくつもあったが、普通部の授業自体から影響を受けることはついになかった。

それよりも決定的な影響を及ぼしたのは、労作展の体験だった。「生徒自身が抱いた疑問、興味を原動力として、テーマの設定からそれを形にするまで、すべてを自らの力で行います。教員は、問われれば助言をすることはあっても、指示することはありません」(慶應義塾普通部ホームページ)とあるように、この体験に教員は介在しなかった。生徒自身が主人公となるという一点において、児童自身による民主的な学園の確立を目指した七小の「滝山コミューン」に通じるものがあった。

普通部は一般の公立中学校はもちろん、他の私立中学校と比べても休みが多かった。夏休みは七月下旬から九月上旬まであったし、授業期間中でも遠足や定期試験の翌日には「お疲れ休み」が入った。国鉄や東急のストによる臨時の休みも少なくなかった。平日がしばしば休みになったおかげで、丸の内の国鉄本社や東神奈川電車区を訪れたり、学校の勉強以外の研究に取り組んだりする時間を確保できたのだ。

もしほかの中学校に進学していたら、絶対に味わえない体験であったことだけは間違いない。教員からも親からも教わらず、すべてを自力で調べ、一歩一歩真理へと近づいてゆく。「独立とは自分にて自分の身を支配し他によりすがる心なきを言う。みずから物事の理非を弁別して処置を誤ることなき者は、他人の智恵によらざる独立なり」（『学問のすゝめ』）という福澤諭吉の言葉を地で行くような労作展の体験こそ、独立自尊を重んじる慶應義塾の真髄と言えるかもしれない。

その体験が頂点に達したのが、沿線を徹底的に乗り歩き、内部資料を入手しながら横浜線の研究に取り組んだ一九七六年の夏だった。これまで政治学者として、また「鉄学者」として多くの書を世に送り出してきたが、横浜線の研究ほど熱中したことが果たしてあったかと自問せずにはいられない。

当時は国鉄の赤字が膨らみ、解体へと向かいつつある時期に当たっていた。国労や動労の度重なるストにより、国鉄の評判は悪くなる一方だった。しかしそうした状況に抗するかのように、多くの職員は一人の中学生に対して実に真摯かつ誠実に応対してくださった。現在のＪＲではおよそ考えられないことだろう。鉄道を愛する者どうしの年齢を超えた交流ができたことを、いまなお奇跡のように思っている。

エピグラフとして引用した三枝博音の「鎌倉アカデミア」の「アカデミア」は、プラトンのアカデメイアにちなんでいる。それをもじって「日吉アカデミア」としたのは、普通部受験の朝に見た日吉キャンパス第一校舎の白亜の円柱に触発されたことが大きい。研究を正当に評価した「先生」は日吉ではなく丸の内にいたという意味ではタイトルを「丸の内アカデミア一九七六」とすべきだろうが、普通部のある日吉に通わなければなし得ない体験だったという意味で「日吉アカデミア一九七六」とした。

幸いにも労作展に出した作品は、一年から三年までのものがすべて残っていた。普通部が毎年発行していた『普通部会誌』や、普通部の教員が書いた単行本や論稿を収めた雑誌は、国立国会図書館に所蔵されていた。個人の旅行については、当時の「スタンプノート」にスケジュールがぎっしりと記されていた。ほかに新聞や週刊誌なども活用したが、先生や国鉄職員や同級生とのやりとりなど、記憶に頼った記述も少なくない。「おまえの記憶は間違っている」と言われる可能性は十分にあるのだ。その意味では、厳密な意味でのノンフィクションではないことをお断りしておく。

本書に登場する普通部の先生、生徒は、若干の例外を除き、すべてニックネームや名字のイニシャルだけとした。『群像』に連載している最中、同級生だった野口聡さん、松原寛道《かんどう》さん、麻見《おみ》岳雄さんとはSNSを通してやりとりを交わし、実名にした野口さんからは貴重な感想をいただいた。また南郷周児さんとは直接会い、互いの記憶を確かめようとした。いずれの方々にも深く御礼申し上げる。『群像』の戸井武史編集長と本書の編集を担当していただいた森川晃輔さん、そして別の一冊を書き下ろす約束をしていながら連載を勧められた横山建城さんにも感謝したい。

本書に登場した父、母、伯父はもうこの世にいない。いまも三重県津市に住んでいて、今年九十三歳になる伯母、加藤眞妙に本書を捧げたいと思う。

二〇二五年二月三日

原　武史

装幀　帆足英里子

初出「群像」二〇二四年一月号～二〇二五年一月号

原武史（はら・たけし）
1962年、東京都生まれ。早稲田大学政治経済学部卒業。東京大学大学院博士課程中退。明治学院大学、放送大学教授を経て、明治学院大学名誉教授、放送大学客員教授。専門は日本政治思想史。『「民都」大阪対「帝都」東京』（講談社）でサントリー学芸賞、『大正天皇』（朝日新聞出版）で毎日出版文化賞、『滝山コミューン一九七四』（講談社）で講談社ノンフィクション賞、『昭和天皇』（岩波書店）で司馬遼太郎賞、2024年には日本政治法律学会現代政治学会賞を受賞。『〈出雲〉という思想』『可視化された帝国』『皇居前広場』『沿線風景』『団地の空間政治学』『レッドアローとスターハウス』『皇后考』『「昭和天皇実録」を読む』『平成の終焉』『〈女帝〉の日本史』『地形の思想史』『「線」の思考』『一日一考　日本の政治』『歴史のダイヤグラム』『戦後政治と温泉』『象徴天皇の実像』など著書多数。

日吉《ひよし》アカデミア一九七六《いちきゅうななろく》

二〇二五年三月二五日　第一刷発行

著者　原《はら》　武史《たけし》
発行者　篠木和久
発行所　株式会社講談社
〒一一二―八〇〇一　東京都文京区音羽二―一二―二一
出版　〇三―五三九五―三五〇四
販売　〇三―五三九五―五八一七
業務　〇三―五三九五―三六一五

印刷所　ＴＯＰＰＡＮ株式会社
製本所　株式会社若林製本工場

定価はカバーに表示してあります。

ISBN978-4-06-538865-5　Printed in Japan

KODANSHA